Guttentag'sche Sammlung
Nr. 27. Deutscher Reichsgesetze. Nr. 27.
Text-Ausgaben mit Anmerkungen.

# Die Gesetzgebung

betreffend das

# Gesundheitswesen im Deutschen Reich

für

Behörden, Aerzte, Apotheker und Gewerbetreibende.

Text-Ausgabe mit Anmerkungen und Sachregister

zusammengestellt und erläutert

von

**Dr. jur. C. Goesch**

und

**Dr. med. J. Karsten**

Kreisphysikus.

Berlin und Leipzig.
Verlag von J. Guttentag
(D. Collin).
1888.

# Inhaltsverzeichniß.

# Abkürzungen.

Annalen = Annalen des Reichsgerichts.
B.G.B. = Bundesgesetzblatt.
C.B. = Centralblatt für das Deutsche Reich.
C.P.O. = Civilprozeßordnung.
E. = Entscheidungen des Reichsgerichts in Strafsachen.
Gew.O. = Gewerbeordnung.
Mot. = Motive zu dem Entwurfe des betr. Gesetzes.
R. = Rechtsprechung des Reichsgerichts in Strafsachen.
R.G. = Reichsgericht.
R.G.B. = Reichsgesetzblatt.
St.G.B. = Strafgesetzbuch.
St.P.O. = Strafprozeßordnung.

# I.

## Zuständigkeit der Reichsgesetzgebung.

1. Gesetz betreffend die Verfassung des Deutschen Reichs. Vom 16. April 1871. (B.G.B. S. 63.) Art. 4. Der Beaufsichtigung Seitens des Reichs und der Gesetzgebung desselben unterliegen [1]) die nachstehenden Angelegenheiten:

— — — 15) Maßregeln der Medizinal- und Veterinairpolizei [2]).

1) Ebenso nach Ziff. 1 die Bestimmungen über den Gewerbebetrieb der Medicinalpersonen, nach Ziff. 3 die Ordnung des Maß- und Gewichtssystemes, nach Ziff. 13 die gemeinsame Gesetzgebung über das gesammte bürgerliche Recht, das Strafrecht und das gerichtliche Verfahren.

2) Zuständig ist das Reichsamt des Innern. Demselben unmittelbar untergeordnet ist das Reichsgesundheitsamt (seit 1876). Dasselbe hat einen lediglich berathenden Character. „Seine Aufgabe wird sein, das Reichskanzler-Amt sowohl in der Ausübung des ihm verfassungsmäßig zustehenden Aufsichtsrechtes über die Ausführung der in den Kreis der Med.- und Veterinärpolizei fallenden Maßregeln, als auch in der Verbreitung der weiter auf diesem Gebiet in Aussicht zu nehmenden Gesetzgebung zu unterstützen, zu diesem Zwecke von den hierfür in den einzelnen Bundesstaaten bestehenden Ein-

richtungen Kenntniß zu nehmen, die Wirkungen der im Interesse der öffentlichen Gesundheitspflege ergriffenen Maßnahmen zu beobachten und in geeigneten Fällen den Staats- und Gemeindebehörden Auskunft zu ertheilen, die Entwickelung der Medicinalgesetzgebung in den außerdeutschen Ländern zu verfolgen, sowie eine genügende medicinische Statistik für Deutschland festzustellen". Denkschrift betr. den Etat des R.Ges.A. auf das Jahr 1876.

# II.

# Vorschriften betr. die Medicinalpersonen und deren Gewerbebetrieb.

---

## 1. Im Allgemeinen.

**2. Gewerbeordnung.** Fassung v. 1. Juli 1883. (R.G.B. 177.) §. 6. Das gegenwärtige Gesetz findet keine Anwendung auf — die Errichtung [3]) und Verlegung von Apotheken, die Erziehung von Kindern gegen Entgelt [4]), —. Auf — die Ausübung der Heilkunde, den Verkauf von Arzneimitteln — findet das gegenwärtige Gesetz nur insoweit Anwendung, als dasselbe ausdrückliche Bestimmungen darüber enthält [5]).

Durch Kaiserliche Verordnung wird bestimmt, welche Apothekerwaaren dem freien Verkehr zu überlassen sind.

3) Auch bezüglich der Entziehung der Concession (des Privilegs) normirt das Landesrecht.

4) Diese Vorschrift ermöglicht den Erlaß landesrechtlicher Maßregeln zu Gunsten der Ziehkinder gegen die sog. Engelmacherinnen.

5) Hier kann das Landesrecht im Uebrigen freie Bestimmungen treffen, z. B. bezüglich der Meldepflicht der Med.-Personen bei der Niederlassung, der Anzeigepflicht bei Krankheiten, des Verbotes selbst zu dispensiren, der Pflicht den Verwaltungsbehörden als Sachverständiger zu dienen. Ebenso bezüglich des Handverkaufes und des Receptirens in Apotheken, der Revisionen von Apotheken und Droguenhandlungen, endlich über die gesammten Verhältnisse des niederärztlichen Personals (Heildiener, -Gehülfen, Bader, Operateure u. s. w.).

## 2. Vorschriften betreffend die Aerzte (Wundärzte, Augenärzte, Geburtshelfer, Zahnärzte und Thierärzte).

### a. Betreffend das Erforderniß, die Ertheilung und die Zurücknahme der Approbation.

3. Gewerbeordnung. §. 29 [6]): Einer Approbation, welche auf Grund eines Nachweises der Befähigung ertheilt wird, bedürfen Apotheker und diejenigen Personen, welche sich als Aerzte (Wundärzte, Augenärzte, Geburtshelfer, Zahnärzte und Thierärzte) oder mit gleichbedeutenden Titeln bezeichnen [7]) oder seitens des Staates oder einer Gemeinde als solche anerkannt [8]) oder mit amtlichen Funktionen betraut werden sollen [9]). Es darf die Approbation jedoch von der vorherigen akademischen Doktorpromotion nicht abhängig gemacht werden.

Der Bundesrath bezeichnet, mit Rücksicht auf das vorhandene Bedürfniß, in verschiedenen Theilen des Reichs die Behörden, welche für das ganze Reich gültige Approbationen zu ertheilen befugt sind, und erläßt die Vorschriften über den Nachweis der Befähigung [10]). Die Namen der Approbirten werden von der Behörde, welche die Approbation ertheilt, in den vom Bundesrath zu bestimmenden amtlichen Blättern veröffentlicht [11]).

Personen, welche eine solche Approbation erlangt haben, sind innerhalb des Reichs in der Wahl des Ortes, wo sie ihr Gewerbe betreiben wollen, vorbehaltlich der Bestimmungen über die Errichtung und Verlegung von Apotheken (§. 6), nicht beschränkt.

Dem Bundesrath bleibt vorbehalten, zu bestimmen, unter welchen Voraussetzungen Personen wegen wissenschaftlich erprobter Leistungen von der vorgeschriebenen Prüfung ausnahmsweise zu entbinden sind [12]) [13]) [14]).

Personen, welche vor Verkündigung dieses Gesetzes in einem Bundesstaate die Berechtigung zum Gewerbebetriebe als Aerzte, Wundärzte, Zahnärzte, Geburtshelfer, Apotheker oder Thierärzte bereits erlangt haben, gelten als für das ganze Reich approbirt.

6) Durch diese Vorschrift ist die Ausübung der Heilkunde (ausgenommen das Hebammengewerbe, das Impfgeschäft, die Ausübung des Berufes im Umherziehen) freigegeben. In der Anwendung von Mitteln und Kurmethoden ist der Nichtarzt nur durch die Rücksicht auf das St.G.B. (Körperverletzung, fahrlässige Tödtung) und die Vorschriften über den Verkehr mit Arzneimitteln beschränkt.

7) Gew.O. §. 147. „Mit Geldstrafe bis zu dreihundert Mark und im Unvermögensfalle mit Haft wird bestraft: — — 3. wer, ohne hierzu approbirt zu sein, sich als Arzt (Wundarzt, Augenarzt, Geburtshelfer, Zahnarzt, Thierarzt) bezeichnet oder sich einen ähnlichen Titel beilegt, durch den der Glauben erweckt wird, der

Inhaber desselben sei eine geprüfte Medicinalperson." — Entscheidend ist, ob im concreten Falle der gewählte Titel hierzu geeignet war; deshalb vielfach von einander abweichende Entscheidungen der Gerichte, so bezüglich des Titels „Homöopath", „Naturarzt", „im Ausland approbirter Arzt". Unstatthaft erachtete Bezeichnungen: „Spezial. für u. s. w.", „Zahnartist", „Hofzahnarzt", „amer. Zahnarzt", „medicus non approb.", „Doctor" (sogar bei einer zur Führung dieses Titels berechtigten Persönlichkeit), „A., Zahnarzt B.'s Nachfolger". Die Vorschrift trifft auch Frauen und Personen, denen ein wirklich ausgeübter Betrieb des Heilgewerbes nicht nachzuweisen ist. — Preuß. Wundärzte I. Cl. sind vollberechtigte Aerzte.

8) Z. B. bei Ausstellung gesundheitlicher Atteste; im Gebiete der Krankenversicherung.

9) Auch zu Kreiswundärzten (Kreischirurgen), desgl. zu Impfärzten können nur approbirte Aerzte u. s. w. bestellt werden.

10) Approbationen für Specialisten werden (außer für Zahnärzte) nicht mehr ertheilt. Die landesrechtlichen Approbationen für Heilgehülfen u. s. w. werden durch §. 29 nicht berührt, s. S. 4. Vgl. N. 12.

11) Z. Z. im Reichsanzeiger und in den von den Einzelstaaten bestimmten Organen. Bundesr.Beschl. 8. Dec. 81.

12) Vgl. Bekm. v. 9. Dec. 69, B.G.B. 687:

Auf Grund der Bestimmung im §. 29. der Gewerbe-Ordnung für den Norddeutschen Bund vom 21. Juni d. J. (Bundesgesetzbl. S. 245.) hat der Bundesrath die nachstehenden Beschlüsse gefasst (B.G.B. 69 S. 687):

1) Die Entbindung von den im §. 29. der Gewerbe-Ordnung für den Norddeutschen Bund vorgeschriebenen ärztlichen Prüfungen auf Grund wissenschaftlich erprobter Leistungen ist nur dann zulässig, wenn der Nachsuchende nachweist, dass ihm von Seiten eines Staates oder einer Gemeinde amtliche Funktionen übertragen werden sollen.

2) Ueber Gesuche um Entbindung von der vorgeschriebenen Prüfung entscheiden die in der Bekanntmachung vom 25. September d. J., betreffend

die Prüfung der Aerzte etc. (Bundesgesetzbl. S. 635.), unter Nummer 1. und 2. genannten Centralbehörden.

3) Diese Entscheidung erfolgt ohne vorgängiges Gutachten der in der Bekanntmachung vom 25. September d. J. angeordneten Prüfungsbehörde, wenn es sich um die Dispensation eines als Lehrer an eine Norddeutsche Universität zu berufenden Gelehrten handelt. In allen anderen Fällen wird zuvor ein Gutachten der gedachten Prüfungsbehörden eingeholt. Den letzteren bleibt es überlassen, ihre Information für das Gutachten durch ein mit dem Nachsuchenden abzuhaltendes Kolloquium zu ergänzen.

4) Die Centralbehörde stellt über die Ertheilung der Dispensation eine Bescheinigung aus und zeigt den Namen des Dispensirten dem Bundesrathe des Norddeutschen Bundes zum Zweck der Veröffentlichung an.

An die Stelle der Bekm. v. 25. Sept. 69 ist jetzt die unten abgedruckte Bekm. v. 2. Juni 83 getreten.

13) Staatsverträge über die gegenseitige Zulassung von Aerzten u. s. w. (auch von Hebammen) in den Grenzgebieten sind geschlossen mit Belgien 7. Febr. 73, R.G.B. 54, den Niederlanden 11. Dec. 73, R.G.B. 74, 99, Oesterreich 30. Sept. 1882, R.G.B. 83, 39, Luxemburg 4. Juni 83, R.G.B. 84, 19, der Schweiz 29. Febr. 84, R.G.B. 45. Im Uebrigen bedürfen Ausländer der deutschen Approbation, die sie gleich den Inländern beanspruchen können.

14) Die Prüfungsvorschriften sind folgende:

## I. Bekanntmachung des Reichskanzlers, betreffend die ärztliche Prüfung, vom 2. Juni 1883. (C.B. S. 191.) Abgeändert durch Bekm. v. 25. April 1887. (C.B. S. 110.)

Auf Grund der Bestimmungen im §. 29. der Gewerbeordnung vom 21. Juni 1869 hat der Bundesrath beschlossen, wie folgt:

## A. Zentralbehörden, welche Approbationen ertheilen.

§. 1. Zur Ertheilung der Approbation als Arzt für das Reichsgebiet sind befugt:

1. die Zentralbehörden derjenigen Bundesstaaten, welche eine oder mehrere Landesuniversitäten haben, mithin zur Zeit die zuständigen Ministerien des Königreichs Preussen, des Königreichs Bayern, des Königreichs Sachsen, des Königreichs Württemberg, des Grossherzogthums Baden, des Grossherzogthums Hessen, des Grossherzogthums Mecklenburg-Schwerin und in Gemeinschaft die Ministerien des Grossherzogthums Sachsen und der sächsischen Herzogthümer;
2. das Ministerium für Elsass-Lothringen.

Die Approbation wird nach dem beigefügten Formular ausgestellt. (Hier nicht abgedruckt.)

## B. Vorschriften über den Nachweis der Befähigung als Arzt.

§. 2. Die Approbation wird demjenigen ertheilt, welcher die ärztliche Prüfung vollständig bestanden hat.

§. 3. Die Prüfung kann vor jeder ärztlichen Prüfungskommission bei einer Universität des Deutschen Reichs abgelegt werden.

Die Kommission, einschliesslich des Vorsitzenden und seines Stellvertreters, wird von der zuständigen Behörde (§. 1) für jedes Prüfungsjahr (§. 4 Abs. 1) nach Anhörung der medizinischen Fakultät der betreffenden Universität aus geeigneten Fachmännern ernannt.

Der Vorsitzende leitet die Prüfung, ist berechtigt, derselben in allen Abschnitten beizuwohnen, achtet darauf, dass die Bestimmungen der Prüfungsordnung genau befolgt werden, ordnet bei vorübergehender Behinderung eines Mitgliedes dessen Stellvertretung an, berichtet unmittelbar nach dem Schlusse jedes Prüfungsjahres der vorgesetzten Behörde über die Thätigkeit der Kommission und legt Rechnung über die Gebühren.

§. 4. Die Prüfungen beginnen jährlich im November und sollen nicht über Mitte Juli des folgenden Jahres ausgedehnt werden.

Die Anträge auf Zulassung zur Prüfung sind bei der zuständigen Behörde (§. 1) bis zum 1. November jedes Jahres einzureichen. Verspätete Meldungen können nur aus besonderen Gründen berücksichtigt werden.

Kandidaten, welche die vorgeschriebene Studienzeit zu Ostern beendigen, bedürfen für die Zulassung zur Prüfung in dem laufenden Prüfungsjahre einer besonderen Genehmigung, welche nur ausnahmsweise und jedenfalls nur dann ertheilt wird, wenn die Meldung bis zum 1. April erfolgt ist.

Der Meldung sind in Urschrift beizufügen:

1. das Zeugniss der Reife von einem humanistischen Gymnasium des Deutschen Reichs.

   Das Zeugniss der Reife von einem humanistischen Gymnasium ausserhalb des Deutschen Reichs darf nur ausnahmsweise als ausreichend erachtet werden;

2. der durch Universitäts-Abgangszeugnisse zu führende Nachweis eines medizinischen Studiums von mindestens neun Halbjahren auf Universitäten des Deutschen Reichs.

   Nur ausnahmsweise darf das medizinische Studium auf einer Universität ausserhalb des Deutschen Reichs oder die einem anderen Universitätsstudium gewidmete Zeit theilweise oder ganz in Anrechnung gebracht werden;

3. der Nachweis, dass der Kandidat bei einer Universität des Deutschen Reichs die ärztliche Vor-

prüfung vollständig bestanden und demnächst noch mindestens vier Halbjahre dem medizinischen Universitätsstudium gewidmet hat;

4. der Nachweis, dass der Kandidat mindestens je zwei Halbjahre hindurch an der chirurgischen, medizinischen und geburtshülflichen Klinik als Praktikant theilgenommen, mindestens zwei Kreissende in Gegenwart des Lehrers oder Assistenzarztes selbständig entbunden, ein Halbjahr als Praktikant die Klinik für Augenkrankheiten besucht, am praktischen Unterricht in der Impftechnik theilgenommen und die zur Ausübung der Impfung erforderlichen technischen Fertigkeiten erworben hat.

Dieser Nachweis wird durch besondere Zeugnisse der klinischen Dirigenten, beziehungsweise eines von der Behörde mit der Ertheilung des Unterrichts in der Impftechnik beauftragten Lehrers erbracht.

Für die Studirenden der militärärztlichen Bildungsanstalten in Berlin werden die zu 2 und 4 erforderten Zeugnisse von der Direktion der Anstalten ausgestellt.

Nur die Theilnahme an einer stationären Klinik (nicht Poliklinik) genügt der Vorschrift. Pr. Min.-Verf. 5. Mai 86. — Die Bestimmungen betr. die Schutzpockenimpfung (vgl. auch §. 13, §. 14 Abs. 1, §§. 18 u. 24 beruhen auf Beschl. d. B.R. v. 31. März 87 und treten am 1. Nov. 87 in Kraft. C.B. S. 110;

5. ein kurzer Lebenslauf.

Der Zulassungsverfügung ist ein Abdruck der gegenwärtigen Bekanntmachung beizulegen.

Der Kandidat hat sich binnen drei Wochen nach Empfang der Zulassungsverfügung, unter Vorzeigung derselben, sowie der Quittung über die eingezahlten Gebühren (§. 24), bei dem Vorsitzenden der Prüfungs-kommission ohne besondere Aufforderung persönlich zu melden.

§. 5. Die Prüfung umfasst folgende Abschnitte:

I. die anatomische Prüfung;
II. die physiologische Prüfung;
III. die Prüfung in der pathologischen Anatomie und in der allgemeinen Pathologie;
IV. die chirurgisch-ophthalmiatrische Prüfung;
V. die medizinische Prüfung;
VI. die geburtshülflich-gynäkologische Prüfung;
VII. die Prüfung in der Hygiene.

§. 6. I. In der anatomischen Prüfung hat der Kandidat

1. die in einer der Haupthöhlen des menschlichen Körpers befindlichen Theile nach Form, Lage und Verbindung (Situs) an der Leiche zu demonstriren, oder eine Region des Stammes oder der Extremitäten blosszulegen und topographisch zu beschreiben;
2. ein von ihm selbstgefertigtes anatomisches Präparat zu erläutern und demnächst über eine Aufgabe aus der Knochenlehre, sowie über eine Aufgabe entweder aus der Eingeweide- oder der Nerven- oder der Gefässlehre an den ihm vorgelegten Präparaten Auskunft zu geben;
3. ein mikroskopisch-anatomisches Präparat anzufertigen und zu erklären, und eine histologische Aufgabe zu lösen.

§. 7. II. In der physiologischen Prüfung hat der Kandidat seine Kenntnisse an zwei Aufgaben mündlich nachzuweisen.

§. 8. III. In der Prüfung über pathologische Anatomie und allgemeine Pathologie muss der Kandidat sich befähigt zeigen,

1. an der Leiche die vollständige Sektion mindestens einer der drei Haupthöhlen zu machen und den Befund sofort zu Protokoll zu bringen;
2. ein oder mehrere pathologisch-anatomische Präparate, darunter jedenfalls eines mit Hülfe des Mikroskops zu erläutern und demnächst je eine Aufgabe aus der allgemeinen Pathologie und aus der pathologischen Anatomie zu erledigen.

§. 9. Jeder der Prüfungsabschnitte I bis III sowie der Prüfungsabschnitt VII (§§. 6 bis 8 und 13) wird von einem Examinator abgehalten. In keinem Abschnitt dürfen gleichzeitig mehr als vier Kandidaten geprüft werden.

§. 10. IV. Die chirurgisch-ophthalmiatrische Prüfung umfasst vier Theile, von denen drei die Chirurgie im allgemeinen, einer die Augenheilkunde insbesondere betreffen.

A. Die drei chirurgischen Theile dieses Prüfungsabschnitts werden von zwei Examinatoren in der chirurgischen Abtheilung eines grösseren Krankenhauses oder in einer Universitätsklinik oder an Kranken der Poliklinik abgehalten. Der Kandidat hat

1a. an zwei aufeinander folgenden Tagen je einen Kranken in Gegenwart des betreffenden Examinators zu untersuchen, die Anamnese, Diagnose und Prognose des Krankheitsfalles sowie den Heilplan festzustellen; den Befund sofort in ein von dem Examinator gegenzuzeichnendes Protokoll aufzunehmen und noch an demselben Tage zu Hause über den Krankheitsfall einen kritischen Bericht anzufertigen, welcher, mit Datum und Namensunterschrift versehen, am nächsten Morgen dem Examinator zu übergeben ist;

1b. beide ihm überwiesene Kranke im Laufe der nächsten sieben Tage täglich wenigstens einmal, auf Erfordern des Examinators auch zweimal täglich zu besuchen, im Anschluss an den ihm vom Examinator zurückgegebenen Bericht den Verlauf der Krankheit mit Angabe der Behandlung in Form eines Krankenjournals zu beschreiben und im Falle des vor Ablauf der sieben Tage erfolgenden Todes des Kranken eine schriftliche Epikrise unter Berücksichtigung des Sektionsbefundes zu geben.

Scheidet der dem Kandidaten überwiesene Kranke vor Ablauf der sieben Tage aus der Behandlung aus, so bestimmt der Examinator, ob der Kandidat einen anderen Kranken zu übernehmen hat.

Gelegentlich der Krankenbesuche hat der Kandidat noch an sonstigen Kranken seine Fähigkeit in der Erkenntniss und Beurtheilung der chirurgischen Krankheitsformen, sowie seine Fertigkeit in der Ausführung kleiner chirurgischer Operationen nachzuweisen;

2. eine Aufgabe aus dem Gebiete der Operationslehre unter Angabe und Würdigung der bezüglichen Methoden mündlich zu erledigen, die entsprechende Operation, sowie eine Arterien-Unterbindung an der Leiche zu verrichten und für einen praktischen Arzt hinreichende Kenntnisse in der Instrumentenlehre darzulegen;
3. über eine Aufgabe aus der Lehre von den Knochenbrüchen und Verrenkungen ebenfalls mündlich Auskunft zu geben, das angezeigte Verfahren am Phantom oder am Menschen auszuführen und den Verband kunstgerecht anzulegen.

Die Aufgaben Ziffer 2, 3 sind in Gegenwart beider Examinatoren zu lösen.

Jeder Examinator hat den Krankenbesuchen (Ziffer 1b) mindestens dreimal beizuwohnen, hierbei den Krankheitsbericht mit dem Kandidaten durchzugehen und ihn nöthigenfalls zu Nachträgen zu veranlassen.

Die erforderlichen Kranken (Ziffer 1a und 1b) werden von der Direktion der Anstalt dem Examinator zugewiesen. Die Benutzung desselben Kranken für mehrere Kandidaten im Laufe des Prüfungsjahres ist nur ausnahmsweise gestattet.

Zu dem klinischen Theile dieses Prüfungsabschnittes (Ziffer 1a und 1b) dürfen höchstens drei, zu den technischen Theilen (Ziffer 2 und 3) höchstens sechs Kandidaten gleichzeitig zugelassen werden.

B. Der die Augenheilkunde insbesondere betreffende vierte Theil wird von einem Examinator abgehalten.

In Gegenwart desselben hat der Kandidat einen Augenkranken zu untersuchen, die Anamnese, Diagnose und Prognose des Krankheitsfalles, sowie den Heilplan festzustellen, den Befund sofort in ein von dem Examinator gegenzuzeichnendes Protokoll aufzunehmen und noch an demselben Tage zu Hause über den Krankheitsfall einen Bericht anzufertigen, welcher, mit Datum und Namensunterschrift versehen, am nächsten Morgen dem Examinator zu übergeben ist. Sodann hat er den Kranken drei Tage hindurch unter Aufsicht des Examinators zu behandeln und während dieser Zeit auch an anderen Fällen nachzuweisen, dass er sich mit den Grundzügen der Augenheilkunde vertraut gemacht hat.

Zu einem Prüfungstermin sind höchstens drei Kandidaten zuzulassen.

§. 11. V. Die medizinische Prüfung wird von zwei Examinatoren in der medizinischen Abtheilung eines grösseren Krankenhauses oder einer Universitätsklinik oder an Kranken der Poliklinik abgehalten.

Behufs dieser Prüfung hat der Kandidat:

1a. an zwei aufeinander folgenden Tagen je einen Kranken in Gegenwart des betreffenden Examinators zu untersuchen, die Anamnese, Diagnose und Prognose des Falles, sowie den Heilplan festzustellen, den Befund sofort in ein von dem Examinator gegenzuzeichnendes Protokoll aufzunehmen und noch an demselben Tage zu Hause über den Krankheitsfall einen kritischen Bericht anzufertigen, welcher, mit dem Datum und Namensunterschrift versehen, am nächsten Morgen dem Examinator zu übergeben ist;

1b. die beiden ihm überwiesenen Kranken im Laufe der nächsten sieben Tage wenigstens einmal, auf Erfordern des Examinators auch zweimal täglich zu besuchen, dabei im Anschluss an den ihm vom Examinator zurückgegebenen Bericht den Verlauf der Krankheit mit Angabe der Behandlung in Form eines Krankenjournals zu beschreiben und im Falle des vor Ablauf der sieben Tage erfolgenden Todes des Kranken eine schriftliche Epikrise unter Berücksichtigung des Sektionsbefundes zu geben. Scheidet der dem Kandidaten überwiesene Kranke vor Ablauf der sieben Tage aus der Behandlung aus, so bestimmt der Examinator, ob der Kandidat einen anderen Kranken zu übernehmen hat.

Gelegentlich der Krankenbesuche hat der Kandidat noch an sonstigen Kranken seine Fähigkeit in der Erkenntniss und Beurtheilung der inneren Krankheiten, namentlich mit Einschluss der Kinderkrankheiten und der Geisteskrankheiten, nachzuweisen;

2. in einem besonderen Termin in Gegenwart eines Examinators einige Aufgaben zu Arzneiverordnungen schriftlich zu lösen, zu mehreren von dem Examinator bestimmten Arzneisubstanzen die Maximaldosen aufzuzeichnen und mündlich darzuthun, dass er in der Pharmakologie und Toxi-

kologie die für einen Arzt erforderlichen Kenntnisse besitzt.

Dieser Prüfungsabschnitt kann einem dritten Examinator übertragen werden.

In Betreff der Besuche, denen die Examinatoren beizuwohnen haben, der Besprechung der Krankheitsberichte und in Betreff der Zuweisung der Kranken finden die Bestimmungen des §. 10 A entsprechende Anwendung.

Jedem Prüfungstermin sind höchstens drei Kandidaten zu überweisen.

§. 12. VI. Die geburtshülflich-gynäkologische Prüfung wird von zwei Examinatoren in einer öffentlichen Gebäranstalt abgehalten.

Der Kandidat hat:

1a. eine Gebärende in Gegenwart eines der Examinatoren oder im Behinderungsfalle in Gegenwart eines Assistenzarztes der Anstalt zu untersuchen, die Geburtsperiode und Kindeslage, die Prognose und das einzuschlagende Verfahren zu bestimmen; bei normaler Geburt und auf Erfordern auch bei normwidriger Geburt die nothwendige Hülfe einschliesslich der etwaigen Operationen selbst zu leisten, sowie auch nach Beendigung der Geburt im Laufe der nächsten 24 Stunden zu Hause einen kritischen Bericht anzufertigen und solchen, mit Datum und Unterschrift versehen, am anderen Tage dem betreffenden Examinator zu übergeben;

1b. die Wöchnerin im Laufe der nächsten sieben Tage täglich zweimal zu besuchen, dabei den Bericht in Beziehung auf die Pflege der Wöchnerin und des Neugeborenen, sowie auf die etwaigen Krankheiten beider zu vervollständigen, während dieser Zeit noch seine Fähigkeit in der Diagnose der Schwangerschaft, des Wochenbetts und der Frauenkrankheiten vor demselben Examinator zu bekunden und im Falle des vor Ablauf der sieben Tage erfolgenden Todes der Entbundenen eine schriftliche Epikrise unter Berücksichtigung des Sektionsbefundes zu geben.

Scheidet die dem Kandidaten überwiesene Wöchnerin vor Ablauf der sieben Tage aus der Behandlung aus, so bestimmt der Examinator, ob der Kandidat eine andere Wöchnerin zu übernehmen hat;

2. in einem besonderen Termin in Gegenwart beider Examinatoren seine Bekanntschaft mit denjenigen Operationen nachzuweisen, welche wissenschaftlich anerkannt sind; sodann am Phantom die Diagnose verschiedener regelwidriger Kindeslagen zu stellen, die Entbindung durch die Wendung auszuführen und seine Fertigkeit im Gebrauch der Zange darzulegen.

Dem dirigirenden Arzt steht es beim Mangel an Gebärenden oder Kranken in der Anstalt frei, solche aus der poliklinischen Praxis zur Prüfung heranzuziehen. Die Benutzung derselben Gebärenden zur Prüfung (Ziffer 1a) für zwei oder mehrere Kandidaten ist in keinem Falle gestattet.

Zur technischen Prüfung am Phantom dürfen gleichzeitig nicht mehr als vier Kandidaten zugelassen werden.

§. 13. VII. Die hygienische Prüfung ist eine mündliche und wird von einem Examinator abgehalten.

In diesem Prüfungsabschnitt ist der Kandidat

1. über zwei Aufgaben aus dem Gebiete der Hygiene (§. 14),

2. über die Schutzpocken-Impfung einschliesslich der Impftechnik und des Impfgeschäftes

zu prüfen. [Vgl. f. Preuß. Prüfungen die Aufgabensammlung Anl. z. Circ.-Verf. v. 28. April 86 Wernich, Med.-Ges. S. XXXV.]

§. 14. Die in §. 6 Ziffer 2, 3, §. 7, §. 8 Ziffer 2, §. 10 A Ziffer 2, 3 und §. 13 Ziffer 1 vorgeschriebenen Aufgaben werden durch das Loos bestimmt. Zu diesem Zweck hat die Kommission Aufgabensammlungen, welche die betreffenden Prüfungsfächer möglichst vollständig umfassen, anzulegen und jährlich vor dem Beginn der Prüfungen zu revidiren.

Dem Examinator steht es frei, an die Erledigung der gezogenen Aufgaben einige weitere Fragen aus dem Gesammtgebiete des Prüfungsfachs anzuschliessen.

§. 15. Zu den drei ersten Prüfungsabschnitten und dem siebenten Prüfungsabschnitt ist den Studirenden der Medizin, zu den klinischen Prüfungen denjenigen Studirenden der Zutritt gestattet, welche als Auskultanten oder Praktikanten an der betreffenden Klinik theilnehmen.

§ 16. Für jeden Kandidaten wird über jeden Prüfungsabschnitt ein besonderes Protokoll unter Anführung der Prüfungsgegenstände und der ertheilten Zensuren, bei der Zensur „ungenügend" oder „schlecht" unter kurzer Angabe der Gründe, aufgenommen.

§. 17. Die Aufgaben und die Kranken sind dem Kandidaten für jeden Abschnitt erst bei Beginn desselben zu überweisen. Zwischen den einzelnen Prüfungsabschnitten darf in der Regel nur ein Zeitraum von acht Tagen liegen. Nach Beendigung eines jeden Prüfungsabschnitts sind die Examinatoren verpflichtet, dem Vorsitzenden die Prüfungsakten unverweilt zuzusenden.

Zu dem Abschnitt II wird nur zugelassen, wer den Abschnitt I, und zu den Abschnitten III bis VII nur, wer die Abschnitte I und II bestanden hat. Die Reihenfolge, in welcher die Abschnitte III bis VII zurückzulegen sind, bestimmt der Vorsitzende. Jedoch darf niemals gestattet werden, dass Abschnitt VI sofort nach Abschnitt III begonnen wird. Wer in einem der Abschnitte III bis VII nicht vollständig besteht, hat, so weit es die Umstände gestatten, die Wahl, ob er sich der Prüfung in einem der anderen Abschnitte oder dem späteren Theile desselben Abschnitts sogleich oder erst nach Wiederholung des nicht bestandenen unterziehen will.

§. 18. Ueber den Ausfall der Prüfung in dem Abschnitt II, sowie in jedem Theile der übrigen Abschnitte wird eine besondere Zensur unter ausschliesslicher Anwendung der Prädikate sehr gut (1), gut (2), genügend (3), ungenügend (4) und schlecht (5) ertheilt.

Wenn von zwei an einer Prüfung betheiligten Examinatoren einer die Zensur „ungenügend" oder „schlecht" ertheilt, so entscheidet seine Stimme.

§. 19. Ist ein Prüfungsabschnitt vollständig bestanden, so wird für den ganzen Abschnitt von dem Vorsitzenden die Gesammtzensur ermittelt, indem die Zahlenwerthe der Einzelzensuren (§. 18 Abs. 1) addirt und durch die Anzahl der Theile dividirt werden. Ergeben sich bei der Theilung Brüche, so werden dieselben, wenn sie über $0{,}_5$ betragen, als ein Ganzes gerechnet, anderenfalls bleiben sie unberücksichtigt.

§. 20. Ist ein Prüfungsabschnitt oder ein Theil eines Prüfungsabschnitts ungenügend oder schlecht bestanden, so muss er wiederholt werden.

Die Zensur „ungenügend" für einen ganzen Prüfungsabschnitt hat zur Folge, dass erst nach drei Monaten, die Zensur „schlecht", dass erst nach sechs Monaten die Wiederholung stattfinden darf.

Handelt es sich um Theile eines Prüfungsabschnitts, so gelten für die Wiederholung die Fristen von mindestens sechs Wochen, beziehungsweise von mindestens drei Monaten.

In allen Fällen muss die Wiederholung spätestens in dem nächsten Prüfungsjahre stattfinden, widrigenfalls auch die früher bestandenen Prüfungen zu wiederholen sind. Eine Ausnahme kann nur aus besonderen Gründen gestattet werden. Die Frist zur Wiederholung wird von der Behörde (§. 1) festgesetzt und durch den Vorsitzenden dem Kandidaten mitgetheilt. Der Behörde werden zu diesem Zwecke die Prüfungsakten mit gutachtlichem Bericht eingereicht.

Die zweite Wiederholung eines Prüfungsabschnitts oder eines Theils desselben findet in Gegenwart des Vorsitzenden statt.

Wer auch bei der zweiten Wiederholung nicht besteht, wird zu einer weiteren Prüfung nicht zugelassen. Ausnahmen hiervon können nur aus besonderen Gründen gestattet werden.

§. 21. Hat der Kandidat sämmtliche Prüfungsabschnitte bestanden, so wird aus den für die Prüfungsabschnitte ertheilten Prädikaten die Gesammtzensur ebenso festgesetzt, wie dies in §. 19 vorgeschrieben ist.

Der Vorsitzende überreicht die Prüfungsakten der Behörde (§. 1) zur Ertheilung der Approbation.

§. 22. Wer sich nicht rechtzeitig (§. 4) persönlich bei dem Vorsitzenden meldet, die Termine oder Fristen ohne hinreichende Entschuldigung versäumt, kann auf Antrag des Vorsitzenden von der Behörde (§. 1) bis zum folgenden Prüfungsjahre zurückgestellt werden.

§. 23. Die Prüfung darf nur bei der Kommission fortgesetzt oder wiederholt werden, bei welcher sie begonnen ist. Ausnahmen können nur aus besonderen Gründen gestattet werden.

Die mit dem Zulassungsgesuch eingereichten Zeugnisse (§. 4 Ziffer 1 bis 4) sind dem Kandidaten erst nach bestandener Gesammtprüfung zurückzugeben. Verlangt er sie früher zurück, so sind vor der Rückgabe sämmtliche Behörden (§. 1) durch Vermittelung des Reichskanzlers zu benachrichtigen, dass der Kandidat die Prüfung begonnen, aber nicht beendigt hat, und dass ihm auf seinen Antrag die Zeugnisse zurückgegeben worden sind. In die Urschrift des letzten Universitäts-Abgangszeugnisses ist ein Vermerk über den Ausfall der bisherigen Prüfung einzutragen.

§. 24. Die Gebühren für die gesammte Prüfung betragen 206 Mark.

Davon sind zu berechnen:

| | | |
|---|---|---|
| für den Prüfungsabschnitt I . . . . . . . | | 20 Mark, |
| und zwar für Theil 1 . . | 6 Mark, | |
| " " 2 . . | 7 " | |
| " " 3 . . | 7 " | |
| für den Prüfungsabschnitt II . . . . . . | | 12 " |
| für den Prüfungsabschnitt III . . . . . . | | 16 " |
| und zwar für Theil 1 . . | 10 Mark, | |
| " " 2 . . | 6 " | |
| für den Prüfungsabschnitt IV . . . . . . | | 57 " |
| und zwar für Theil 1a und 1b | 25 Mark, | |
| " " 2 . . | 10 " | |
| " " 3 . . | 10 " | |
| " " 4 . . | 12 " | |
| für den Prüfungsabschnitt V . . . . . . | | 35 " |
| und zwar für Theil 1a und 1b | 25 Mark, | |
| " " 2 . . | 10 " | |
| für den Prüfungsabschnitt VI . . . . . . | | 24 " |
| und zwar für Theil 1a und 1b | 12 Mark, | |
| " " 2 . . | 12 " | |
| für den Prüfungsabschnitt VII . . . . . . | | 12 " |
| und zwar für Theil 1 . . | 6 Mark, | |
| " " 2 . . | 6 " | |
| für sächliche und Verwaltungskosten . . . . | | 30 " |
| | zusammen | 206 Mark. |

Bei Wiederholungen kommen für den betreffenden Abschnitt oder Theil eines Abschnitts ausser den anzusetzenden Gebühren jedesmal vier Mark für sächliche Ausgaben und Verwaltungskosten zur nochmaligen Erhebung.

§. 25. Wer von der Prüfung zurücktritt oder zurückgestellt wird, erhält die Gebühren für die noch nicht begonnenen Prüfungsabschnitte ganz, die sächlichen Gebühren nach Verhältniss zurück.

§. 26. Dem Reichskanzler werden von der Behörde (§. 1) Verzeichnisse der in dem abgelaufenen Prüfungsjahre Approbirten mit den Prüfungsakten eingereicht. Die letzteren werden der Behörde zurückgesendet.

C. Dispensationen.

§. 27. Ueber Zulassung der in §. 4 Absatz 3, Absatz 4 Ziffer 1 und 2, §. 20 Absatz 4 und 6, §. 23 Absatz 1 vorgesehenen Ausnahmen entscheidet der Reichskanzler in Uebereinstimmung mit der zuständigen Landes-Zentralbehörde (§. 1).

Die Gesuche sind bei der Zentralbehörde (resp. der von dieser dazu bestimmten anderen Stelle) desjenigen Staates einzureichen, dem die Prüfungskommission angehört. Bekm. 15. April 84. C.B. 123.

D. Schluss- und Uebergangsbestimmungen.

§. 28. Vorstehende Bestimmungen treten am 1. November 1883 in Kraft.

§. 29. Diejenigen Kandidaten, welche bereits vor dem 1. Dezember 1883 die ärztliche Vorprüfung bestanden haben, sind zur Prüfung zuzulassen, wenn sie auch nur die Erfüllung der nach den bisherigen Vorschriften hierfür erforderlichen Vorbedingungen nachweisen.

§. 30. Alle früheren, dieser Bekanntmachung entgegenstehenden Bestimmungen über die ärztliche Prüfung sind aufgehoben.

II. Bekanntmachung des Reichskanzlers, betreffend die ärztliche Vorprüfung, vom 2. Juni 1883. (Centr.Bl. S. 198).

Im Anschluss an die Bekanntmachung, betreffend die ärztliche Prüfung, vom 2. Juni 1883 §. 4 Ziffer 3 hat der Bundesrath beschlossen, wie folgt:

§. 1. Die ärztliche Vorprüfung kann nur vor der Prüfungskommission derjenigen Universität des Deutschen Reichs abgelegt werden, bei welcher der Studirende immatrikulirt ist. Ausnahmen hiervon können nur von dem Reichskanzler in Uebereinstimmung mit der zuständigen Zentralbehörde gestattet werden.

Die Prüfungskommission besteht aus dem Dekan der medizinischen Fakultät als Vorsitzenden und aus Universitätslehrern der Fächer, welche Gegenstand der Prüfung sind (§. 5 Abs. 1). Sie wird jährlich von der Behörde (§. 1 der Bekanntmachung, betreffend die ärztliche Prüfung, vom 2. Juni 1883) nach Anhörung der medizinischen Fakultät berufen.

§. 2. Der Vorsitzende leitet die Prüfung, ordnet bei vorübergehender Behinderung eines Mitgliedes dessen Stellvertretung an und achtet darauf, dass die Bestimmungen der Prüfungsordnung genau befolgt werden.

Es finden in jedem Studienhalbjahre so viele Prüfungen statt, wie nothwendig sind, um sämmtliche eingegangene Gesuche zu erledigen. Gesuche, welche später als vierzehn Tage vor dem gesetzlichen Schluss der Vorlesungen eingehen, haben keinen Anspruch auf Berücksichtigung in dem laufenden Halbjahre. Der Vorsitzende setzt den Prüfungstermin fest und ladet die Mitglieder zu demselben.

Zu einem Prüfungstermin dürfen nicht mehr als vier Kandidaten zugelassen werden.

§. 3. Die Gesuche um Zulassung zur Prüfung sind an den Vorsitzenden zu richten.

Die Zulassung zur Prüfung ist bedingt:

a) durch das Zeugniss der Reife von einem humanistischen Gymnasium des Deutschen Reichs;

b) durch den Nachweis eines medizinischen Studiums von mindestens vier Halbjahren auf Universitäten des Deutschen Reichs mit der Massgabe, dass die

Zulassung schon innerhalb der letzten sechs Wochen des vierten Studienhalbjahrs erfolgen darf.

In Betreff der Zulässigkeit des Gymnasialzeugnisses der Reife von einem humanistischen Gymnasium ausserhalb des Deutschen Reichs, sowie der Anrechnung der Studienzeit auf einer Universität ausserhalb des Deutschen Reichs oder der einem anderen Universitätsstudium gewidmeten Zeit gelten die Bestimmungen der Bekanntmachung, betreffend die ärztliche Prüfung, vom 2. Juni 1883 §. 4 Ziffer 1. 2, §. 27.

Der Nachweis zu Ziffer b ist durch das Anmeldebuch, und wenn der Studirende bereits eine andere Universität besucht hat, durch das Abgangszeugniss der letzteren in Urschrift zu führen.

§. 4. Ist der Studirende zuzulassen, so wird er durch den Vorsitzenden nach Entrichtung der Gebühren zur Prüfung mindestens zwei Tage vor derselben schriftlich geladen. Der Ladung ist ein Abdruck der gegenwärtigen Bekanntmachung beizufügen.

Wer in dem Termin ohne genügende Entschuldigung nicht rechtzeitig oder gar nicht erscheint, geht der Hälfte des eingezahlten Gebührenbetrages verlustig und wird bis zu einem der nächsten Termine zurückgestellt.

§. 5. Die Prüfung findet mündlich und öffentlich unter dauernder Anwesenheit des Vorsitzenden statt. Sie wird in der Anatomie, Physiologie, Physik, Chemie und Botanik von den zuständigen Fachlehrern (§. 1), in der Zoologie von einem Lehrer der Anatomie oder Zoologie abgehalten.

Der Studirende ist in der Anatomie und Physiologie, in der Physik und Chemie einer eingehenden Prüfung zu unterwerfen. Bei der Prüfung in der Chemie ist zugleich zu ermitteln, ob der Kandidat die auf dem Gebiet der Mineralogie erforderlichen Kenntnisse besitzt. In der Zoologie wird hauptsächlich die Kenntniss der

Grundzüge der vergleichenden Anatomie und Physiologie gefordert. In der Botanik hat der Studirende nachzuweisen, dass er sich eine Uebersicht über die systematische Botanik, namentlich mit Rücksicht auf die offizinellen Pflanzen, und Kenntniss von den Grundzügen der Anatomie und Physiologie der Pflanzen angeeignet hat.

Die Zeit, welche auf die Prüfung des einzelnen Studirenden zu verwenden ist, beträgt für jedes Fach höchstens 15 Minuten.

Wer an einer Universität des Reichs auf Grund einer Prüfung in den Naturwissenschaften die Doktorwürde erworben hat, wird nur in denjenigen Fächern geprüft, welche nicht Gegenstand der Promotionsprüfung gewesen sind.

§. 6. Die Gegenstände und das allgemeine Ergebniss der Prüfung in jedem Fache, sowie die für dasselbe ertheilte Zensur, werden von dem Examinator für jeden Geprüften in ein besonderes Protokollschema eingetragen, welches von dem Vorsitzenden und sämmtlichen Mitgliedern der Kommission zu unterzeichnen und bei den Fakultätsakten aufzubewahren ist.

§. 7. Von jedem Examinator wird eine Zensur ertheilt, für welche ausschliesslich die Bezeichnungen „sehr gut" (1), „gut" (2), „genügend" (3), „ungenügend" (4), „schlecht" (5) zulässig sind.

Für jedes der vier ersten Fächer (§. 5 Abs. 1) wird je eine Zensur, für Botanik und Zoologie das Mittel der beiden Einzelzensuren als eine Zensur ertheilt. Für Diejenigen, welche in allen fünf Zensuren mindestens „genügend" erhalten haben, wird nach Beendigung der Prüfung von dem Vorsitzenden die Gesammtzensur ermittelt, indem die Summe der Zahlenwerthe der fünf Zensuren durch 5 getheilt wird. Ergeben sich bei der Theilung Brüche, so werden dieselben, wenn sie über $0,_5$ betragen, als ein Ganzes gerechnet, andernfalls bleiben sie unberücksichtigt.

Das Prädikat „ungenügend“ oder „schlecht“ hat eine Wiederholungsprüfung in dem nicht bestandenen Fache zur Folge, wobei wiederum Zoologie und Botanik zusammen als ein Fach gerechnet werden.

Die Frist beträgt je nach den Zensuren und der Zahl der nicht bestandenen Prüfungsfächer zwei bis sechs Monate. Sie wird von dem Vorsitzenden nach Benehmen mit dem betreffenden Examinator bestimmt.

§. 8. Die Wiederholung der Prüfung kann nach Ablauf der Frist (§. 7) auch bei der Kommission einer anderen Universität geschehen, sofern der Kandidat bei letzterer immatrikulirt ist.

§. 9. Nach Beendigung jedes Prüfungstermins hat der Vorsitzende binnen zwei Tagen das Resultat der Prüfung und die etwa bestimmten Wiederholungsfristen der Universitätsbehörde mitzutheilen. Diese hat, falls der Studirende vor vollständig bestandener Vorprüfung die Universität verlässt, einen entsprechenden Vermerk in das Abgangszeugniss einzutragen.

Ueber den Erfolg der Prüfung ist dem Studirenden ein Zeugniss nach dem beigefügten Formular (Das Formular ist hier nicht abgedruckt) auszustellen. Hat derselbe eine Nachprüfung abzulegen, so wird statt einer Gesammtzensur die Wiederholungsfrist vermerkt.

§. 10. Die Gebühren für die gesammte Prüfung und das ausgefertigte Zeugniss betragen 36 Mark. Hiervon werden je 5 Mark auf den Vorsitz und auf jeden der sechs Prüfungsgegenstände vertheilt. Der Rest wird zu sächlichen Ausgaben verwendet.

Doktoren der Philosophie oder der Naturwissenschaften haben im Falle des §. 5 Absatz 4 nur die Gebührenantheile für den Vorsitzenden und diejenigen Mitglieder der Kommission zu entrichten, von denen sie geprüft werden.

Bei der Nachprüfung sind die Gebührenantheile für den Vorsitzenden und die Mitglieder der Kommission, von welchen die Nachprüfung abgehalten wird, aufs neue zu entrichten.

Ueber Verwendung der verfallenen Gebühren (§. 4) befindet die Behörde (§. 1).

§. 11. Vorstehende Bestimmungen treten am 1. Oktober 1883 in Kraft.

§. 12. Alle früheren über die ärztliche Vorprüfung erlassenen Vorschriften sind aufgehoben.

## III. Bekanntmachung des Reichskanzlers, betreffend die Prüfung der Aerzte, **Zahnärzte**, Thierärzte und Apotheker. Vom 25. September 1869. (B.G.Bl. S. 635.)

Auf Grund der Bestimmung im §. 29. der Gewerbe-Ordnung für den Norddeutschen Bund vom 21. Juni d. J. (Bundesgesetzbl. S. 245.) hat der Bundesrath die nachstehenden Beschlüsse gefasst:

1) Zur Ertheilung der Approbationen für — — Zahnärzte — — für das ganze Bundesgebiet sind nur die Centralbehörden derjenigen Bundesstaaten befugt, welche eine oder mehrere Landes-Universitäten haben, mithin zur Zeit die zuständigen Ministerien des Königreichs Preussen, des Königreichs Sachsen, des Grossherzogthums Hessen, des Grossherzogthums Mecklenburg-Schwerin und in Gemeinschaft die Ministerien des Grossherzogthums Sachsen-Weimar und der Sächsischen Herzogthümer.

Zusätze betr. Württemberg und Baden Bekm. vom 21. Dez. 1871 (R.G.Bl. S. 472), wegen Bayern Bekm. vom 28. Juni 1872 (R.G.Bl. S. 243), Elf.-Lothr. Bekm. vom 19. Juli 1872 (R.G.Bl. S. 351).

Diese Approbationen werden nach dem unter — — B. beigefügten Formular ausgestellt. (Hier nicht abgedruckt.)

## Ueber den Nachweis der Befähigung der Zahnärzte gelten nachstehende Vorschriften:

§. 1. Die Approbation darf nur denjenigen Kandidaten ertheilt werden, welche die nachstehend beschriebene zahnärztliche Prüfung in allen ihren Abschnitten bestanden haben. Eine Ausnahme findet nur statt für den im §. 6. vorgesehenen Fall.

§. 2. Die zahnärztliche Prüfung ist vor den für die Prüfungen der Aerzte bestehenden Kommissionen abzulegen, denen für die zahnärztlichen Prüfungen ein praktischer Zahnarzt beizuordnen ist.

§. 3. Die Zulassung zur Prüfung ist bedingt:

1) durch die Reife für die Prima eines Norddeutschen Gymnasiums oder einer Norddeutschen Realschule erster Ordnung. Dieselbe ist nachzuweisen entweder durch das Schulzeugniss oder durch das Zeugniss einer besonderen Prüfungs-Kommission bei einer der genannten Unterrichts-Anstalten,
2) durch zweijähriges Universitätsstudium,
3) durch den Nachweis praktischer Uebung in den technischen zahnärztlichen Arbeiten.

§. 4. Die Prüfung zerfällt in vier Abschnitte.

Im ersten Abschnitt hat der Kandidat einen ihm vorgeführten Krankheitsfall, betreffend eine Affektion der Zähne oder des Zahnfleisches, des harten Gaumens u. s. w. zu diagnostiziren, und demnächst ohne Beihülfe unter Klausur eine schriftliche Arbeit über die Natur, Aetiologie und Behandlung des Falles anzufertigen.

Im zweiten Abschnitt hat der Kandidat unter spezieller Aufsicht eines Mitgliedes der Prüfungs-Kommission zehn aus mindestens vierzig durch das Loos zu bestimmende Fragen aus dem Gebiete der Anatomie, Physiologie, allgemeinen Pathologie und Therapie, Heilmittellehre mit Einschluss der Toxikologie und der speziellen chirurgischen und dentistischen Pathologie und

Therapie schriftlich und ohne Benutzung von Hülfsmitteln zu beantworten.

Im dritten Abschnitt hat der Kandidat seine praktischen Kenntnisse in Anfertigung einzelner künstlichen Zähne und ganzer Zahnreihen, sowie im ganzen technischen Theil der Zahnarzneikunde und in der Anwendung der verschiedenen Zahninstrumente an einer Leiche oder an einem skelettirten Kopfe nachzuweisen.

Im vierten Abschnitt ist derselbe von wenigstens drei Examinatoren über die Anatomie, Physiologie, Pathologie und Diätetik der Zähne, über die Krankheiten derselben und des Zahnfleisches, über die Bereitung und Wirkung der Zahnarzneien, und über die Indikationen zur Anwendung der verschiedenen Zahnoperationen mündlich zu prüfen.

§. 5. Hinsichtlich der Meldung zur Prüfung, der Zulassung zu den einzelnen Prüfungsabschnitten oder zu Wiederholungen derselben, der Prüfungsprotokolle, der Feststellung der Censuren und der Veröffentlichung der Namen der Approbirten finden die Vorschriften für die Prüfung der Aerzte analoge Anwendung.

§. 6. Approbirte Aerzte, welche die Approbation als Zahnärzte zu erlangen wünschen, sind der im §. 3. erwähnten Nachweise überhoben, und brauchen nur den ersten, dritten und vierten Prüfungsabschnitt zu absolviren.

§. 7. Die Gebühren betragen 5 Rthlr. für jeden Prüfungsabschnitt.

4. Gewerbeordnung §. 40. Die in den §§. 29 bis 33a und im §. 34 erwähnten Approbationen und Genehmigungen dürfen weder auf Zeit ertheilt, noch vorbehaltlich der Bestimmungen in den §§. 33a, 53 und 143 widerrufen werden [1]).

Gegen Versagung der Genehmigung zum Betriebe eines der in den §§. 30, — — und 34, — — ist der Rekurs zulässig. Wegen des Verfahrens und der Behörden gelten die Vorschriften der §§. 20 und 21.

1) §. 30 betrifft die Unternehmer von Privat-Kranken- (-Entbindungs-, -Irren-) Anstalten, sowie Hebammen s. u. — §. 34 u. A. den Gifthandel.

5. Gewerbeordnung §. 53. Die in dem §. 29 bezeichneten Approbationen können von der Verwaltungsbehörde nur dann zurückgenommen werden, wenn die Unrichtigkeit der Nachweise dargethan wird, auf Grund deren solche ertheilt worden sind, oder wenn dem Inhaber der Approbation die bürgerlichen Ehrenrechte aberkannt sind, im letzteren Falle jedoch nur für die Dauer des Ehrenverlustes [1]) [2]).

Außer aus diesen Gründen können die in den §§. 30, — — 34 und 36 bezeichneten Genehmigungen und Bestallungen in gleicher Weise zurückgenommen werden, wenn aus Handlungen oder Unterlassungen des Inhabers der Mangel derjenigen Eigenschaften, welche bei der Ertheilung der Genehmigung oder Bestallung nach der Vorschrift dieses Gesetzes vorausgesetzt werden mußten, klar erhellt [3]). Inwiefern durch die Handlungen oder Unterlassungen eine Strafe verwirkt ist, bleibt der richterlichen Entscheidung vorbehalten.

(Abs. 3 betrifft die Pfandleiher.)

1) Zu Abs. 1, vgl. Resol. des Reichstages betr. die Vorlage einer Aerzteordnung, in welcher den Organen der Berufsgenossen eine ehrengerichtliche Strafgewalt beigelegt werden soll. Vgl. jetzt die Preuß. V.O. betr. die Einrichtung einer ärztlichen Standesvertretung vom 23. Mai 1887, S. 169. Ges.Samml. Nr. 18.

Wir Wilhelm, von Gottes Gnaden König von Preussen etc. verordnen auf den Antrag Unseres Staatsministeriums, was folgt:

§. 1. Für jede Provinz ist eine Aerztekammer zu errichten. Der Bezirk der Aerztekammer der Provinz Brandenburg hat zugleich den Stadtkreis Berlin, der Bezirk der Aerztekammer der Rheinprovinz zugleich die Hohenzollernschen Lande zu umfassen.

Die Kammern erhalten ihren Sitz am Amtssitz des Oberpräsidenten, die Kammer der Provinz Brandenburg und des Stadtkreises Berlin erhält ihren Sitz in Berlin.

§. 2. Der Geschäftskreis der Aerztekammern umfasst die Erörterung aller Fragen und Angelegenheiten, welche den ärztlichen Beruf oder das Interesse der öffentlichen Gesundheitspflege betreffen, oder auf die Wahrnehmung und Vertretung der ärztlichen Standesinteressen gerichtet sind.

Die Aerztekammern sind befugt, innerhalb ihres Geschäftskreises Vorstellungen und Anträge an die Staatsbehörden zu richten und sollen die letzteren geeignetenfalls, insbesondere auf dem Gebiete der öffentlichen Gesundheitspflege, den Aerztekammern Gelegenheit geben, sich über einschlägige Fragen gutachtlich zu äussern.

§. 3. Zu den Sitzungen der Provinzial-Medizinal-Kollegien und der Wissenschaftlichen Deputation für das Medizinalwesen, in denen allgemeine Fragen oder besonders wichtige Gegenstände der öffentlichen Gesundheitspflege zur Berathung stehen, oder in denen über Anträge von Aerztekammern beschlossen wird, sind Vertreter der Aerztekammern als ausserordentliche Mitglieder mit berathender Stimme zuzuziehen.

Jede Aerztekammer hat als Vertreter im Provinzial-Medizinal-Kollegium zwei, als Vertreter in der Wissenschaftlichen Deputation für das Medizinalwesen eins ihrer Mitglieder und für jedes gewählte Mitglied einen Stellvertreter zu wählen. Ob der Fall der Einberufung dieser Vertreter zu einer Sitzung vorliegt, bestimmt bei dem Provinzial-Medizinal-Kollegium dessen Vorsitzender, bei der Wissenschaftlichen Deputation für das Medizinalwesen der Minister der Medizinalangelegenheiten.

§. 4. Die Mitglieder der Aerztekammern werden gewählt. Die Wahl erfolgt innerhalb des Bezirks der Kammer getrennt nach Regierungsbezirken (Wahlbezirken). Der Stadtkreis Berlin bildet einen eigenen Wahlbezirk.

Wahlberechtigt und wählbar sind diejenigen Aerzte, welche innerhalb des Wahlbezirks ihren Wohnsitz haben, Angehörige des Deutschen Reichs sind und sich im Besitze der bürgerlichen Ehrenrechte befinden.

Das Wahlrecht und die Wählbarkeit gehen verloren, sobald eins dieser Erfordernisse bei dem bis dahin Wahlberechtigten nicht mehr zutrifft. Sie ruhen während der Dauer eines Konkurses, während der Dauer des Verfahrens auf Zurücknahme der ärztlichen Approbation und während der Dauer einer gerichtlichen Untersuchung, wenn dieselbe wegen Verbrechen oder wegen solcher Vergehen, welche den Verlust der bürgerlichen Ehrenrechte nach sich ziehen müssen oder können, eingeleitet, oder wenn die gerichtliche Haft verfügt ist.

§. 5. Aerzten, welche die Pflichten ihres Berufes in erheblicher Weise oder wiederholt verletzt, oder sich durch ihr Verhalten der Achtung, welche ihr Beruf erfordert, unwürdig gezeigt haben, ist durch Beschluss des Vorstandes der Aerztekammer das Wahlrecht und die Wählbarkeit dauernd oder auf Zeit zu entziehen. Denselben ist vorher Gelegenheit zu geben, sich über die gegen sie erhobenen Anschuldigungen zu äussern. Zu der Berathung und

Beschlussfassung über die Entziehung des Wahlrechts ist ein von dem Oberpräsidenten zu ernennender Kommissarius zuzuziehen, welcher das Recht hat, jederzeit gehört zu werden. Ein Stimmrecht steht demselben nicht zu.

Gegen den Beschluss steht dem Betroffenen innerhalb vier Wochen die Beschwerde an den Minister der Medizinalangelegenheiten zu.

Die Bestimmungen über die Entziehung des Wahlrechts finden keine Anwendung auf Aerzte, welche als solche ein mittelbares oder unmittelbares Staatsamt bekleiden oder dem Spruche der Militär-Ehrengerichte unterliegen.

§. 6. Die Wahlen finden alle drei Jahre im November statt. Der dreijährige Zeitraum, für welchen die Mitglieder gewählt werden, beginnt mit dem Anfang des nächstfolgenden Jahres.

Vor jeder Wahl ist für jeden Wahlbezirk, das erste Mal von dem Regierungspräsidenten, in künftigen Fällen von dem Vorstande der Aerztekammer eine Liste der Wahlberechtigten aufzustellen. Dieselbe ist in jedem Kreise (Oberamtsbezirke) im Laufe des der Wahl vorhergehenden Monats Juni vierzehn Tage öffentlich auszulegen, nachdem die Zeit und der Ort der Auslegung vorher öffentlich bekannt gemacht sind.

Einwendungen gegen die Liste sind unter Beifügung der erforderlichen Bescheinigungen innerhalb vierzehn Tagen nach beendigter Auslegung der Liste bei dem Vorstande der Aerztekammer — das erste Mal bei dem Regierungspräsidenten — anzubringen. Gegen die hierauf ergehende Entscheidung findet innerhalb vierzehn Tagen Beschwerde an den Oberpräsidenten statt, welcher endgültig entscheidet.

§. 7. Zu wählen sind für jede Aerztekammer auf je fünfzig Wahlberechtigte ein Mitglied und ein Stellvertreter; mindestens aber je zwölf Mitglieder und Stellvertreter. Wie viele Mitglieder und Stellvertreter hiernach auf jeden Wahlbezirk entfallen, wird von dem Oberpräsidenten auf Einreichung der Liste der Wahlberechtigten bestimmt und ist bei Veröffentlichung des Wahltermins bekannt zu machen.

Die Festsetzung und Ausschreibung des Wahltermins geschieht durch den Vorstand der Aerztekammer, das erste Mal durch den Regierungspräsidenten. Die Wahl erfolgt schriftlich durch Einsendung des Stimmzettels an den Vorstand der Aerztekammer, das erste Mal durch Einsendung an den Regierungspräsidenten. Jeder Stimmzettel muss Namen, Stand und Wohnort des Wählenden, der von ihm gewählten Mitglieder und der von ihm gewählten Stellvertreter enthalten und rechtzeitig bis zu dem bekannt gemachten Endtermin (Wahltermin) eingereicht werden.

Ungültig sind:

1) Stimmzettel, welche die Person des Wählenden nicht erkennen lassen, oder von einer nicht wahlberechtigten Person ausgestellt sind,
2) Stimmzettel, welche keinen oder keinen lesbaren Namen enthalten,
3) Stimmzettel, auf welchen mehr Namen als zu wählende Personen verzeichnet sind,
4) Stimmzettel, welche einen Protest oder Vorbehalt enthalten,
5) Stimmzettel, insoweit dieselben die Person des Gewählten nicht unzweifelhaft erkennen lassen, oder den Namen einer nicht wählbaren Person bezeichnen, oder der Angabe entbehren, ob der Betreffende als Mitglied oder als Stellvertreter gewählt worden ist.

Gewählt sind diejenigen, welche die meisten Stimmen auf sich vereinigen. Bei Stimmengleichheit entscheidet erforderlichenfalls das Loos. Das Ergebniss der Wahl ist das erste Mal von dem Regierungspräsidenten, demnächst von dem Vorstande der Aerztekammer innerhalb acht Tagen nach Ablauf des Wahltermins festzustellen und den Gewählten bezüglich der auf sie gefallenen Wahl mit der Aufforderung bekannt zu geben, sich über die Annahme oder Ablehnung innerhalb acht Tagen zu erklären.

Wer diese Erklärung nicht abgiebt, wird als ablehnend betrachtet und tritt an seine Stelle derjenige, welcher die nächstmeisten Stimmen erhalten hat. Das Ergebniss der Wahl ist dem Oberpräsidenten anzuzeigen, welcher dasselbe für den ganzen Bezirk der Aerztekammer bekannt macht. Jede Wahl verliert ihre Wirkung mit dem gänzlichen oder zeitweisen Aufhören einer der für die Wählbarkeit vorgeschriebenen Bedingungen.

Der Vorstand der Aerztekammer hat darüber zu befinden, ob einer dieser Fälle eingetreten ist.

Eine Ersatzwahl ist nur dann anzuordnen, wenn einschliesslich der für die Ausgeschiedenen einberufenen Stellvertreter die Zahl der Mitglieder der Aerztekammer weniger als zwölf beträgt.

Die Mitglieder der Aerztekammer verwalten ihr Amt als ein Ehrenamt.

§. 8. In dem auf die Wahl folgenden Monat Januar sind die Mitglieder der Aerztekammer von dem Oberpräsidenten behufs Wahl des Vorstandes zusammenzuberufen.

Mitglieder, welche am Erscheinen behindert sind, haben hiervon behufs Einladung der Stellvertreter rechtzeitig Anzeige zu machen.

Die in jedem Wahlbezirk gewählten Stellvertreter werden in der Reihenfolge einberufen, in welcher sie der Stimmenzahl nach gewählt sind. Bei Stimmengleichheit entscheidet das Loos.

In der Wahlversammlung führt der Oberpräsident oder dessen Stellvertreter den Vorsitz.

Der Vorstand ist für die Dauer der Wahlperiode der Aerztekammer zu wählen und hat aus einem Vorsitzenden und mindestens vier Mitgliedern zu bestehen.

Die Aerztekammer beschliesst mit dieser Massgabe nach absoluter Stimmenmehrheit, wie viele Vorstandsmitglieder, und ob für dieselben Stellvertreter zu wählen sind.

Die Wahl erfolgt in geheimer Abstimmung durch Stimmzettel in besonderen Wahlgängen.

Der Vorsitzende wird zuerst gewählt.

Ungültige Stimmzettel (§. 7) werden als nicht abgegeben betrachtet. Ueber die Gültigkeit entscheidet die Aerztekammer.

Als gewählt sind diejenigen zu betrachten, welche die absolute Stimmenmehrheit erhalten haben. Ergiebt sich keine absolute Stimmenmehrheit, so wird zu einer engeren Wahl zwischen denjenigen zwei Personen geschritten, welche die meisten Stimmen erhalten haben. Bei Stimmengleichheit entscheidet das von dem Vorsitzenden zu ziehende Loos darüber, wer auf die engere Wahl zu bringen beziehungsweise wer als schliesslich gewählt zu betrachten ist. Die Gewählten haben sich über die Annahme der Wahl, sofern sie anwesend sind, sofort, anderenfalls nach Mittheilung der auf sie gefallenen Wahl durch den Oberpräsidenten binnen acht Tagen zu erklären.

Wer diese Erklärung nicht abgiebt, wird als ablehnend betrachtet.

Die vorstehenden Wahlvorschriften sind auch für die Wahlen der Vertreter der Aerztekammer in dem Provinzial-Medizinal-Kollegium und in der Wissenschaftlichen Deputation für das Medizinalwesen mit der Massgabe zur Anwendung zu bringen, dass zur Beschlussfähigkeit der Aerztekammer die Theilnahme von zwei Dritteln der Mitglieder, beziehungsweise deren Stellvertreter erforderlich ist, dass die Mittheilung von der Wahl durch den Vorsitzenden der Aerztekammer erfolgt, und dass von dem Ergebniss der Wahl unter Vorlegung des Wahlprotokolls binnen vierzehn Tagen nach erfolgter Wahl Anzeige an den Oberpräsidenten zu erstatten ist.

§. 9. Der Vorstand der Aerztekammer vertritt dieselbe nach aussen und vermittelt den Verkehr derselben mit den Staatsbehörden.

Der Vorstand fasst seine Beschlüsse nach absoluter Stimmenmehrheit. Bei Stimmengleichheit entscheidet die Stimme des Vorsitzenden, sofern es sich nicht um die Entziehung des Wahlrechts (§. 5) handelt, welche in diesem Falle als abgelehnt gilt.

Zur Beschlussfähigkeit des Vorstandes ist die Theilnahme der Mehrheit der Mitglieder erforderlich. Die Beschlüsse des Vorstandes können mittelst schriftlicher Abstimmung gefasst werden, sofern nicht ein Mitglied mündliche Abstimmung verlangt, oder über die Entziehung des Wahlrechts zu beschliessen ist.

§. 10. Der Vorsitzende hat den Verkehr der Aerztekammer und des Vorstandes zu vermitteln und die Beschlüsse derselben zur Ausführung zu bringen.

Der Vorsitzende beruft die Versammlungen der Aerztekammer und des Vorstandes und leitet in beiden die Verhandlungen. Die Berufung der Aerztekammer muss erfolgen, wenn die Hälfte der Mitglieder derselben unter Angabe des zu verhandelnden Gegenstandes schriftlich darauf anträgt, oder der Vorstand dieselbe beschliesst.

Die Berufung des Vorstandes muss erfolgen, wenn in gleicher Weise zwei Vorstandsmitglieder dieselbe beantragen.

Die Berufung des Vorstandes und der Aerztekammer erfolgt mittelst schriftlicher Einladung, welche spätestens acht Tage vor der Versammlung eingeschrieben zur Post zu geben ist.

Bei der Berufung der Aerztekammer muss der Gegenstand, über welchen in der Versammlung ein Beschluss gefasst werden soll, bezeichnet werden. Ueber andere Gegenstände, mit Ausnahme des Antrags auf abermalige Berufung der Aerztekammer darf ein Beschluss nicht gefasst werden.

Hinsichtlich der Theilnahme der Stellvertreter an den Sitzungen der Aerztekammer finden die Vorschriften des §. 8 Absatz 2 und 3 Anwendung.

Im Uebrigen regelt die Aerztekammer ihre Geschäftsordnung selbständig.

§. 11. Den zu den Sitzungen der Provinzial-Medizinal-Kollegien und der Wissenschaftlichen Deputation für das Medizinalwesen von auswärts einberufenen Vertretern der Aerztekammern sind Tagegelder und Reisekosten aus der Staatskasse zu gewähren.

An Tagegeldern erhalten dieselben:

1) für die Theilnahme an den Berathungen der Wissenschaftlichen Deputation für das Medizinalwesen 15 Mark,
2) für die Theilnahme an den Sitzungen der Provinzial-Medizinal-Kollegien 12 Mark.

An Reisekosten sind ihnen die den Beamten der vierten Rangklasse zustehenden Sätze zu gewähren.

§. 12. Die Kosten der ersten, im Jahre 1887 stattfindenden Wahl zur Aerztekammer, sowie der von dem Oberpräsidenten ausgehenden Veröffentlichung des Ergebnisses der Wahlen trägt der Staat.

Im Uebrigen bleibt es den Aerzten und Aerztekammern überlassen, für die Bereitstelluug der erforderlichen Mittel selbst Sorge zu tragen.

§. 13. Die allgemeine Staatsaufsicht über die Aerztekammer und deren Vorstand wird durch den Oberpräsidenten geführt.

§. 14. Diese Verordnung ist durch die Gesetz-Sammlung zu veröffentlichen.

Berlin, den 25. Mai 1887.

2) Die Zurücknahme der Approbation hat bei Aerzten nur den Verlust der besonderen ärztlichen Rechte (s. u.) zur Folge; der Beruf kann nach wie vor ausgeübt werden (anders bei Apothekern). Zuständig ist die Behörde des Wohn-, aushülflich des Aufenthaltsortes. Das Reichsrecht kennt einen Verlust der Approbation weder als Strafe (§. 143 Gew.O.) noch wegen Fortfalles der für die Approbation nothwendigen Eigenschaften. Die Aberkennung der Ehrenrechte bewirkt dauernden Verlust des Doctortitels. St.G.B. §. 33.

3) Vgl. §. 40 (S. 29). Der §. 36 betrifft u. A. die Fleischbeschauer. — Verfahren: Die Entscheidung muß in erster oder in zweiter Instanz von einer collegialen Behörde in öffentlicher Sitzung ertheilt werden. Gegen den ersten Bescheid ist stets, gegen den zweiter Instanz je nach dem Landesrechte Recurs zulässig, der binnen 14 Tagen gerechtfertigt werden muß. §§. 54, 20, 21 Gew.O. Vgl. Gew.O. §. 15 Abs. 2 (polizeiliche Hinderung der Fortsetzung des unzulässigen Betriebes).

## b. Vorrechte der approbirten Aerzte u. s. w.

### α. in specieller Ausübung ihres Berufes.

**6. Gewerbeordnung §. 29,** s. o. S. 4 u. 6 zu N. 8 und 9; **§. 147, Ziff. 3,** s. o. S. 5 N. 7.

1) Schutz gegen mißbräuchliche Ausnutzung des ärztlichen Titels durch Unbefugte. — Vgl. St.G.B. §. 360 Z. 8: „Mit Geldstrafe bis zu 150 M. oder mit Haft wird bestraft: wer unbefugt — Titel (oder) — Würden — annimmt." Nach letzterer Vorschrift ist strafbar die Anmaßung des Doctortitels und der an Med.-Personen verliehenen staatlichen Characterbezeichnungen. — Vgl. auch St.G.B. §. 132. „Wer unbefugt sich mit Ausübung eines öffentlichen Amtes befaßt oder eine Handlung vornimmt, welche nur kraft eines öffentlichen Amtes vorgenommen werden darf, wird mit Gefängniß bis zu Einem Jahre oder mit Geldstrafe bis zu dreihundert Mark bestraft." Anwendbar bei Eingriffen in die Befugnisse beamteter Medicinalpersonen.

7. Gewerbeordnung §. 56a, Ziffer 1. Ausgeschlossen vom Gewerbebetriebe im Umherziehen ist ferner: 1. Die Ausübung der Heilkunde, insoweit der Ausübende für dieselbe nicht approbirt ist [1]).

1) Nicht approbirte Personen, z. B. Zahntechniker, Specialisten für Haarleidende und für Bandwurmvertreibung dürfen außerhalb ihres Wohnsitzes keine Sprechstunden abhalten, noch sonst unbestellt ihre Dienste anbieten. Strafe: Gew.O. §. 148, Ziff. 7a Geldstrafe bis zu 150 M. eventuell Haft bis zu 4 Wochen. Das Verbot bezieht sich nicht auf Krankenpfleger, barmherzige Schwestern, Diakonissen u. s. w. (Sten. Ber. 83, 1794 ff.).

8. Gewerbeordnung § 80, Abs. 2. Die Bezahlung der approbirten Aerzte u. s. w. (§. 29, Absatz 1) bleibt der Vereinbarung überlassen. Als Norm für streitige Fälle [1]) im Mangel einer Vereinbarung können jedoch für dieselben Taxen von den Zentralbehörden festgesetzt werden.

1) Die älteren landesrechtlichen Taxen sind in diesem Sinne von Bestand geblieben. Es dürfen nach §. 80 den Aerzten keine Taxen zu der Wirkung vorgeschrieben werden, daß deren Ueberschreitung strafbar wäre. Anders rücksichtlich der Apothekertaxen.

9. Impfgesetz. Vom 8. April 1874. R.G.B. S. 31, §. 8. Außer den Impfärzten sind ausschließlich Aerzte befugt, Impfungen vorzunehmen [1]).
(Abs. 2, betr. Führung von Impflisten und Einreichung derselben am Jahresschluß.)

1) Strafbestimmung: §. 16 ebd.: „Wer unbefugter Weise (§. 8) Impfungen vornimmt, wird mit Geldstrafe bis zu 150 M. oder mit Haft bis zu 14 Tagen bestraft". — Beschl. d. Bundesr. v. 27. April 76, C.B. 267: Zulassung der Wundärzte zum Impfgeschäft. — Vgl. aber

Bundesr.Beschl. v. 18. Juli 85: außerdem hat jeder Arzt, welcher das Impfgeschäft privatim oder öffentlich ausüben will, den Nachweis darüber zu bringen, daß er mindestens zwei öffentlichen Vaccinations- und ebenso vielen Revaccinationsterminen beigewohnt und sich die erforderlichen Kenntnisse über Gewinnung und Conservirung der Lymphe erworben hat. (S. u. Abth. IV 5.)

## β. Befreiung von gewissen öffentlichen Lasten.

**10.** Gesetz über die Kriegsleistungen. Vom 13. Juni 1873, R.G.B. S. 129. §. 25: Zur Beschaffung und Erhaltung des kriegsmäßigen Pferdebedarfs der Armee sind alle Pferdebesitzer verpflichtet, ihre zum Kriegsdienst für tauglich erklärten Pferde gegen Ersatz des vollen von Sachverständigen unter Zugrundelegung der Friedenspreise endgültig festzustellenden Werthes an die Militärbehörde zu überlassen.

Befreit hiervon sind nur: — 3. Beamte im Reichs- oder Staatsdienste hinsichtlich der zum Dienstgebrauch, sowie Aerzte und Thierärzte hinsichtlich der zur Ausübung ihres Berufes nothwendigen Pferde.

**11.** Gesetz über die Naturalleistungen für die bewaffnete Macht im Frieden. Vom 13. Februar 1875. R.G.B. S. 52. §. 3: Zur Stellung von Vorspann — Fuhrwerke, Gespanne, Gespannführer — sind alle Besitzer von Zugthieren und Wagen verpflichtet. — — Befreit sind: — — 4. — Beamte im Reichs-, Staats- oder Kommunaldienste, sowie — Aerzte und Thierärzte hinsichtlich der zur Ausübung ihres Dienstes oder Berufes nothwendigen Pferde.

**12.** Gerichtsverfassungsgesetz vom 27. Januar 1877. R.G.B. S. **41**. §. 35: Die Berufung zum Amte eines Schöffen dürfen ablehnen: — 3. Aerzte.

§. 85, Abs. 2: Die Vorschriften der §§. 32—35 über die Berufung zum Schöffenamte finden auch auf das Geschworenenamt Anwendung.

## γ. Besondere Stellung gegenüber der Rechtspflege.

**13.** Strafprozeßordnung. Vom **1.** Februar 1877. R.G.B. S. 253. §. 52. Zur Verweigerung des Zeugnisses [1]) sind ferner berechtigt: — 3. Rechtsanwälte und Aerzte in Ansehung desjenigen, was ihnen bei Ausübung ihres Berufs anvertraut ist [2]).

Die unter — 3. bezeichneten Personen dürfen das Zeugniß nicht verweigern, wenn sie von der Verpflichtung zur Verschwiegenheit entbunden sind [2, 3]).

1) Wegen des Gutachtens: unten Nr. 25 §. 76. Bezüglich des Zeugnisses ꝛc. in Civilsachen s. S. 43. Der Arzt ist hierdurch nicht vom Erscheinen vor Gericht befreit, falls er nicht die Zurücknahme der Ladung erreicht. Auf seinen Entschädigungsanspruch wegen Versäumniß ist die Weigerung ohne Einfluß.

2) „Anvertraut" ist Alles, was dem Arzte in seinem Berufe mitgetheilt oder zur Wahrnehmung gebracht ist, unter Umständen, aus denen sich die Anforderung des Geheimhaltens ergab. R. 7. 609. Ein ausdrückliches Auferlegen von Verschwiegenheit ist nicht erforderlich.

3) Durch Verzicht auf das Verweigerungsrecht kann sich der Arzt strafbar machen. Str.G.B. §. 300 (S. 47). Entbinden von der Verschwiegenheit kann nur derjenige, der „anvertraut" hat, nicht derjenige, um dessen Gesundheitszustand es sich handelt.

14. Strafprozeßordnung. §. 94. Gegenstände, welche als Beweismittel für die Untersuchung von Bedeutung sein können oder der Einziehung unterliegen, sind in Verwahrung zu nehmen oder in anderer Weise sicher zu stellen.

Befinden sich die Gegenstände in dem Gewahrsam einer Person und werden dieselben nicht freiwillig herausgegeben, so bedarf es der Beschlagnahme.

§. 95. Wer einen Gegenstand der vorbezeichneten Art in seinem Gewahrsam hat, ist verpflichtet, denselben auf Erfordern vorzulegen und auszuliefern.

Er kann im Falle der Weigerung durch die im §. 69 bestimmten Zwangsmittel hierzu angehalten werden. Gegen Personen, welche zur Verweigerung des Zeugnisses berechtigt sind, finden diese Zwangsmittel keine Anwendung [1]).

1) Der Arzt kann nicht gezwungen werden, z. B. seine Notizen über das Anvertraute, Briefe des Patienten, Recepte, zur Untersuchung übergebene Stoffe u. s. w., auszuantworten; eine Durchsuchung und Beschlagnahme muß er sich gefallen lassen.

15. Civilprozeßordnung. Vom 30. Januar 1877. R.G.B. S. 83. §. 348. Zur Verweigerung des Zeugnisses sind berechtigt:

(1—3 Verlobte, Ehegatten, Angehörige, 4. Geistliche), 5. Personen, welchen kraft ihres Amtes, Standes oder Gewerbes Thatsachen anvertraut sind, deren Geheimhaltung durch die Natur derselben oder durch gesetzliche Vorschrift geboten ist, in Betreff der Thatsachen, auf welche die Verpflichtung zur Verschwiegenheit sich bezieht [1]).

Die unter Nr. 1—3 bezeichneten Personen sind vor der Vernehmung über ihr Recht zur Verweigerung des Zeugnisses zu belehren.

Die Vernehmung der Nr. 4, 5 bezeichneten Personen ist, auch wenn das Zeugniß nicht verweigert wird, auf Thatsachen nicht zu richten, in Ansehung welcher erhellt, daß ohne Verletzung der Verpflichtung zur Verschwiegenheit ein Zeugniß nicht abgelegt werden kann.

1) Zeugnißverweigerung in Civilsachen. Die Vorschrift bezieht sich auch auf Apotheker und Hebammen (§. 300 St.G.B.), geeigneten Falls auch auf Heilgehülfen, Bader und auf nicht approbirte Heilkünstler. — Der Zeuge kann hier vor dem Termin schriftlich oder zu Protocoll seine Weigerung aussprechen und die Thatsachen, auf die er dieselben stützt, glaubhaft machen; er braucht dann nicht in dem Termine zu erscheinen.

16. Civilprozeßordnung §. 350, Abs. 2. Die im §. 348 Nr. 4, 5 bezeichneten Personen dürfen das Zeugniß nicht verweigern, wenn sie von der Verpflichtung zur Verschwiegenheit entbunden sind.

17. Civilprozeßordnung §. 349. Das Zeugniß kann verweigert werden: — — 3. über Fragen, welche der Zeuge nicht würde beantworten können, ohne ein Kunst- oder Gewerbegeheimniß zu offenbaren [1]).

1) Es genügt, daß das betr. Verfahren nicht allgemein bekannt ist; daß der Zeuge (Sachverständige) es selbst erfunden hat, ist nicht erforderlich. Vgl. S. 44 N. 1.

18. Civilprozeßordnung §. 715. Folgende Sachen sind der Pfändung nicht unterworfen: — — 6. bei — — Aerzten die — — zur Ausübung ihres Berufs erforderlichen Gegenstände, sowie anständige Kleidung.

19. Konkursordnung. Vom 10. Febr. 1877. R.G.B. S. 351.

§. 54. Die Konkursforderungen [1]) werden nach folgender Rangordnung, bei gleichem Range nach Verhältniß ihrer Beträge, berichtigt:

1. die für das letzte Jahr vor der Eröffnung des Verfahrens oder dem Ableben des Gemeinschuldners rückständigen Forderungen an Lohn, Kostgeld oder anderen Dienstbezügen der Personen, welche sich dem Gemeinschuldner für dessen Haushalt, Wirthschaftsbetrieb oder Erwerbsgeschäft zu dauerndem Dienste verdungen hatten;
2. die Forderungen der Reichskasse, der Staatskassen und der Gemeinden, sowie der Amts-, Kreis- und Provinzialverbände wegen öffentlicher Abgaben, welche im letzten Jahre vor der Eröffnung des Verfahrens fällig geworden sind oder nach §. 58 als fällig gelten; es macht hierbei keinen Unterschied, ob der Steuererheber die Abgabe bereits vorschußweise zur Kasse entrichtet hat;

3. die Forderungen der Kirchen und Schulen, der öffentlichen Verbände und der öffentlichen, zur Annahme der Versicherungen verpflichteten Feuerversicherungsanstalten wegen der nach Gesetz oder Verfassung zu entrichtenden Abgaben und Leistungen aus dem letzten Jahre vor der Eröffnung des Verfahrens;

4. die Forderungen der Aerzte, Wundärzte, Apotheker, Hebammen und Krankenpfleger wegen Kur- und Pflegekosten aus dem letzten Jahre vor der Eröffnung des Verfahrens, insoweit der Betrag der Forderungen den Betrag der taxmäßigen Gebührnisse nicht übersteigt;

5. die Forderungen der Kinder und der Pflegebefohlenen des Gemeinschuldners in Ansehung ihres gesetzlich der Verwaltung desselben unterworfenen Vermögens; das Vorrecht steht ihnen nicht zu, wenn die Forderung nicht binnen zwei Jahren nach Beendigung der Vermögensverwaltung gerichtlich geltend gemacht und bis zur Eröffnung des Verfahrens verfolgt worden ist;

6. alle übrigen Konkursforderungen.

1) Durch die Ausführungsgesetze der Einzelstaaten ist das Prinzip des §. 54 K.O. auf die Fälle ausgedehnt, in denen außerhalb des Konkurses eine Befriedigung persönlicher Gläubiger nach dem Range ihrer Forderungen stattfindet.

20. Strafgesetzbuch. Vom 15. Mai 1871. R.G.B. S. 127. §. 209. Kartellträger, welche ernstlich bemüht gewesen sind, den Zweikampf zu verhindern, Sekundanten, sowie zum Zweikampf zugezogene Zeugen, Aerzte und Wundärzte sind straflos.

## c. Berufspflichten der Aerzte u. s. w.

21. Gewerbeordnung. §. 144. Inwiefern, abgesehen von den Vorschriften über die Entziehung des Gewerbebetriebes (§. 143) [1]), Zuwiderhandlungen der Gewerbetreibenden gegen ihre Berufspflichten außer den in diesem Gesetz erwähnten Fällen einer Strafe unterliegen, ist nach den darüber bestehenden Gesetzen zu beurtheilen.

Jedoch werden aufgehoben die für Medizinalpersonen bestehenden besonderen Bestimmungen, welche ihnen unter Androhung von Strafen einen Zwang zu ärztlicher Hülfe auferlegen [2]).

1) Eine Entziehung des Gewerbebetriebes kann bei Aerzten nicht vorkommen. Ueber den Verlust der Approbation s. o. S. 30.

2) Zu Abs. 2 (welcher sich nicht auf Hebammen und das sog. niederärztliche Personal bezieht) vgl. St.G.B. §. 360: „Mit Geldstrafe b. z. 150 M. oder mit Haft wird bestraft: — 10. wer bei Unglücksfällen oder gemeiner Gefahr oder Noth von der Polizeibehörde oder deren Stellvertreter zur Hülfe aufgefordert, keine Folge leistet, obgleich er der Aufforderung ohne erhebliche eigene Gefahr genügen konnte.

22. Strafgesetzbuch. §. 300. Rechtsanwalte, Advokaten, Notare, Vertheidiger in Strafsachen, Aerzte,

Wundärzte, Hebammen, Apotheker, sowie die Gehülfen dieser Personen werden, wenn sie unbefugt [1]) Privatgeheimnisse offenbaren, die ihnen kraft ihres Amtes, Standes oder Gewerbes anvertraut sind [2]), mit Geldstrafe bis zu eintausendfünfhundert Mark oder mit Gefängniß bis zu drei Monaten bestraft.

Die Verfolgung tritt nur auf Antrag ein [3]).

1) „Unbefugt" ist auch die entsprechende Aussage vor Gericht, wenn der Arzt ohne rechtfertigenden Grund von seinem Zeugnißverweigerungsrecht keinen Gebrauch macht. Anders wenn eine Pflicht zur Kundmachung der betr. Thatsache besteht, z. B. zur Anzeige syphilitischer Militärs bei dem betr. Truppentheile.

2) „Anvertraut" s. o. S. 42.

3) Antragsberechtigt ist auch das Familienoberhaupt gegenüber dem Hausarzte, bei Indiscretionen betr. Familienangehörige. R. 7. 607.

## 23. Gesetz über die Beurkundung des Personenstandes und die Eheschließung. Vom 6. Februar 1875. R.G.B. S. 23.

§. 17. Jede Geburt eines Kindes ist innerhalb einer Woche dem Standesbeamten des Bezirks, in welchem die Niederkunft stattgefunden hat, anzuzeigen.

§. 18. Zur Anzeige sind verpflichtet: 1. der eheliche Vater; 2. die bei der Niederkunft zugegen gewesene Hebamme; 3. der dabei zugegen gewesene Arzt; 4. jede andere dabei zugegen gewesene Person; 5. die Mutter, sobald sie dazu im Stande ist. Jedoch tritt die Verpflichtung der in der vorstehenden Reihenfolge später genannten Personen nur dann ein, wenn ein früher genannter Verpflichteter nicht vorhanden oder derselbe an der Erstattung der Anzeige verhindert ist.

24. Impfgesetz. Vom 8. April 1874. R.G.B. S. 31. (Verpflichtung zur Führung von Impflisten s. u. Abth. IV 5.)

## d. Der Arzt als gerichtlicher Sachverständiger.

25. Strafprozeßordnung. **Beweis durch Sachverständige im Strafverfahren** §. 72—91.

§. 72. Auf Sachverständige finden die Vorschriften des sechsten Abschnitts über Zeugen[1]) entsprechende Anwendung, insoweit nicht in den nachfolgenden Paragraphen abweichende Bestimmungen getroffen sind.

1) § 48: Die Ladung geschieht wirksam nur unter Hinweis auf die gesetzlichen Folgen des Ausbleibens. Militärärzte sind durch Ersuchen an die Militärbehörde zu laden. Vgl. C.P.O. §. 343. Eine directe Ladung durch den Angeklagten (Vertheidiger) verpflichtet nur, wenn volle Entschädigung dargeboten oder hinterlegt wird (§. 219 St.P.O.).

§. 73. Die Auswahl der zuzuziehenden Sachverständigen und die Bestimmung ihrer Anzahl erfolgt durch den Richter.

Sind für gewisse Arten von Gutachten Sachverständige öffentlich bestellt, so sollen andere Personen nur dann gewählt werden, wenn besondere Umstände es erfordern[2]).

2) Deshalb hat der Richter (Staatsanwalt) regelmäßig (anders bei Gefahr im Verzuge, Ueberlastung des Gerichtsarztes, Nothwendig-

keit der Zuziehung eines Spezialisten) den örtlich zuständigen Physicus resp. dessen Vertreter zuzuziehen. Diese dürfen, wenn behindert, sich nicht einen anderen Arzt substituiren, sondern haben dann dem Richter die Wahl zu überlassen (Abs. 1). — Beschwerden wegen Übergehung richten sich an die Justizverwaltung.

§. 74. Ein Sachverständiger kann aus denselben Gründen, welche zur Ablehnung eines Richters berechtigen, abgelehnt werden[3]). Ein Ablehnungsgrund kann jedoch nicht daraus entnommen werden, daß der Sachverständige als Zeuge vernommen worden ist.

Das Ablehnungsrecht steht der Staatsanwaltschaft, dem Privatkläger und dem Beschuldigten zu. Die ernannten Sachverständigen sind den zur Ablehnung Berechtigten namhaft zu machen, wenn nicht besondere Umstände entgegenstehen.

Der Ablehnungsgrund ist glaubhaft zu machen; der Eid ist als Mittel der Glaubhaftmachung ausgeschlossen.

3) So, wenn der Sachverständige selbst der Verletzte, mit diesem oder dem Beschuldigten in gewisser Weise verwandt (oder dessen Vormund) ist, resp. gewesen ist, ebenso wegen aus anderen Ursachen resultirender Befangenheit. — Vgl. §. 87.

§. 75. Der zum Sachverständigen Ernannte hat der Ernennung Folge zu leisten, wenn er zur Erstattung von Gutachten der erforderten Art öffentlich bestellt ist, oder wenn er die Wissenschaft, die Kunst oder das Gewerbe, deren Kenntniß Voraussetzung der Begutachtung ist, öffentlich zum Erwerbe ausübt[4]), oder wenn er zur Ausübung derselben öffentlich bestellt oder ermächtigt ist.

Zur Erstattung des Gutachtens ist auch derjenige

verpflichtet, welcher sich zu derselben vor Gericht bereit erklärt hat.

4) Praktizirende Medicinalpersonen sind verpflichtet, über Gegenstände „der von ihnen ausgeübten Wissenschaft" Gutachten zu erstatten. So auch Apotheker, welche chemische Untersuchungen gewerbsmäßig ausführen, über Fragen der Chemie. Mitglieder einer Medicinalbehörde sind als solche nicht zu Gutachten verpflichtet.

§. 76. Dieselben Gründe, welche einen Zeugen berechtigen, das Zeugniß zu verweigern, berechtigen einen Sachverständigen [5]) zur Verweigerung des Gutachtens. Auch aus anderen Gründen kann ein Sachverständiger von der Verpflichtung zur Erstattung des Gutachtens entbunden werden.

Die Vernehmung eines öffentlichen Beamten als Sachverständigen findet nicht statt, wenn die vorgesetzte Behörde des Beamten erklärt, daß die Vernehmung den dienstlichen Interessen Nachtheil bereiten würde.

5) Auch den amtlich angestellten. — S. o. S. 42 ff.

§. 77. Im Falle des Nichterscheinens oder der Weigerung eines zur Erstattung des Gutachtens verpflichteten [6]) Sachverständigen wird dieser zum Ersatze der Kosten und zu einer Geldstrafe bis zu dreihundert Mark verurtheilt. Im Falle wiederholten Ungehorsams kann noch einmal eine Geldstrafe bis zu sechshundert Mark erkannt werden.

Die Festsetzung und die Vollstreckung der Strafe gegen eine dem aktiven Heere oder der aktiven Marine angehörende Militärperson erfolgt auf Ersuchen durch das Militärgericht.

4*

6) Wer an sich nicht pflichtig ist, oder seine Aussage verweigern darf (§. 76), kann unter rechtzeitiger Anzeige der Sachlage im Termin ausbleiben (anders der Zeuge s. o. S. 42 N. 1, gegen welchen auch strengere Maßregeln, insbes. Haft, §. 69 St.P.O., zulässig sind).

§. 78. Der Richter hat, soweit ihm dies erforderlich erscheint[7]), die Thätigkeit der Sachverständigen zu leiten.

7) Anwesenheit des Richters ist nicht erforderlich. Derselbe kann für die Untersuchung 2c. einen anderen Ort als die Gerichtsstelle bestimmen; die Wohnung des Sachverständigen nur mit dessen Bewilligung. Der Sachverständige kann nicht verlangen, daß ihm ein Diktiren des Protokolls gestattet werde.

§. 79. Der Sachverständige[8]) hat vor Erstattung des Gutachtens einen Eid dahin zu leisten:

> daß er das von ihm erforderte Gutachten unparteiisch und nach bestem Wissen und Gewissen erstatten werde.

Ist der Sachverständige für die Erstattung von Gutachten der betreffenden Art im Allgemeinen beeidigt, so genügt die Berufung auf den geleisteten Eid.

8) Bei gleichzeitiger Vernehmung als Zeuge (§. 85) hat der Sachverständige, auch der Physicus, außerdem den Zeugeneid zu leisten. Im Uebrigen genügt die Berufung auf den Physicatseid, wenn dieser einen dem §. 79 Abs. 1 entsprechenden Inhalt hat (so der Preußische: Rspr. d. R.G.), anders, wenn er ein bloßer Diensteid ist.

§. 80. Dem Sachverständigen kann auf sein Verlangen zur Vorbereitung des Gutachtens durch Vernehmung von Zeugen oder des Beschuldigten weitere Aufklärung verschafft werden[9]).

Zu demselben Zwecke kann ihm gestattet werden, die

Akten einzusehen, der Vernehmung von Zeugen oder des Beschuldigten beizuwohnen und an dieselben unmittelbar Fragen zu stellen.

9) Hat der Arzt selbst Erkundigungen eingezogen, auf deren Resultate er sein Erachten stützen will, so muß er die Auskunftspersonen zwecks Ladung derselben zur Hauptverhandlung rechtzeitig namhaft machen. St.P.O. §. 249.

§. 81. Zur Vorbereitung eines Gutachtens über den Geisteszustand des Angeschuldigten kann das Gericht auf Antrag eines Sachverständigen nach Anhörung des Vertheidigers anordnen, daß der Angeschuldigte in eine öffentliche Irrenanstalt gebracht und dort beobachtet werde[10]).

Dem Angeschuldigten, welcher einen Vertheidiger nicht hat, ist ein solcher zu bestellen.

Gegen den Beschluß findet sofortige Beschwerde statt. Dieselbe hat aufschiebende Wirkung.

Die Verwahrung in der Anstalt darf die Dauer von sechs Wochen nicht übersteigen.

10) Die Maßregel ist zulässig, auch wo eine Verhaftung nicht statthaft sein würde. Als Sachverständiger ist regelmäßig der Physicus des Wohn-, Aufenthalts- resp. Haftortes des Angesch. zu wählen (§. 73). Ohne ärztlichen Antrag ist das Verfahren unstatthaft, andererseits ist das Gericht an den Antrag nicht gebunden und eine Beschwerde des Arztes gegen dessen Ablehnung nicht statthaft. Der Antrag muß auch zulässig sein, wenn der Arzt den Angesch. für gesund hält, der sichere Nachweis der Simulation aber nur durch längere Beobachtung sich beschaffen läßt. — Die Wahl der Anstalt steht dem Gerichte zu.

§. 82. Im Vorverfahren hängt es von der Anordnung des Richters ab, ob die Sachverständigen ihr Gutachten schriftlich oder mündlich zu erstatten haben [10a]).

10a) Schriftliche Nachträge überall statthaft. Die Honorirung für dieselben ist quaestio facti.

§. 83. Der Richter kann eine neue Begutachtung durch dieselben oder durch andere Sachverständige anordnen, wenn er das Gutachten für ungenügend erachtet.

Der Richter kann die Begutachtung durch einen anderen Sachverständigen anordnen, wenn ein Sachverständiger nach Erstattung des Gutachtens mit Erfolg abgelehnt ist.

In wichtigeren Fällen kann das Gutachten einer Fachbehörde eingeholt werden [11]).

11) In wieweit eine Fachbehörde zur Erstattung von Gutachten verpflichtet ist, desgl. ob sie sofort oder nur im Instanzenzug angegangen werden darf, wird durch die landesrechtlichen Verwaltungsvorschriften bestimmt. Vgl. S. 51 N. 4.

§. 84. Der Sachverständige hat nach Maßgabe der Gebührenordnung Anspruch auf Entschädigung für Zeitversäumniß, auf Erstattung der ihm verursachten Kosten und außerdem auf angemessene Vergütung für seine Mühewaltung [12]).

12) Auch der nicht beamtete Arzt liquidirt nach der für Gerichtsärzte gültigen Taxe. Gelten am Orte des Gerichtes und am Aufenthaltsorte des Sachverständigen verschiedene Taxvorschriften, so kann derselbe die Anwendung der ihm günstigeren Bestimmungen verlangen. Geb.O. für Zeugen u. Sachverst. §. 13 R.G.B. 78. 175. Dem Sachverständigen sind die auf die Vorbereitung des Gutachtens verwendeten Kosten, sowie die für eine Untersuchung verbrauchten Stoffe und Werkzeuge zu vergüten (ebd. §. 3). Als versäumt gilt auch die Zeit, während welcher die gewöhnliche Beschäftigung nicht wieder aufge-

nommen werden konnte (ebd. §. 5). Bei ein für alle Male beeidigten Sachverständigen können die Gebühren durch Uebereinkommen mit den betreffenden Gerichten festgesetzt werden (ebd. §. 15). Der Anspruch erlischt, wenn er nicht binnen 3 Monaten nach der Beendigung des Officii geltend gemacht wird (ebd. §. 16). Gegen die Festsetzung kann schriftlich oder zu Protocoll des Gerichtsschreibers Beschwerde eingelegt werden (ebd. §. 17. St.P.O. §. 346—352).

§. 85. Insoweit zum Beweise vergangener Thatsachen oder Zustände, zu deren Wahrnehmung eine besondere Sachkunde erforderlich war, sachkundige Personen zu vernehmen sind, kommen die Vorschriften über den Zeugenbeweis zur Anwendung[13]).

13) Jede Aussage des Arztes über frühere Wahrnehmungen ist Zeugniß, nicht Gutachten. So auch, wenn er im Vorverfahren eigens zugezogen war, um diese Wahrnehmungen zu machen, und er dieselben nur vermöge seiner Fachkenntnisse machen konnte (Obductionsbefund). So auch, wenn er über eigene innere Vorgänge aussagt, z. B. was er sich bei der betr. Wahrnehmung, (in der Vergangenheit), für ein Urtheil gebildet habe. Erst wenn er berufen wird, (in der Gegenwart) Schlüsse aus gegebenen Thatsachen zu ziehen, fungirt er als Sachverständiger. Der Unterschied ist, daß der Arzt als Zeuge a. einen anderen Eid zu leisten hat (Verfehlung hiergegen kein Revisionsgrund), b. nicht wegen Befangenheit u. s. w. abgelehnt, c. durch wirksamere Mittel zur Aussage gezwungen werden kann, d. kein taxmäßiges Honorar, sondern nur eine gewöhnliche Zeugengebühr erhält. Der als Zeuge geladene Arzt thut gut, sobald in dem Termin ein sachverständiges Urtheil von ihm gefordert wird, den Antrag (derselbe kommt in das Protocoll: §. 273 St.P.O.) auf seine Beeidigung als Sachverständiger zu stellen.

§. 86. Findet die Einnahme eines richterlichen Augenscheins statt, so ist im Protokolle der vorgefundene Sachbestand festzustellen und darüber Auskunft zu geben, welche Spuren oder Merkmale, deren Vorhandensein nach der besonderen Beschaffenheit des Falles vermuthet werden konnte, gefehlt haben[14]).

14) Bei der Augenscheinsaufnahme selbst ist der zugezogene Arzt stets Sachverständiger, nicht Zeuge. Der Richter darf in das Augenscheins-Protocoll nur aufnehmen, was er persönlich (ev. unter Beihülfe des Arztes) wahrnimmt. Was nur der Arzt vermöge seiner Fachkenntnisse resp. Uebung sehen, hören, riechen u. s. w. kann, oder wovon er z. B. aus Anstandsrücksichten allein Kenntniß nimmt, wird demnächst Gegenstand seiner Vernehmung als Zeuge (s. §. 85).

§. 87. Die richterliche Leichenschau[15]) wird unter Zuziehung eines Arztes, die Leichenöffnung[16]) im Beisein des Richters von zwei Aerzten[17]), unter welchen sich ein Gerichtsarzt befinden muß, vorgenommen[18]). Demjenigen Arzte, welcher den Verstorbenen in der dem Tode unmittelbar vorausgegangenen Krankheit behandelt hat, ist die Leichenöffnung nicht zu übertragen[19]). Derselbe kann jedoch aufgefordert werden, der Leichenöffnung anzuwohnen, um aus der Krankheitsgeschichte Aufschlüsse zu geben.

Die Zuziehung eines Arztes kann bei der Leichenschau unterbleiben, wenn sie nach dem Ermessen des Richters entbehrlich ist.

Behufs der Besichtigung oder Oeffnung einer schon beerdigten Leiche ist ihre Ausgrabung statthaft[20])[21]).

15) Leichenschau ist die äußerliche Besichtigung einer Leiche in Form einer richterlichen Augenscheinseinnahme. Das Protocoll über dieselbe kann demnächst verlesen werden. (Vgl. N. 14.)

16) Die Leichenöffnung ist kein gerichtlicher Act, der Richter braucht bei derselben nicht zuzusehen; seine Anwesenheit genügt. Das Obductionsprotocoll enthält, soweit es den Befund wiedergiebt, eine Zeugen-

aussage, im Uebrigen ein Erachten. Deshalb muß der Inhalt von den Aerzten in der Hauptverhandlung mündlich vorgetragen werden. Hierbei kann ihnen Einsichtnahme gestattet und können ihnen Einzelheiten, deren sie sich nicht erinnern, durch Verlesung ins Gedächtniß gerufen werden. St.P.O. §. 252.

17) Ueber die Auswahl der Aerzte s. o. S. 49 N. 2.

18) Die landesrechtlichen Obduktionsregulative sind in Wirksamkeit geblieben. Bei milit. Obduktionen ist das Preuß. Regul. v. 13. Febr. 75 sinngemäß anzuwenden. Kriegs-Min. 25. Apr. 81.

19) Der behandelnde Arzt (auch wenn er der Physicus ist) ist als Zeuge zu vernehmen s. §. 85.

20) Bei Vergiftungsverdacht pflegt zur Leichenschau, -Oeffnung oder Ausgrabung ein Chemiker zugezogen zu werden. §. 91. Die Ausgrabung kann von der Verwaltungsbehörde nicht untersagt werden, doch sind bei derselben die geltenden sanitätspolizeilichen Vorschriften zu beachten.

21) Wegen der Concurrenz der Militärbehörden bei Obduktionen s. Mil. Str.Ger.O. vom 3. April 1845 (gilt nicht in Bayern und Württemberg). B.G.Bl. 67 S. 229 ff. §. 41: Die Obduktion der Leichname von Militair- oder Civilpersonen gehört vor die Militairgerichte, wenn Verdacht vorhanden ist, daß eine Militairperson an dem Tode des Entleibten Schuld ist. Die äußere Besichtigung des Leichnams einer Militairperson, welche durch Selbstmord oder einen Unglücksfall ums Leben gekommen ist, sowie die Ermittelung der Todesursache und der Veranlassung zum Selbstmord gebührt den Militairgerichten. Befindet sich kein Militairgericht am Ort, so ist das Civilgericht um Aufnahme der Verhandlungen zu requiriren.

Die aufgenommenen Verhandlungen sind wie bisher an das General-Auditoriat einzusenden.

§. 97: In Fällen, wo es der Zuziehung von Aerzten oder der Einholung ärztlicher Gutachten bedarf, ist, wenn nicht Gefahr im Verzuge vorhanden ist, statt des Physikus ein Regiments-, Bataillons- oder Stabsarzt, und statt des gerichtlichen Wundarztes ein Compagnie- oder Eskadron-Chirurg, der die wundärztlichen Staatsprüfungen bestanden hat, zuzuziehen.

Anmerkung: Die Compagnie- (Escadron-) Chirurgen heißen jetzt: Militär-Unterärzte.

Dazu Beil. Litt. B. zu diesem Gesetze §. 16 ff. (Leichenschau), §. 21 ff. (Obduktion).

§. 16. Sobald der Richter an Ort und Stelle kommt, muß er die Umstände, unter welchen der todte Körper gefunden oder dessen Tod erfolgt ist, sorgfältig untersuchen und zu Protokoll verzeichnen. Findet er, daß noch einige Hoffnung übrig bleibt, den vielleicht Scheintodten ins Leben zurückzubringen, und ist zur Rettung desselben bis dahin kein Arzt oder Chirurgus herbeigeholt, so muß er dies ohne Zeitverlust veranstalten.

§. 17. Ergiebt sich bei dieser Untersuchung, daß der Tod durch Selbstmord, Zufall, oder irgend eine Begebenheit bewirkt ist, bei welcher die Schuld eines Dritten nicht zum Grunde liegt, so bedarf es bloß einer äußeren Besichtigung des Leichnams von Seiten des Richters ohne Zuziehung der Sachverständigen.

Nach erfolgter Besichtigung ertheilt der Richter die Erlaubniß zur Beerdigung des Leichnams.

§. 18. Ist das nächste Militairgericht, bei welchem ein Auditeur sich befindet, und das nächste Civilgericht von dem Orte, wo der Leichnam gefunden worden, gleich weit entfernt, so ist der betreffende Auditeur zur Besichtigung des Leichnams verpflichtet.

§. 19. Ist in dem Fall des §. 17. die Besichtigung des Leichnams von Seiten eines Civilrichters erfolgt, so sind die darüber aufgenommenen Verhandlungen an den requirirenden Befehlshaber abzugeben, welcher sodann dieselben im Dienstwege an den mit der höheren Gerichtsbarkeit versehenen Militairbefehlshaber befördert, unter welchem der Verstorbene gestanden hat.

Wenn ein Auditeur die Besichtigung vorgenommen hat, so übergiebt er selbst die darüber sprechenden Verhandlungen dem betreffenden Gerichtsherrn.

§. 20. Insofern über die Veranlassung des Selbstmordes einer Militairperson Zweifel oder solche Umstände obwalten, daß eine nähere Ermittelung nöthig erscheint, muß diese der kompetente Gerichtsherr verfügen. Sämmtliche die Selbstentleibung betreffende Verhandlungen sind sodann dem kompetenten Generalkommando und von diesem, wenn dasselbe die Verfügungen, zu welchen es sich durch selbige in Bezug auf die Handhabung der Disziplin etwa veranlaßt finden sollte, getroffen hat, dem General-Auditoriat zur Reposition einzusenden.

§. 21. Entsteht bei der äußeren Besichtigung des Leichnams der geringste Verdacht, daß der Tod durch Vergiftung oder durch Schuld eines Dritten bewirkt worden, so muß die Obduction nach den darüber bestehenden gesetzlichen Vorschriften durch Sachverständige im Beisein des besetzten Untersuchungsgerichts geschehen. Hierbei kann der Militair-Oberarzt oder Physikus durch einen besonders zu vereidigenden Arzt, und der Wundarzt durch einen zweiten Arzt ersetzt werden.

§. 22. Ist der Inquirent, welcher die Obduktion dirigirt, mit dem Militair-Oberarzt oder dessen Stellvertreter darüber verschiedener Meinung, ob es der Obduktion bedürfe, so muß dieselbe geschehen, sobald auch nur einer von ihnen dafür stimmt.

§. 23. Die Leiche muß vor der Obduktion denen, die den Verstorbenen gekannt haben, und wo möglich dem vermuthlichen oder geständigen Thäter zum Anerkenntniß vorgelegt werden. Sollte dies nicht möglich sein, so muß sich der Inquirent auf alle Art vergewissern, daß in Betreff der Leiche weder ein Irrthum, noch eine Verwechselung vorgefallen sei.

§. 24. Ist die Leiche eines in Folge einer tödtlichen Verletzung Gestorbenen über die Seite geschafft und dadurch der weiteren Nachforschung und Besichtigung entzogen worden, so sind statt der sonst erforderlichen Obduktion besonders diejenigen Thatsachen, durch welche die Wegschaffung der Leiche bewirkt worden, zu ermitteln.

§. 88. Vor der Leichenöffnung ist, wenn nicht besondere Hindernisse entgegenstehen, die Persönlichkeit des Verstorbenen, insbesondere durch Befragung von Personen, welche den Verstorbenen gekannt haben, festzustellen. Ist ein Beschuldigter vorhanden, so ist ihm die Leiche zur Anerkennung vorzuzeigen.

§. 89. Die Leichenöffnung muß sich, soweit der Zustand der Leiche dies gestattet, stets auf die Oeffnung der Kopf-, Brust- und Bauchhöhle erstrecken[22]).

22) Vgl. N. 18 zu §. 87.

§. 90. Bei Oeffnung der Leiche eines neugeborenen Kindes ist die Untersuchung insbesondere auch darauf zu richten, ob dasselbe nach oder während der Geburt gelebt habe, und ob es reif oder wenigstens fähig gewesen sei, das Leben außerhalb des Mutterleibes fortzusetzen[23]).

23) Vgl. N. 18 zu §. 87.

§. 91. Liegt der Verdacht einer Vergiftung vor, so ist die Untersuchung der in der Leiche oder sonst gefundenen verdächtigen Stoffe durch einen Chemiker oder durch eine für solche Untersuchungen bestehende Fachbehörde vorzunehmen. Der Richter kann anordnen, daß diese Untersuchung unter Mitwirkung oder Leitung eines Arztes stattzufinden habe.

26. Strafprozeßordnung §. 52. S. o. S. 42.

27. Strafgesetzbuch §. 300. S. o. S. 47.

28. Strafprozeßordnung §. 255. Die ein Zeugniß oder ein Gutachten enthaltenden Erklärungen öffentlicher Behörden, mit Ausschluß von Leumundszeugnissen, desgleichen ärztliche Atteste [1]) über Körperverletzungen, welche nicht zu den schweren gehören, können verlesen werden.

Ist das Gutachten einer kollegialen Fachbehörde eingeholt worden, so kann das Gericht die Behörde ersuchen, eines ihrer Mitglieder mit der Vertretung [2]) des Gutachtens in der Hauptverhandlung zu beauftragen und dem Gerichte zu bezeichnen.

1) Die Verlesung eines Attestes ist zulässig, auch wenn dasselbe der landesrechtlich etwa vorgeschriebenen Form nicht entspricht. Schwere Körperverletzungen sind nur die in §. 224 St.G.B. bezeichneten. Ein Attest ist nur insoweit verlesbar, als es eigne Wahrnehmungen des Arztes bezeugt, nicht soweit es über Aussagen referirt oder Schlüsse aus Thatsachen zieht.

2) Der Vertreter eines Erachtens ist insoweit Zeuge, als er über die Ansichten der Majorität des Collegii referirt. S. 55 N. 13. In der Praxis pflegt dies nicht beachtet zu werden.

## 29. Civilprozeßordnung für das Deutsche Reich. Vom 30. Januar 1877. (Beweis durch Sachverständige im Civilverfahren)[1]. §. 367 ff.

§. 367. Auf den Beweis durch Sachverständige finden die Vorschriften über den Beweis durch Zeugen entsprechende Anwendung, insoweit nicht in den nachfolgenden Paragraphen abweichende Bestimmungen enthalten sind.

1) Vgl. zu §. 367—379 die Noten zu §. 72 ff. St.P.O. (vorstehend).

§. 368. Die Antretung des Beweises erfolgt durch die Bezeichnung der zu begutachtenden Punkte.

§. 369. Die Auswahl der zuzuziehenden Sachverständigen und die Bestimmung ihrer Anzahl erfolgt durch das Prozeßgericht. Dasselbe kann sich auf die Ernennung eines einzigen Sachverständigen beschränken. Es kann an Stelle der zuerst ernannten Sachverständigen andere ernennen.

Sind für gewisse Arten von Gutachten Sachverständige öffentlich bestellt, so sollen andere Personen nur dann gewählt werden, wenn besondere Umstände es erfordern.

Das Gericht kann die Parteien auffordern, Personen zu bezeichnen, welche geeignet sind, als Sachverständige vernommen zu werden.

Einigen sich die Parteien über bestimmte Personen als Sachverständige, so hat das Gericht dieser Einigung Folge zu geben; das Gericht kann jedoch die Wahl der Parteien auf eine bestimmte Anzahl beschränken.

§. 370. Das Prozeßgericht kann den mit der Beweisaufnahme betrauten Richter zur Ernennung der Sachverständigen ermächtigen. Derselbe hat in diesem Falle die in dem vorstehenden Paragraphen dem Prozeßgerichte beigelegten Befugnisse auszuüben.

§. 371. Ein Sachverständiger kann aus denselben Gründen, welche zur Ablehnung eines Richters berechtigen, abgelehnt werden. Ein Ablehnungsgrund kann jedoch nicht daraus entnommen werden, daß der Sachverständige als Zeuge vernommen worden ist.

Das Ablehnungsgesuch ist bei demjenigen Gericht oder Richter, von welchem die Ernennung des Sachverständigen erfolgt ist, vor der Vernehmung desselben, bei schriftlicher Begutachtung vor erfolgter Einreichung des Gutachtens anzubringen. Nach diesem Zeitpunkt ist die Ablehnung nur zulässig, wenn glaubhaft gemacht wird, daß der Ablehnungsgrund vorher nicht geltend gemacht werden konnte. Das Ablehnungsgesuch kann vor dem Gerichtsschreiber zu Protokoll erklärt werden.

Der Ablehnungsgrund ist glaubhaft zu machen;

der Eid ist als Mittel der Glaubhaftmachung ausgeschlossen.

Die Entscheidung erfolgt von dem im zweiten Absatze bezeichneten Gericht oder Richter; eine vorgängige mündliche Verhandlung der Betheiligten ist nicht erforderlich.

Gegen den Beschluß, durch welchen die Ablehnung für begründet erklärt wird, findet kein Rechtsmittel; gegen den Beschluß, durch welchen dieselbe für unbegründet erklärt wird, findet sofortige Beschwerde statt.

§. 372. Der zum Sachverständigen Ernannte hat der Ernennung Folge zu leisten, wenn er zur Erstattung von Gutachten der erforderten Art öffentlich bestellt ist oder wenn er die Wissenschaft, die Kunst oder das Gewerbe, deren Kenntniß Voraussetzung der Begutachtung ist, öffentlich zum Erwerbe ausübt oder wenn er zur Ausübung derselben öffentlich bestellt oder ermächtigt ist.

Zur Erstattung des Gutachtens ist auch derjenige verpflichtet, welcher sich zu derselben vor Gericht bereit erklärt hat.

§. 373. Dieselben Gründe, welche einen Zeugen berechtigen, das Zeugniß zu verweigern, berechtigen einen Sachverständigen zur Verweigerung des Gutachtens. Das Gericht kann auch aus anderen Gründen einen Sachverständigen von der Verpflichtung zur Erstattung des Gutachtens entbinden.

Die Vernehmung eines öffentlichen Beamten als Sachverständigen findet nicht statt, wenn die vorgesetzte

Behörde des Beamten erklärt, daß die Vernehmung den dienstlichen Interessen Nachtheile bereiten würde.

§. 374. Im Falle des Nichterscheinens oder der Weigerung eines zur Erstattung des Gutachtens verpflichteten Sachverständigen wird dieser zum Ersatze der Kosten und zu einer Geldstrafe bis zu dreihundert Mark verurtheilt. Im Falle wiederholten Ungehorsams kann noch einmal eine Geldstrafe bis zu sechshundert Mark erkannt werden.

Gegen den Beschluß findet Beschwerde statt.

Die Festsetzung und die Vollstreckung der Strafe gegen eine dem aktiven Heere oder der aktiven Marine angehörende Militärperson erfolgt auf Ersuchen durch das Militärgericht.

§. 375. Der Sachverständige hat, wenn nicht beide Parteien auf seine Beeidigung verzichten, vor Erstattung des Gutachtens einen Eid dahin zu leisten:

> daß er das von ihm geforderte Gutachten unparteiisch und nach bestem Wissen und Gewissen erstatten werde.

Ist der Sachverständige für die Erstattung von Gutachten der betreffenden Art im Allgemeinen beeidigt, so genügt die Berufung auf den geleisteten Eid.

§. 376. Wird schriftliche Begutachtung angeordnet, so hat der Sachverständige das von ihm unterschriebene Gutachten auf der Gerichtsschreiberei niederzulegen.

Das Gericht kann das Erscheinen des Sachverständigen anordnen, damit derselbe das schriftliche Gutachten erläutere.

§. 377. Das Gericht kann eine neue Begutachtung durch dieselben oder durch andere Sachverständige anordnen, wenn es das Gutachten für ungenügend erachtet.

Das Gericht kann die Begutachtung durch einen anderen Sachverständigen anordnen, wenn ein Sachverständiger nach Erstattung des Gutachtens mit Erfolg abgelehnt ist.

§. 378. Der Sachverständige hat nach Maßgabe der Gebührenordnung auf Entschädigung für Zeitversäumniß, auf Erstattung der ihm verursachten Kosten und außerdem auf angemessene Vergütung seiner Mühewaltung Anspruch.

§. 379. Insoweit zum Beweise vergangener Thatsachen oder Zustände, zu deren Wahrnehmung eine besondere Sachkunde erforderlich war, sachkundige Personen zu vernehmen sind, kommen die Vorschriften über den Zeugenbeweis zur Anwendung.

**30. Civilprozeßordnung. §. 593 ff. (Entmündigung).**

§. 593. Eine Person kann für geisteskrank[1]) (wahnsinnig, blödsinnig u. s. w.) nur durch Beschluß des Amtsgerichts erklärt werden.

Der Beschluß wird nur auf Antrag erlassen.

G. 1) Die nachfolgenden Vorschriften beziehen sich nicht auf die Bevormundung Gebrechlicher (Blinder, Tauber, Stummer), soweit sie nicht landesrechtlich hierauf ausgedehnt sind, wie z. B. in Sachsen.

§. 595. Der Antrag kann von dem Ehegatten, einem Verwandten, oder dem Vormunde des zu Entmündigenden gestellt werden. Gegen eine Ehefrau kann nur von dem Ehemanne, gegen eine Person, welche unter väterlicher Gewalt oder unter Vormundschaft steht, nur von dem Vater oder dem Vormunde der Antrag gestellt werden. Die Bestimmungen des bürgerlichen Rechts, nach welchen noch andere Personen den Antrag stellen können, bleiben unberührt.

In allen Fällen ist auch der Staatsanwalt[2]) bei dem vorgesetzten Landgerichte zur Stellung des Antrags befugt.

2) Die landesrechtlich vorgeschriebenen Meldungen von der Aufnahme Geisteskranker in Heil- und Pflegeanstalten sind an den St.A., nicht an das Gericht zu machen.

§. 596. Der Antrag kann bei dem Gerichte schriftlich eingereicht oder zum Protokolle des Gerichtsschreibers angebracht werden. Er soll eine Angabe der ihn begründenden Thatsachen und die Bezeichnung der Beweismittel enthalten.

Das Gericht hat unter Benutzung der in dem Antrag angegebenen Thatsachen und Beweismittel von Amtswegen die zur Feststellung des Geisteszustandes erforderlichen Ermittelungen zu veranstalten und die geeignet erscheinenden Beweismittel aufzunehmen.

Das Gericht kann vor Einleitung des Verfahrens die Beibringung eines ärztlichen Zeugnisses anordnen.

Der Staatsanwalt kann in allen Fällen das Verfahren durch Stellung von Anträgen betreiben.

Für die Vernehmung und Beeidigung der Zeugen

und Sachverständigen kommen die Bestimmungen im siebenten und achten Titel des ersten Abschnitts des zweiten Buchs zur Anwendung. Die Anordnung der Haft im Falle des §. 355 kann von Amtswegen erfolgen.

§. 598. Der zu Entmündigende ist persönlich unter Zuziehung eines oder mehrerer Sachverständigen zu vernehmen [3]).

Die Vernehmung kann auch durch einen ersuchten Richter erfolgen.

Die Vernehmung kann unterbleiben, wenn sie nach Ansicht des Gerichts schwer ausführbar oder für die Entscheidung unerheblich oder für den Gesundheitszustand des zu Entmündigenden nachtheilig [4]) ist.

3) Ein Theil der Befragung wird stets dem Sachverständigen zu überlassen sein.

4) Vgl. zu §. 599 N. 5 sub 3.

§. 599. Die Entmündigung darf nicht ausgesprochen werden, bevor das Gericht einen oder mehrere Sachverständige über den Geisteszustand des zu Entmündigenden gehört hat [5]) [6]).

5) Preuß. Min.V. v. 10. Mai 87 M.Bl. f. d. i. V. S. 122: 1) Mündlich von Sachverständigen abgegebene Gutachten sind vollständig, nicht blos ihrem Resultate nach und nicht blos insoweit, als der Richter für die Erlangung seiner persönlichen Ueberzeugung dies für erforderlich hält, zu den Akten festzustellen.

2) Die Wahl der Sachverständigen ist in erster Linie auf solche Personen zu richten, welche auf dem Gebiete der Irrenheilkunde den Ruf besonderer Erfahrung besitzen. Sind solche Personen nicht zu erreichen, so ist die Wahl, wenn möglich, auf einen Kreisphysikus oder wenigstens einen pro physicatu geprüften Arzt zu richten.

3) Den Sachverständigen ist die Ladung zu dem Termine so zeitig zuzustellen, daß dieselben sich, wenn nöthig, schon vorher, sei es durch Besuche, Nachfragen oder sonst über den Geisteszustand des zu Entmündigenden ein sicheres Urtheil bilden können. Eine Frist von sechs Wochen wird in den meisten Fällen hierzu ausreichen. Zu demselben Zwecke ist den Sachverständigen auch, soweit dies angängig, Einsicht in die Akten zu gestatten. [Vgl. §. 598 Abs. 3.]

4) Unterbleibt in Gemäßheit des §. 598. Absatz 3. die persönliche Vernehmung des zu Entmündigenden, so ist der Grund hierfür aktenkundig zu machen.

Zugleich sind fortan Abschriften jedes in Entmündigungssachen schriftlich niedergelegten oder auch mündlich abgegebenen und zu den Akten festgestellten Gutachtens mit möglichster Beschleunigung dem zuständigen Regierungspräsidenten einzusenden.

6) Gegen den ablehnenden Beschluß kann binnen 2 Wochen Beschwerde (§. 604), gegen den Beschluß, welcher die Entmündigung ausspricht, binnen einem Monat die Anfechtungsklage (Anwaltszwang) erhoben werden (§. 605 ff.). Die Wiederaufhebung der Entmündigung kann bei dem Amtsgericht beantragt werden (§. 616), wird der Antrag abgelehnt, so kann die Aufhebungsklage (Anwaltszwang) angestellt werden (§. 620 ff.).

## e. Strafgesetzliche Vorschriften, welche für Medizinalpersonen von besonderem Interesse sind.

**31.** Strafgesetzbuch §. 168. Wer unbefugt eine Leiche [1]) [2]) aus dem Gewahrsam der dazu berechtigten Person wegnimmt, ingleichen wer unbefugt ein Grab zerstört oder beschädigt, oder wer an einem Grabe beschimpfenden Unfug verübt, wird mit Gefängniß bis zu zwei Jahren bestraft; auch kann auf Verlust der bürgerlichen Ehrenrechte erkannt werden.

1) Ein Fötus (Frucht von weniger als 33 Wochen resp. von weniger

als 35 cm Länge) ist nicht als Leiche anzusehen. Doch ist auch dieser den Berechtigten zu belassen (polizeilicher Schutz).

2) Vgl. St.G.B. §. 367 Z. 1: Unbefugte Wegnahme von Theilen einer Leiche. Nr. 31 a. E. und Abth. VII.

§. 174. Mit Zuchthaus bis zu fünf Jahren werden bestraft:

3) Beamte, Aerzte oder andere Medizinalpersonen, welche in Gefängnissen oder in öffentlichen, zur Pflege von Kranken, Armen oder anderen Hülflosen bestimmten Anstalten beschäftigt oder angestellt sind, wenn sie mit [2a]) den in das Gefängniß oder in die Anstalt aufgenommenen Personen unzüchtige Handlungen vornehmen.

Sind mildernde Umstände vorhanden, so tritt Gefängnißstrafe nicht unter sechs Monaten ein.

2a) „mit" (vgl. „an" §. 176) verlangt Berührung oder sonstige körperliche Betheiligung der Person.

§. 175. Die widernatürliche Unzucht [3]), welche zwischen Personen männlichen Geschlechts oder von Menschen mit Thieren begangen wird, ist mit Gefängniß zu bestrafen; auch kann auf Verlust der bürgerlichen Ehrenrechte erkannt werden.

3) Es genügt ein beischlafsähnliches Verhalten, auch ohne Eindringen in einen Körpertheil des anderen Mannes resp. des Thieres R. 1, 662; 653. E. 1, 394; 3, 200; wenn nur eine Berührung des Penis mit dem Körper des Anderen stattfindet R. 2, 220. E. 2, 237. Wechselseitige Onanie ist straflos R. 4, 493. E. 6, 211.

§. 176. Mit Zuchthaus bis zu zehn Jahren wird bestraft, wer

1) mit Gewalt unzüchtige Handlungen an einer Frauensperson vornimmt oder dieselbe durch Drohung mit gegenwärtiger Gefahr für Leib oder Leben zur Duldung unzüchtiger Handlungen nöthigt;
2) eine in einem willenlosen oder bewußtlosen Zustande befindliche oder eine geisteskranke Frauensperson zum außerehelichen Beischlafe mißbraucht, oder
3) mit Personen [4]) unter vierzehn Jahren unzüchtige Handlungen vornimmt oder dieselben zur Verübung oder Duldung unzüchtiger Handlungen verleitet.

Sind mildernde Umstände vorhanden, so tritt Gefängnißstrafe nicht unter sechs Monaten ein.

4) Unter Ziffer 3 fällt auch der unzüchtige Verkehr einer Frauensperson mit einem Knaben unter 14 Jahren. R. 6, 112. E. 10, 158.

§. 177. Mit Zuchthaus wird bestraft, wer durch Gewalt oder durch Drohung mit gegenwärtiger Gefahr für Leib oder Leben eine Frauensperson zur Duldung des außerehelichen Beischlafs nöthigt, oder wer eine Frauensperson zum außerehelichen Beischlafe mißbraucht, nachdem er sie zu diesem Zwecke in einen willenlosen oder bewußtlosen Zustand versetzt hat.

Sind mildernde Umstände vorhanden, so tritt Gefängnißstrafe nicht unter Einem Jahre ein.

§. 178. Ist durch eine der in den §§. 176 und 177 bezeichneten Handlungen der Tod der verletzten Person verursacht worden, so tritt Zuchthausstrafe nicht unter zehn Jahren oder lebenslängliche Zuchthausstrafe ein.

§. 211. Wer vorsätzlich einen Menschen[5]) tödtet, wird, wenn er die Tödtung mit Ueberlegung ausgeführt hat, wegen Mordes mit dem Tode bestraft[6]).

5) Als Mensch gilt die Leibesfrucht von den ersten Anfängen des Geburtsactes an, auch wenn sie sich noch ganz (R. 5, 553), oder zum größten Theile (R. 2, 41. E. 1, 446) im Mutterleibe befindet.

6) Vgl. §§. 206, 216, 227. (Zweikampf, Einwilligung, Streithandel.)

§. 212. Wer vorsätzlich einen Menschen tödtet, wird, wenn er die Tödtung nicht mit Ueberlegung ausgeführt hat, wegen Todtschlages mit Zuchthaus nicht unter fünf Jahren bestraft.

§. 213. War der Todtschläger ohne eigene Schuld durch eine ihm oder einem Angehörigen[7]) zugefügte Mißhandlung oder schwere Beleidigung von dem Getödteten zum Zorne gereizt und hierdurch auf der Stelle zur That hingerissen worden, oder sind andere mildernde Umstände vorhanden, so tritt Gefängnißstrafe nicht unter sechs Monaten ein.

7) Angehörige vgl. §. 52 A. 2 St.G.B.

§. 217. Eine Mutter[7a]), welche ihr uneheliches Kind in oder gleich nach der Geburt[8]) vorsätzlich tödtet, wird mit Zuchthaus nicht unter drei Jahren bestraft.

Sind mildernde Umstände vorhanden, so tritt Gefängnißstrafe nicht unter zwei Jahren ein.

7a) Theilnehmer sind nach §§. 211, 212 strafbar. St.G.B. §. 50. Fahrlässige Tödtung: §. 222 ebd. — Vgl. N. zu §. 211.

8) „Gleich nach der Geburt" bezeichnet die Zeit, in welcher der präsumirte Zustand hochgradiger Erregtheit noch fortdauert. E. 2, 154.

§. 218. Eine Schwangere, welche ihre Frucht vorsätzlich abtreibt oder im Mutterleibe tödtet[9]), wird mit Zuchthaus bis zu fünf Jahren bestraft.

Sind mildernde Umstände vorhanden, so tritt Gefängnißstrafe nicht unter sechs Monaten ein.

Dieselben Strafvorschriften finden auf denjenigen Anwendung, welcher mit Einwilligung der Schwangeren die Mittel zu der Abtreibung oder Tödtung bei ihr angewendet oder ihr beigebracht hat.

9) Nach der Praxis des R.G. begeht eine Nichtschwangere, welche, in der Meinung schwanger zu sein, zwecks Abtreibung ein indifferentes, von ihr für tauglich gehaltenes Mittel einnimmt, einen strafbaren Versuch.

§. 219. Mit Zuchthaus bis zu zehn Jahren wird bestraft, wer einer Schwangeren, welche ihre Frucht abgetrieben oder getödtet hat, gegen Entgelt die Mittel hierzu verschafft, bei ihr angewendet oder ihr beigebracht hat.

§. 220. Wer die Leibesfrucht einer Schwangeren ohne deren Wissen oder Willen vorsätzlich abtreibt oder tödtet, wird mit Zuchthaus nicht unter zwei Jahren bestraft.

Ist durch die Handlung der Tod der Schwangeren verursacht worden, so tritt Zuchthausstrafe nicht unter zehn Jahren oder lebenslängliche Zuchthausstrafe ein.

§. 221. Wer eine wegen jugendlichen Alters, Gebrechlichkeit oder Krankheit[10]) hülflose Person aussetzt, oder wer eine solche Person, wenn dieselbe unter seiner

Obhut steht oder wenn er für die Unterbringung, Fortschaffung oder Aufnahme derselben zu sorgen hat, in hülfloser Lage vorsätzlich verläßt, wird mit Gefängniß nicht unter drei Monaten bestraft.

Wird die Handlung von leiblichen Eltern gegen ihr Kind begangen, so tritt Gefängnißstrafe nicht unter sechs Monaten ein.

Ist durch die Handlung eine schwere Körperverletzung [11]) der ausgesetzten oder verlassenen Person verursacht worden, so tritt Zuchthausstrafe bis zu zehn Jahren und, wenn durch die Handlung der Tod verursacht worden ist, Zuchthausstrafe nicht unter drei Jahren ein.

10) Unter Krankheit fällt auch starke Betrunkenheit. R. 4, 24. E. 5, 393.

11) Vgl. §. 224.

§. 222 [12]). Wer durch Fahrlässigkeit den Tod eines Menschen verursacht [13]), wird mit Gefängniß bis zu drei Jahren bestraft.

Wenn der Thäter zu der Aufmerksamkeit, welche er aus den Augen setzte, vermöge seines Amtes, Berufes oder Gewerbes [14]) besonders verpflichtet [15]) war, so kann die Strafe bis auf fünf Jahre Gefängniß erhöht werden.

12) Vgl. §§. 230, 327, 330 St.G.B. §. 120 Abs. 3 Gew.O. §. 14 des Nahr.M.Ges. unten sub IV 2 u. 3.

13) d. h. wenn er handelte oder unterließ, obgleich er bei genügender Sorgfalt den Tod als mögliche Folge seines Verhaltens hätte voraussehen können. R. 2, 596. E. 3, 208.

14) Unter Abs. 2 fallen auch gewerbsmäßige Kurpfuscher. R. 4, 313.

Krankenwärter. R. 4, 313. Fleischwaarenhändler. R. 3, 757; 4, 165, desgl. Trichinenschauer.

15) Vgl. R. 2, 41; E. 1, 446: Zerstückelung eines Kindes in ungerechtfertigter Annahme, daß dasselbe todt sei. R. 6, 505: Nichtanwendung der antiseptischen Methode. — Inwieweit ungerechtfertigtes Vertrauen in die Richtigkeit der Diagnose oder in die eigne technische Fähigkeit (z. B. bei Operationen durch Nichtärzte) „Fahrlässigkeit" ist, unterliegt der Würdigung im Einzelfalle.

§. 223. Wer vorsätzlich einen Anderen körperlich mißhandelt [16]) oder an der Gesundheit beschädigt, wird wegen Körperverletzung mit Gefängniß bis zu drei Jahren oder mit Geldstrafe bis zu eintausend Mark bestraft [17]).

Ist die Handlung gegen Verwandte aufsteigender Linie begangen, so ist auf Gefängniß nicht unter Einem Monat zu erkennen.

16) d. h. eine Handlung ausführt mit dem Bewußtsein, daß dieselbe das körperliche Wohlbefinden eines Anderen stören werde. R. 4, 98.

17) Vgl. St.G.B. §§. 228, 231—233. Privatklage: St.P.O. §. 414 ff. Nebenklage ebd. 435.

§. 223a [18]). Ist die Körperverletzung mittels einer Waffe, insbesondere eines Messers oder eines anderen gefährlichen [19]) Werkzeuges, oder mittels eines hinterlistigen Ueberfalls, oder von Mehreren gemeinschaftlich, oder mittels einer das Leben gefährdenden [20]) Behandlung begangen, so tritt Gefängnißstrafe nicht unter zwei Monaten ein [21]).

18) Sogen. gefährliche Körperverletzung, vgl. St.G.B. §§. 228, 231.

19) d. h. eines solchen, welches nach seiner objektiven Beschaffenheit und nach Art seiner Benutzung geeignet ist, erhebliche Verletzungen zu bewirken. R. 1, 442; E. 4, 397.

20) d. h. eine solche, die nach den concreten Umständen objectiv

geeignet war, für den Betroffenen eine Lebensgefahr herbeizuführen. R. 2, 68; E. 10, 102.

21) Aerztliche Atteste über diese sog. „gefährlichen K.V." dürfen verlesen werden, s. o. S. 61.

§. 224 [22]). Hat die Körperverletzung zur Folge [23]), daß der Verletzte ein wichtiges [24]) Glied [25]) des Körpers, das Sehvermögen auf einem oder beiden Augen, das Gehör, die Sprache oder die Zeugungsfähigkeit [25a]) verliert oder in erheblicher Weise dauernd entstellt wird, oder in Siechthum [26]), Lähmung [27]) oder Geisteskrankheit verfällt, so ist auf Zuchthaus bis zu fünf Jahren oder Gefängniß nicht unter Einem Jahre zu erkennen [28]).

22) Sogen. schwere Körperverletzung vgl. §§. 225, 228, 231 St.G.B.

23) Entscheidend ist lediglich der eingetretene Erfolg. R. 3, 546; E. 5, 29.

24) Es entscheidet die objective Bedeutung des Gliedes, nicht dessen Werth für den Betroffenen. R. 4, 551; 5, 404 (nicht schon Verlust zweier Glieder des rechten Zeigefingers). E. 6, 346.

25) d. h. ein Theil des Körpers, „der eine in sich abgeschlossene Existenz mit besonderer Function im Gesammtorganismus hat", nicht z. B. ein Theil der Schädeldecke. R. 3, 226. E. 3, 392. Absolute Gebrauchsunfähigkeit (auch ohne Lostrennung) genügt.

25a) Auch Beischlafs- und Befruchtungsunfähigkeit bei Frauen. Über Geburtsunfähigkeit s. Casper-Liman Hdb. d. ger. Med. §. 76.

26) d. h. „ein chronischer Krankheitszustand, der, den gesammten Organismus des Verletzten ergreifend, eine erhebliche Beeinträchtigung des Allgemeinbefindens zur Folge hat". R. 7, 222. E. 22, 227.

27) d. h. eine Affection, die wenigstens mittelbar eine den ganzen Menschen ergreifende Bewegungsunfähigkeit bewirkt. R. 4, 289; 6, 565. E. 6, 65.

28) Daß die genannten Zustände unheilbar seien, wird nicht erfordert. R. 5, 649.

§. 225. War eine der vorbezeichneten Folgen beabsichtigt oder eingetreten, so ist auf Zuchthaus von zwei bis zu zehn Jahren zu erkennen.

§. 226. Ist durch die Körperverletzung der Tod des Verletzten verursacht worden, so ist auf Zuchthaus nicht unter drei Jahren oder Gefängniß nicht unter drei Jahren zu erkennen [29].

29) Wegen mild. Umstände vgl. §. 228 u. wegen Buße 232.

§. 227 [30]. Ist durch eine Schlägerei oder durch einen von Mehreren gemachten Angriff der Tod eines Menschen oder eine schwere Körperverletzung (§. 224) verursacht worden, so ist jeder, welcher sich an der Schlägerei oder dem Angriffe betheiligt hat, schon wegen dieser Betheiligung mit Gefängniß bis zu drei Jahren zu bestrafen, falls er nicht ohne sein Verschulden hineingezogen worden ist.

Ist eine der vorbezeichneten Folgen mehreren Verletzungen zuzuschreiben, welche dieselbe nicht einzeln, sondern nur durch ihr Zusammentreffen verursacht haben, so ist jeder, welchem eine dieser Verletzungen zur Last fällt, mit Zuchthaus bis zu fünf Jahren zu bestrafen.

30) Vgl. §. 367 Ziffer 20 St.G.B. Wegen mildernder Umstände vgl. §. 228.

§. 228. Sind mildernde Umstände vorhanden, so ist in den Fällen des §. 223 Absatz 2 und des §. 223a. auf Gefängniß bis zu drei Jahren oder Geldstrafe bis zu eintausend Mark, in den Fällen der §§. 224 und 227 Absatz 2 auf Gefängniß nicht unter Einem Monat, und im Falle des §. 226 auf Gefängniß nicht unter drei Monaten zu erkennen.

§. 229. Wer vorsätzlich einem Anderen, um dessen Gesundheit zu beschädigen, Gift oder andere Stoffe beibringt, welche die Gesundheit zu zerstören geeignet sind, wird mit Zuchthaus bis zu zehn Jahren bestraft.

Ist durch die Handlung eine schwere Körperverletzung [31]) verursacht worden, so ist auf Zuchthaus nicht unter fünf Jahren und, wenn durch die Handlung der Tod verursacht worden, auf Zuchthaus nicht unter zehn Jahren oder auf lebenslängliches Zuchthaus zu erkennen.

31) Vgl. §. 224.

§. 230. Wer durch Fahrlässigkeit die Körperverletzung eines Anderen verursacht [32]), wird mit Geldstrafe bis zu neunhundert Mark oder mit Gefängniß bis zu zwei Jahren bestraft.

War der Thäter zu der Aufmerksamkeit, welche er aus den Augen setzte, vermöge seines Amtes, Berufes oder Gewerbes besonders verpflichtet, so kann die Strafe auf drei Jahre Gefängniß erhöht werden.

32) Vgl. §. 222 St.G.B. und §. 232 (Antrag).
Hierzu gehören u. A. unnöthige Operationen. Vgl. N. 15.

§. 231 [33]). In allen Fällen der Körperverletzung kann auf Verlangen des Verletzten neben der Strafe auf eine an denselben zu erlegende Buße bis zum Betrage von sechstausend Mark erkannt werden.

Eine erkannte Buße schließt die Geltendmachung eines weiteren Entschädigungsanspruches aus.

Für diese Buße haften die zu derselben Verurtheilten als Gesammtschuldner.

33) Vgl. St.P.O. §§. 424 ff. (Privatklage), 443 (Nebenklage).

§. 232. Die Verfolgung leichter vorsätzlicher, sowie aller durch Fahrlässigkeit verursachter Körperverletzungen (§§. 223, 230) tritt nur auf Antrag ein, insofern nicht die Körperverletzung mit Uebertretung einer Amts-, Berufs- oder Gewerbspflicht begangen worden ist.

Ist das Vergehen gegen einen Angehörigen [33a]) verübt, so ist die Zurücknahme des Antrages zulässig.

33a) Angehöriger vgl. §. 52 Abs. 2. —

Die in den §§. 195, 196 und 198 enthaltenen Vorschriften finden auch hier Anwendung.

Vgl. Reichsstrafprozeßordnung §§. 424 ff.

§. 233. Wenn leichte Körperverletzungen mit solchen, Beleidigungen mit leichten Körperverletzungen [33b]) oder letztere mit ersteren auf der Stelle erwidert werden, so kann der Richter für beide Angeschuldigte, oder für einen derselben eine der Art oder dem Maße nach mildere oder überhaupt keine Strafe eintreten lassen.

33b) Vgl. §. 199; im Falle des §. 223a findet keine Aufrechnung statt.

§. 239. Wer vorsätzlich und widerrechtlich einen Menschen einsperrt oder auf andere Weise des Gebrauches der persönlichen Freiheit beraubt, wird mit Gefängniß bestraft.

Wenn die Freiheitsentziehung über eine Woche gedauert hat, oder wenn eine schwere Körperverletzung [34]) des der Freiheit Beraubten durch die Freiheitsentziehung oder die ihm während derselben widerfahrene Behandlung verursacht worden ist, so ist auf Zuchthaus bis zu zehn Jahren zu erkennen. Sind mildernde Umstände vorhanden, so tritt Gefängnißstrafe nicht unter Einem Monat ein.

Ist der Tod des der Freiheit Beraubten durch die Freiheitsentziehung oder die ihm während derselben widerfahrene Behandlung verursacht worden, so ist auf Zuchthaus nicht unter drei Jahren zu erkennen. Sind mildernde Umstände vorhanden, so tritt Gefängnißstrafe nicht unter drei Monaten ein.

34) Vgl. §. 224.

§. 277. Wer unter der ihm nicht zustehenden Bezeichnung als Arzt oder als eine andere approbirte Medizinalperson [35]) oder unberechtigt unter dem Namen solcher Personen ein Zeugniß über seinen oder eines Anderen Gesundheitszustand ausstellt oder ein derartiges echtes Zeugniß verfälscht, und davon zur Täuschung von Behörden oder Versicherungsgesellschaften Gebrauch macht, wird mit Gefängniß bis zu Einem Jahre bestraft.

35) Vgl. Gew.O. §. 29 (o. S. 4). Hierher gehört auch das approbirte niederärztliche Personal, wie die Bader in Bayern. R. 4, 464. E. 6, 260. Nicht die Hebammen. R. 6, 245. E. 20, 340.

§. 278. Aerzte und andere approbirte Medizinalpersonen, welche ein unrichtiges Zeugniß über den Gesundheitszustand eines Menschen zum Gebrauche bei einer Behörde oder Versicherungsgesellschaft wider besseres Wissen ausstellen, werden mit Gefängniß von Einem Monat bis zu zwei Jahren bestraft.

§. 279. Wer, um eine Behörde oder eine Versicherungsgesellschaft über seinen oder eines Anderen Gesundheitszustand zu täuschen, von einem Zeugnisse der in den §§. 277 und 278 bezeichneten Art Gebrauch macht, wird mit Gefängniß bis zu Einem Jahre bestraft.

§. 280. Neben einer nach Vorschrift der §§. 267, 274, 275, 277 bis 279 erkannten Gefängnißstrafe kann auf Verlust der bürgerlichen Ehrenrechte erkannt werden.

§. 324 [36]). Wer vorsätzlich Brunnen- oder Wasserbehälter, welche zum Gebrauche Anderer dienen, oder Gegenstände, welche zum öffentlichen Verkaufe oder Verbrauche bestimmt sind, vergiftet oder denselben Stoffe beimischt, von denen ihm bekannt ist, daß sie die menschliche Gesundheit zu zerstören geeignet sind, ingleichen wer solche vergiftete oder mit gefährlichen Stoffen vermischte Sachen wissentlich und mit Verschweigung dieser Eigenschaft verkauft, feilhält oder sonst in Verkehr bringt, wird mit Zuchthaus bis zu zehn Jahren und, wenn durch die Handlung der Tod eines Menschen verursacht worden ist, mit Zuchthaus nicht unter zehn Jahren oder mit lebenslänglichem Zuchthaus bestraft.

36) Vgl. Nahr.M.Ges. v. 24. Mai 79 unten IV 3.

§. 327. Wer die Absperrungs- oder Aufsichts-Maßregeln oder Einfuhrverbote, welche von der zuständigen Behörde zur Verhütung des Einführens oder Verbreitens einer ansteckenden Krankheit angeordnet worden sind, wissentlich verletzt [37]), wird mit Gefängniß bis zu zwei Jahren bestraft.

Ist in Folge dieser Verletzung ein Mensch von der ansteckenden Krankheit ergriffen worden, so tritt Gefängnißstrafe von drei Monaten bis zu drei Jahren ein.

37) Die entsprechenden landesrechtlichen Strafvorschriften, z. B. die des Preuß. Regulativs v. 8. August 35, können bei wissentlichen Verletzungen der betr. Anordnungen nicht mehr in Anwendung kommen. R. 5, 683. E. 9, 366.

§. 367. Mit Geldstrafe bis zu einhundertfunfzig Mark oder mit Haft wird bestraft:

1) wer ohne Vorwissen der Behörde einen Leichnam beerdigt oder bei Seite schafft, oder wer unbefugt einen Theil einer Leiche aus dem Gewahrsam der dazu berechtigten Personen wegnimmt [38]);

38) Vgl. §. 168 oben S. 68.

2) wer den polizeilichen Anordnungen über vorzeitige Beerdigungen entgegenhandelt;

3) wer ohne polizeiliche Erlaubniß Gift oder Arzneien, soweit der Handel mit denselben nicht freigegeben ist, zubereitet, feilhält, verkauft oder sonst an Andere überläßt; [39])

5) wer bei der Aufbewahrung oder bei der Beförderung von Giftwaaren, Schießpulver oder Feuerwerken, oder bei der Aufbewahrung, Beförderung, Verausgabung oder Verwendung von Sprengstoffen oder anderen explodirenden Stoffen, oder bei Ausübung der Befugniß zur Zube-

reitung oder Feilhaltung dieser Gegenstände, sowie der Arzeneien die deshalb ergangenen Verordnungen nicht befolgt [39]);

39) Vgl. unten Abth. IV, 4.

7) wer verfälschte oder verdorbene Getränke oder Eßwaaren, insbesondere trichinenhaltiges Fleisch feilhält oder verkauft [40]);

40) Vgl. unten Abth. IV, 3.

10) wer bei einer Schlägerei, in welche er nicht ohne sein Verschulden hineingezogen worden ist, oder bei einem Angriff sich einer Waffe, insbesondere eines Messers oder eines anderen gefährlichen Werkzeuges bedient [41]).

41) Vgl. §. 227 oben S. 73 ff.

## f. Der Arzt in seinem Verhältnisse zu den militärischen Einrichtungen.

**30.** Verordnung über die Organisation des Sanitätskorps vom 6. Februar 1873. Armee-Verordnungsblatt 103 ff.

### Erster Abschnitt.

### Formation des Sanitätskorps.

§. 1. Die Militärärzte des aktiven Dienststandes und des Beurlaubtenstandes der Armee und Flotte bilden mit den Lazarethgehülfen und militärischen Krankenwärtern das Sanitätskorps.

Dasselbe besteht demnach:

a) aus den im Offizierrange stehenden Militärärzten — dem Sanitäts-Offizierkorps —

b) den im Unteroffizierrange stehenden Militärärzten, den Lazarethgehülfen und militärischen Krankenwärtern.

Das Sanitäts-Offizierkorps steht in Betracht seiner Rechte und Pflichten neben dem Offizierkorps der Armee resp. der Marine. Innerhalb des Sanitäts-Offizierkorps finden die für die speziellen Rang- und Dienstverhältnisse der Offiziere gültigen Vorschriften 2c. eine entsprechende Anwendung, nicht aber hinsichtlich des zu den Offizieren der Armee resp. der Marine bestehenden dienstlichen Verhältnisses.

Die Chargen- und Stellenbezeichnungen der Militärärzte bleiben unverändert wie bisher.

An der Spitze des Sanitätskorps steht der General-Stabsarzt der Armee als Chef desselben.

§. 2. Der Generalarzt eines Armeekorps leitet den Verband, welchen die Militärärzte seines Korpsbereiches, ohne Rücksicht auf ihre Verwendung bei den Truppen in den Garnisonen oder bei militärischen Instituten, bilden. Für die Ergänzung dieses Theiles des Sanitätskorps hat der Korps-Generalarzt besonders zu wirken.

Der älteste im Stabsquartier garnisonirende Ober-Stabsarzt jeder Division fungirt als Divisionsarzt. Derselbe ist der technische Rathgeber des Divisionskommandeurs und leitet den Sanitätsdienst in der

Division nach Maßgabe der Seitens des Kriegsministers zu erlassenden Instruktion. Er verbleibt gleichzeitig in seinen regimentsärztlichen 2c. Funktionen.

Die Divisionsärzte sind aus der Klasse der Ober-Stabsärzte mit Majorsrang zu entnehmen.

Die Zahl der Letzteren ist zu vermehren, sobald dies die Etats- 2c. Verhältnisse gestatten.

In der Marine übt der Generalarzt der Marine die in dieser Verordnung für die Korps-Generalärzte vorgesehenen Funktionen, während die Marine-Stationsärzte eine den Divisionsärzten analoge Stellung haben.

## Zweiter Abschnitt.

### Ergänzung des Sanitäts-Offizierkorps.

§. 3. Das Sanitäts-Offizierkorps ergänzt sich:

1. durch Mediziner, welche in den militärärztlichen Bildungsanstalten ausgebildet worden sind;
2. durch Mediziner, die in der Erfüllung ihrer allgemeinen Dienstpflicht begriffen sind;
3. durch solche, welche ihre ärztliche Qualifikation auf Universitäten erlangt haben und zum Dienst auf Beförderung eintreten.

### 1. Dienstverhältnisse der Zöglinge der militärärztlichen Bildungsanstalten.

§. 4. Die jungen Leute, welche in die militärärztlichen Bildungsanstalten aufgenommen werden, dienen im 1. Sommersemester ihres Studiums (1. April bis 1. Oktober) 6 Monate mit der Waffe. Sie haben nach Ablauf dieser Dienstzeit ein von den militärischen Vorgesetzten ausgestelltes Dienstzeugniß beizubringen, in welchem ausgesprochen wird, daß sie nach ihrer Führung, Dienstapplikation, Charakter und Gesinnung für würdig, sowie auch nach dem Grade der erworbenen Dienstkenntnisse für qualifizirt erachtet werden, dereinst die Stellung eines militärischen Vorgesetzten im Sanitätsdienst zu bekleiden. Diejenigen Studirenden, welche das Dienstzeugniß nicht erlangen, können aus der Anstalt entlassen werden.

Nach Beendigung der Studien werden die Zöglinge der militärärztlichen Bildungsanstalten durch den General-Stabsarzt der Armee, behufs Ableistung des Restes ihrer allgemeinen Dienstpflicht, als Unterärzte bei einem Truppentheile angestellt. An die Ableistung der allgemeinen Dienstpflicht schließt sich für genossene Ausbildung auf den militärärztlichen Bildungsanstalten eine besondere Dienstpflicht an[1]).

Nachdem diese Mediziner die Staatsprüfungen bestanden haben, wird halbjährlich eine gewisse, dem Bedürfniß und dem Raume entsprechende Anzahl von ihnen in das Charité-Krankenhaus zu Berlin kommandirt, um dort die für ihre erhöhte Ausbildung als Militärärzte reservirten Stellen wahrzunehmen. Die Auswahl für dies, ein Jahr andauernde, Kommando trifft der Chef des Militär-Medizinalwesens.

1) Rekrutirungsordnung vom 28. September 75 §. 13, 5: Die

Studirenden des Fr. W. Instituts haben doppelt so lange, als sie diese Anstalt besuchen, aktiv zu dienen. Für diejenigen, welche daselbst nur freien Unterricht genossen haben, verringert sich diese aktive Dienstverpflichtung auf die Hälfte. Das als Einjährig-Freiwilliger abgeleistete Dienstjahr kommt hierbei zur Anrechnung. — Wer nach Absolvirung des ersten Semesters aus beregter Anstalt wieder ausscheidet, übernimmt keine besondere aktive Dienstverpflichtung. Im Uebrigen kann diese besondere aktive Dienstverpflichtung nur durch das Kriegs-Ministerium erlassen werden.

## 2. Dienstverhältnisse der auf Universitäten ausgebildeten Mediziner.

§. 5. Mediziner, welche ihre Studien auf Universitäten zurücklegen, können ihrer Dienstpflicht bei einem selbstgewählten Truppentheil[2]) entweder ganz mit der Waffe oder während der ersten 6 Monate mit der Waffe und nach Absolvirung der Staatsprüfungen während der übrigen 6 Monate als Arzt genügen.

Die sechsmonatliche Dienstzeit mit der Waffe kann von ihnen in jedem Semester ihres Studiums absolvirt werden; diejenigen, welche die übrigen 6 Monate nach erlangter Approbation als Arzt abzudienen sich verpflichten, haben hierzu einen Ausstand über das 23. Lebensjahr hinaus zu erhalten.

Mediziner, welche diesen Ausstand erhalten haben, melden sich nach erlangter Approbation zur Einstellung als einjährig-freiwilliger Arzt bei dem Generalarzt des Armeekorps, in dessen Dienstbereich sie einzutreten wünschen. Sie haben zwar nicht die unbedingt freie Wahl der Garnison und des Truppentheils[3]), es soll jedoch ihren Wünschen in Beziehung auf die Garnison möglichste Berücksichtigung durch den ihre Einstellung bewirkenden Korps-Generalarzt zu Theil werden.

Bei der Entlassung aus dem aktiven Militärdienst wird den einjährig-freiwilligen Aerzten ein Zeugniß des Korps-Generalarztes ausgestellt, welches sich darüber ausspricht, ob der Betreffende während seiner Dienstzeit zur Beförderung im Sanitätskorps sich geeignet gezeigt hat (Qualifikationsattest).

Mediziner, welche ihre allgemeine Dienstverpflichtung als Einjährig-Freiwillige mit der Waffe abgeleistet haben und in den Beurlaubtenstand übergetreten sind, können nach Absolvirung der Staatsprüfungen [4]) jederzeit bei dem Generalarzt des betreffenden Armeekorps ihre Ernennung zum Unterarzt des Beurlaubtenstandes in Antrag bringen. Ob diesem Antrage stattzugeben, wird sich wesentlich nach den Zeugnissen richten, welche der betreffende Mediziner in seinem aktiven Militärverhältniß erworben hat [5]).

2) Matrosendivision, Seebataillon.

3) Vgl. Nr. 2 und §. 2 Abs. 5.

4) Von dieser Absolvirung ist sofort dem L.Bez.Kommando Meldung zu machen. Krieg.Min. 12. April 73.

5) Rekr.O. §. 21: 1. Mediziner, welche die Berechtigung zum einjährig-freiwilligen Dienst haben, genügen ihrer aktiven Dienstpflicht entweder ganz mit der Waffe, oder wenn sie in das Sanitätskorps aufgenommen zu werden wünschen, ein halbes Jahr mit der Waffe, ein halbes Jahr als Unterarzt (einjährig-freiwilliger Arzt).

2. Zum Dienst als Unterarzt werden nur diejenigen zugelassen, welche das Dienstzeugniß (vgl. im Text S. 85) und die Approbation als Arzt besitzen.

3. Behufs Erlangung der Approbation als Arzt werden die Mediziner nach halbjähriger Dienstzeit mit der Waffe unter Vorbehalt (d. i. unter Vorbehalt der Ableistung des Restes der aktiven Dienstpflicht) als Lazarethgehülfen zur Reserve beurlaubt.

4. Den Rest ihrer aktiven Dienstpflicht müssen sie spätestens im letzten Jahre ihrer Zugehörigkeit zum stehenden Heere ableisten.

Sie haben daher bis zum 1. Januar des siebenten Jahres ihrer Dienstpflicht im stehenden Heere sich bei dem Bezirks-Kommando, in dessen Kontrole sie stehen, zum Wiedereintritt zu melden. Im Unterlassungsfalle werden sie durch das Landwehr-Bezirks-Kommando zum Dienst mit der Waffe, und zwar zum 1. April einbeordert.

5. Nach Beendigung des sechsten Semesters ihrer Studien dürfen die als Lazarethgehülfen unter Vorbehalt entlassenen Mediziner durch Vermittelung des Landwehr-Bezirks-Kommandos, in dessen Kontrole sie stehen, bei dem Korps-Generalarzt unter Einreichung einer bezüglichen Bescheinigung der Universität den Antrag stellen, sie für den Mobilmachungsfall in Stellen von Unterärzten zu verwenden.

Im Falle der Genehmigung werden sie nunmehr in den Landwehr-Stammrollen und Standes-Nachweisen — vorbehaltlich ihrer späteren Ernennung — als Unterärzte geführt.

6. Die im fünften und sechsten Semester befindlichen unter Vorbehalt entlassenen Mediziner dürfen auf ihren Antrag für den Mobilmachungsfall bis zur Beendigung ihres sechsten Semesters mit Genehmigung des Korps-Generalarztes hinter die älteste Jahresklasse der Reserve zurückgestellt werden.

Die verfügte Zurückstellung wird in die Militärpässe eingetragen und bleibt auch beim Verziehen nach anderen Landwehr-Bataillons-Bezirken in Kraft, sofern die Fortsetzung der Studien nachgewiesen wird.

## 3. Dienstverhältnisse der auf Universitäten ausgebildeten und auf Beförderung eintretenden Mediziner.

§. 6. Einjährig-freiwillige Aerzte, welche auf Beförderung im Sanitätskorps dienen wollen, können, wenn sie das Dienstzeugniß (cfr. §. 4)[6]) erworben haben, nach vierwöchentlicher Dienstzeit von dem betreffenden Korps-Generalarzt zur Anstellung als **Unterarzt** bei dem General-Stabsarzt der Armee in Vorschlag gebracht werden. Durch diese Anstellung erwächst dem betreffenden Arzte ein Anspruch auf das Gehalt 2c. seiner Charge; mit Rücksicht hierauf hat derselbe, bevor seine definitive Anstellung erfolgt, sich in einem Kapitulationsprotokoll zu verpflichten, außer seiner allgemeinen einjährigen Dienstpflicht noch mindestens ein Jahr im stehenden Heere als Arzt zu dienen.

Nach erfolgter Anstellung können die Unterärzte überall verwandt werden, wo der Bedarf an Aerzten sich geltend macht.

6) Rekr.O. §. 16, 5.

## 4. Die Wahl zum Assistenzarzte.

### a. Unterärzte des aktiven Dienststandes.

§. 7. Die Unterärzte des aktiven Dienststandes können, sofern sie die Staatsprüfungen absolvirt haben, nach dreimonatlicher Dienstleistung bei der Truppe, auf Antrag des rangältesten ärztlichen Vorgesetzten und nach eingeholter schriftlicher Genehmigung des Kommandeurs des Truppentheils durch den betreffenden Divisionsarzt (§. 2) zur Wahl zum Assistenzarzte vorgeschlagen werden.

Wird der seiner Anciennetät nach älteste Unterarzt

von dem Kommandeur oder dem Arzte des Truppentheils nicht für geeignet zur Beförderung erachtet, so wird der nächstfolgende zur Wahl gestellt und bei dem, durch den General-Stabsarzt Allerhöchsten Orts zu machenden Vorschlage alsdann das Sachverhältniß auseinandergesetzt.

§. 8. Die Wahl erfolgt in einer durch den Divisionsarzt anzuberaumenden Versammlung der in seiner Garnison befindlichen, im Offizierrange stehenden Militärärzte der Division, sowie der Aerzte der nicht im Divisionsverbande stehenden Truppentheile, Behörden 2c. Letztere Aerzte werden zu diesem Zwecke durch die Korps-Generalärzte ein für allemal den Divisionen zugetheilt. Ueber den Verlauf der Wahlverhandlung ist ein Protokoll aufzunehmen. In der Marine bilden die Aerzte beider Marinestationen einen gemeinsamen Wahlverband. Der älteste Marine-Stationsarzt leitet die Wahl. Zur Grundlage für die Beurtheilung der Würdigkeit des zu Wählenden dient neben der Erklärung des Truppenkommandeurs (§. 7) ein Zeugniß des Regiments- 2c. Arztes, welches auszusprechen hat:

> daß der Vorgeschlagene sowohl seiner Führung und Dienstapplikation, als auch seiner, den Ansichten seiner Standesgenossen entsprechenden moralischen Eigenschaften halber, zur Beförderung pflichtmäßig empfohlen werde.

Die außerhalb des Wahlortes garnisonirenden Aerzte der Division haben ihre Stimme schriftlich, zustimmenden Falles durch Vollziehung des Wahlprotokolls abzugeben.

§. 9. Durch die Wahl erklären die Aerzte der Division, daß sie den Vorgeschlagenen für würdig erachten, in ihre Mitte zu treten.

Findet sich in dem Wahlkörper eine Meinungsverschiedenheit, so sind folgende Fälle zu unterscheiden:

a) ist die Majorität gegen die Beförderung des Vorgeschlagenen, so wird der betreffende Unterarzt ohne Weiteres zurückgestellt;

b) ist dagegen die Minorität, oder sind selbst nur einzelne Mitglieder gegen die Wahl, so haben die betreffenden Aerzte ihre abweichende Ansicht zu motiviren, und der Korps-Generalarzt befindet, ob dieselbe zu berücksichtigen ist. Demgemäß formulirt er den Beförderungsvorschlag unter Darlegung der Gründe der Minorität.

§. 10. Die zur Wahl nicht Vorgeschlagenen oder in der Wahl nicht Bestehenden dienen nach Maßgabe ihrer Dienstverpflichtung in der erdienten Charge weiter.

Es ist jedoch gestattet, derartige Aspiranten später zur Wahl zu stellen, sobald sie dazu für geeignet gehalten werden.

§. 11. Die Anciennetät der Vorzuschlagenden wird durch die Anstellung als Unterarzt, bei gleichzeitiger Anstellung mehrerer Individuen in dieser Charge, durch das Datum des Zeugnisses über die Ablegung der Staatsprüfung, bei gleichem Datum dieses Zeugnisses durch das Lebensalter bestimmt, dergestalt, daß das ältere Datum, resp. das höhere Lebensalter, die ältere Anciennetät verleiht.

b. Unterärzte des Beurlaubtenstandes.

§. 12. Die Unterärzte des Beurlaubtenstandes können das für die Wahl zum Assistenzarzt erforderliche Zeugniß des Regiments- rc. Arztes (§. 8) entweder durch eine freiwillige sechswöchentliche Dienstleistung, als Unterarzt mit Gehalt bei einem Truppentheile, erwerben, oder bei einer in Folge der Dienstverpflichtung stattgehabten Einziehung [7]). Sobald sie im Besitze dieses Zeugnisses sich befinden, erfolgt die Präsentation zur Wahl nach den Bestimmungen des §. 7.

Aerzte, welche ihrer Dienstpflicht mit der Waffe genügt haben, und dem Beurlaubtenstande als Offizier angehören, sind — im Falle eines gewünschten Uebertritts in das Sanitätskorps — der Wahl zum Assistenzarzt nicht unterworfen; es ist für sie deshalb auch das Zeugniß des Regimentsarztes (§. 8) entbehrlich.

Unmittelbar nach erfolgter Aufnahme in das Sanitätskorps müssen sie jedoch vier Wochen in einem, von dem betreffenden Korps-Generalarzt zu bestimmenden Lazarethe Dienste leisten (§. 24).

7) Wegen der Marschkompetenzen s. Armee-V.Bl. 79 S. 64.

## Dritter Abschnitt.

## Rang- und Dienstverhältnisse der Mitglieder des Sanitätskorps.

### 1. Rangverhältnisse und Kompetenzen.

§. 13. Die Militärärzte sind Personen des Soldatenstandes:

der einjährig-freiwillige Arzt,

der Unterarzt,

stehen im Range des Portepee-Unteroffiziers[8]);

der Assistenzarzt 2. Klasse im Range des Sekonde-Lieutenants,

der Assistenzarzt 1. Klasse im Range des Premier-Lieutenants,

der Stabsarzt,

der Ober-Stabsarzt 2. Klasse

im Range des Hauptmanns; letzterer mit dem Pensionsanspruch eines Hauptmanns 1. Klasse;

der Ober-Stabsarzt 1. Klasse,

der Lazareth-Direktor,

der Divisionsarzt

im Range des Majors;

der Generalarzt zweiter Klasse im Range des Oberst-Lieutenants;

von diesen haben die der mittleren Gehaltsklasse den Servis-, Reisekosten-, Tagegelder-, Pensions- 2c. Anspruch eines Regiments-Kommandeurs;

der Generalarzt 1. Klasse im Range des Obersten;
der General-Stabsarzt der Armee im Range eines General-Majors.

Der militärische Rang begründet für die Militärärzte den Anspruch auf die Pensionssätze, den Servis, die Reisekosten, Tagegelder und Umzugsentschädigung, sowie die Kommandozulage der korrespondirenden Militärcharge, damit aber gleichzeitig die Verpflichtung, Gehaltsabzüge (auch zur Kleiderkasse) event. nach den Sätzen zu leisten, wie sie von den entsprechenden Chargen entrichtet werden. (Cfr. Reglement über die Geldverpflegung der Truppen im Frieden.)

Die Unterärzte, welche durch den General-Stabsarzt mit der Wahrnehmung vakanter Assistenzarztstellen beauftragt werden, erhalten das Gehalt dieser Stellen. Für Vertretung manquirender Assistenzärzte wird den einjährig-freiwilligen Aerzten das Gehalt[9]) der Unterärzte gewährt, wenn sie zu diesem dienstlichen Zweck außerhalb der Garnison ihrer Wahl eingestellt oder verwendet werden[10]).

8) Sie haben vor den im Offizierrange stehenden direkten Vorgesetzten Front zu machen. Krieg.Min. 10. Febr. 85.

9) Desgl. kostenfreie Lazarethverpflegung, Krieg.Min. 26. März 76, und Krankenlöhnung (§. 34, vgl. Armee-V.Bl. 75 Nr. 88), Reisekosten und Tagegelder wie Portepee-Unteroffiziere.

10) Kein Anspruch auf Löhnung bei Kommandos mit Mannschaften und beim Ausrücken zu Uebungszwecken.

## 2. Die Dienstverhältnisse.

### Burschen.

§. 14. Den Militärärzten mit Offizierrang werden Soldaten aus Reihe und Glied nach Maßgabe des §. 6 des II. Abschnittes der Instruktion, betreffend den Garnisondienst vom 9. Juni 1870, als Burschen gestellt.

### Disziplin.

§. 15. Die Sanitätsoffiziere sind Vorgesetzte der Unteroffiziere und Soldaten, sowie in den Lazarethen Vorgesetzte des pharmazeutischen, des Wärter- und Beamtenpersonals.

Sobald ein Unterarzt in unmittelbare dienstliche Beziehung zu den vorgenannten Militärpersonen 2c. gesetzt wird, tritt auch er zu denselben in ein Vorgesetztenverhältniß [11]).

Den Sanitätsoffizieren gebühren, sobald sie in Uniform erscheinen, von einzelnen Mannschaften, Posten und deren Ablösungen, dieselben militärischen Ehrenbezeugungen, wie den Offizieren des entsprechenden Ranges.

11) Nicht jedoch zu Feldwebeln, Vize-Feldwebeln, Portepee-Unteroffizieren. Krieg.Min. 20. Aug. 75.

§. 16. Behufs Aufrechthaltung der Disziplin in ihrem Dienstbereiche wird:

1. dem General-Stabsarzt der Armee,

2. den Korps- und Etappen-Generalärzten und dem Subdirektor des medizinisch-chirurgischen Friedrich-Wilhelms-Instituts, sowie
3. den Divisionsärzten und den Marine-Stationsärzten,
4. den Chefärzten der Kriegs- und Friedenslazarethe und den Stabsärzten der Sanitäts-Detachements,

die Disziplinar-Strafgewalt

ad 1 eines Divisions-
ad 2 eines Regiments-
ad 3 eines nichtselbstständigen Bataillons-Kommandeurs,
ad 4 eines nicht detachirten Kompagnie-Chefs

beigelegt.

Für die Ausübung dieser Strafgewalt ist die Allerhöchste Disziplinar-Strafordnung für das Heer vom 31. Oktober 1872 resp. für die Marine vom 23. November 1872 und das Gesetz vom 21. Juli 1852 auch in Bezug auf die zu verhängenden Disziplinarstrafen maßgebend.

§. 17. Der Disziplinar-Strafgewalt der genannten ärztlichen Vorgesetzten innerhalb ihres Dienstbereichs sind unterworfen:

Die Militärärzte im Offizierrange, die Unterärzte, einjährig-freiwilligen Aerzte, die Eleven der militärärztlichen Bildungsanstalten, die Lazarethgehülfen, die militärischen Krankenwärter, die Pharmazeuten und das Beamtenpersonal der Lazarethe.

Die Chefärzte der Feldlazarethe haben auch über die zum Dienst bei den Feldlazarethen bestimmten und in denselben befindlichen Unteroffiziere und Mannschaften Disziplinar-Strafgewalt.

§. 18. Sämmtliche Militärärzte sind der Disziplinargewalt ihrer unmittelbaren Militärvorgesetzten im gleichen Maße unterstellt, wie die Offiziere resp. Portepee-Unteroffiziere.

§. 19. Es fallen zunächst unter die Disziplinar-Strafgewalt der ärztlichen Vorgesetzten: alle gegen ihre Autorität begangenen Vergehen, ingleichen die Verstöße gegen Vorschriften, welche für den Dienst der Krankenpflege gegeben sind, wenn sie von einem der im §. 17 bezeichneten Untergebenen begangen werden.

Alle anderen Disziplinarvergehen vorerwähnter Personen unterliegen grundsätzlich der Bestrafung durch den Militärvorgesetzten; hierdurch soll jedoch die Aufsicht der ärztlichen Instanzen über die sittliche Führung aller Mitglieder des Sanitätskorps keineswegs ausgeschlossen, vielmehr ihnen ausdrücklich die Befugniß beigelegt werden, auch in dieser Beziehung event. im Disziplinarwege einzuschreiten [12]).

12) Die Bestimmungen über Ehrengerichte finden auf das Sanitätskorps keine Anwendung.

§. 20. Die militärischen und die ärztlichen Vorgesetzten haben von jeder gegen einen ihrer gemeinschaftlichen Untergebenen verhängten Disziplinarbestrafung sich gegenseitig Mittheilung zu machen, insofern die Strafe nicht blos in einem Verweise besteht.

## Beförderung und Versetzung.

### Im Allgemeinen.

§. 21. Die Anstellung als Unterarzt (§. 6) und erforderlichen Falls die Versetzung dieser Aerzte geschieht auf den Antrag des Korps-Generalarztes durch den General-Stabsarzt der Armee.

Beförderungen von Militärärzten und Versetzungen der im Offizierrange stehenden Aerzte erfolgen auf den Vorschlag des General-Stabsarztes der Armee, durch Se. Majestät den Kaiser und König. Gleich den korrespondirenden Militärchargen erhalten auch die Militärärzte Patente als Ausweis der stattgehabten Beförderung.

Versetzungen, mit denen eine Beförderung nicht verbunden ist, treten nur ausnahmsweise in besonders motivirten Fällen ein, um der Entwickelung naher Beziehungen der Aerzte zu ihren Truppentheilen nicht hinderlich zu sein.

### Die Aerzte des aktiven Dienststandes.

§. 22. Bei den Vorschlägen zum Aufrücken der Militärärzte in höhere Chargen und Dienststellungen ist möglichst die Anciennetät zu berücksichtigen.

Für die Ernennung zum Ober-Stabsarzt ist die Ablegung eines spezifisch militärärztlichen Examens [13]) Bedingung; dagegen soll die Ableistung des Physikatsexamens für diese Beförderung weder geboten sein, noch einen Vorzug begründen. Für diejenigen Aerzte jedoch, welche die Physikatsprüfung bis zu dem in der Verordnung vom 20. Februar 1868 festgesetzten Termin abgeleistet haben, dient dieselbe als Nachweis der wissenschaftlichen Qualifikation zum Ober-Stabsarzt. Der Zeitpunkt, zu welchem die obenerwähnte militärärztliche oder die Physikatsprüfung absolvirt worden ist, hat auf die Anciennetät, also auf die Beförderung zum Ober-Stabsarzt keinen Einfluß.

Aerzte, welche der vorstehend bezeichneten Anforderung nicht entsprechen, verzichten dadurch auf ihre Beförderung zum Ober-Stabs-Arzt.

Das Avancement außer der Tour ist nur für Aerzte des Dienststandes und nur in besonders begründeten Fällen in Antrag zu bringen.

13) Neue Vorschriften v. 12. Juni 81. Armee-V.O.Bl. Nr. 17 Gegenstände der Prüfung: Kriegsheilkunde, Militair-Hygiene, Sanitäts- und Rekrutirungswesen, Lazarethverwaltungsdienst. Im praktischen Theile 3 Operationen: Gefäßunterbindung, Resektion, Amputation bezw. Exartikulation.

§. 23. Die Militärärzte werden in den Ranglisten derjenigen Stäbe und Truppentheile zc. geführt, bei denen sie Dienste leisten.

## Die Aerzte des Beurlaubtenstandes.

§. 24. Zu dem Uebertritt in den aktiven Sanitätsdienst bedürfen die oberen und Assistenzärzte, sowie event. die Offiziere (§. 12) des Beurlaubtenstandes der Allerhöchsten Genehmigung. Bei Ertheilung derselben wird ihre Anciennetät mit Berücksichtigung der aktiven Dienstzeit, der Qualifikation und des Lebensalters, nach Anhörung des General-Stabsarztes der Armee festgestellt.

Die Assistenz- und Stabsärzte des Beurlaubtenstandes werden, in den Grenzen des Etats der mobilen Armee, zur Beförderung gleichzeitig mit ihrem im aktiven Dienste befindlichen Hintermanne vorgeschlagen, vorausgesetzt, daß sie den Bedingungen entsprechen, an deren Erfüllung das Avancement geknüpft ist.

Assistenzärzte des Beurlaubtenstandes dürfen nur dann zur Beförderung in Vorschlag gebracht werden, wenn sie vorher freiwillig einen vierwöchentlichen Kursus in der chirurgischen Anatomie und in den Operationsübungen durchgemacht haben — — — [14]).

Die Beförderung zum Ober-Stabsarzte ist auch für die Aerzte des Beurlaubtenstandes von der Ableistung der militärärztlichen resp. Physikatsprüfung (§. 22) abhängig.

Die resp. Aerzte des Beurlaubtenstandes finden Aufnahme in der Rangliste des Landwehrbataillons, in dessen Bezirk sie ihren Wohnsitz haben.

14) Assistenz-Aerzte des Beurlaubtenstandes dürfen nur dann zur Beförderung in Vorschlag gebracht werden, wenn sie entweder einen dreiwöchentlichen Kursus in der chirurgischen Anatomie und in den Operations-Uebungen durchgemacht, oder bei einer infolge der Dienstverpflichtung stattgehabten Einziehung ihre Qualifikation zur höheren Charge dargethan haben. Kab.-Ord. v. 13. Mai 80. Armee-V.O.Bl. Nr. 154. (Die früheren Abs. 4 bis 6 des §. 24 sind hierdurch fortgefallen.) Die Einberufenen erhalten Diäten, Equipirungsgeld, Reisekosten von dem Truppentheil, dem sie zugewiesen werden.

## Meldungen[15]).

§. 25. Die Militärärzte sind verpflichtet, ihren im Garnisonorte befindlichen militärischen und ärztlichen direkten Vorgesetzten alle, ihre Person betreffenden dienstlichen Meldungen mündlich abzustatten.

Schriftliche Meldungen in persönlichen Angelegenheiten sind untersagt.

15) Wer Civilpraxis treiben will, hat sich bei dem zuständigen Physikus zu melden. Kriegs-Min. 8. Jan. 76. 18. Nov. 82.

## Verleihung von Auszeichnungen.

§. 26. Nach 25jähriger vorwurfsfreier Dienstzeit sind die im Offizierrange stehenden Aerzte des aktiven Dienststandes zur Verleihung des goldenen Dienstkreuzes, in Vorschlag zu bringen. Diese Vorschläge sind mit denen für die Offiziere zusammen an das Kriegsministerium resp. an die Admiralität zu reichen. Die Anträge auf Gewährung aller anderen Auszeichnungen werden auf dem militärischen Instanzenwege dem General-Stabsarzt der Armee übermittelt.

## Entlassung und Verabschiedung.

§. 27. Die Entlassung resp. Ausfertigung der Entlassungspapiere der einjährig-freiwilligen Aerzte verfügen fortan die Korps-Generalärzte; die Entlassung resp. Verabschiedung der Unterärzte des aktiven Dienststandes ordnet nach Maßgabe ihrer Dienstverpflichtung resp. ihrer Pensions- und Versorgungsansprüche der General-Stabsarzt der Armee an.

Zu der Entlassung der Militärärzte im Offizierrange ist die Allerhöchste Genehmigung erforderlich, welche mittelst Gesuchsliste durch den General-Stabsarzt der Armee zu beantragen ist. Die Feststellung der Invalidität und der Versorgungsansprüche erfolgt nach Maßgabe des Gesetzes vom 27. Juni 1871.

Es sind die Invaliditätsatteste zu unterzeichnen:

1. von dem Regiments- ꝛc. Kommandeur,
2. von dem Regiments- ꝛc. Arzt,
3. von zwei aktiven Militärärzten der Division, welche Vorderleute des qu. zu Invalidisirenden sind.

Bei Regiments- ꝛc. Aerzten, welche die Pensionirung beantragen, tritt bei Unterzeichnung des qu. Attestes die Mitwirkung des Korps-Generalarztes ein.

Invaliditätsatteste der Generalärzte versehen der Militärvorgesetzte und der General-Stabs-Arzt der Armee mit ihrer Unterschrift als Zeichen des Einverständnisses.

Die vorgedachten, zur Unterschrift der Invaliditätsatteste verpflichteten Vorgesetzten und Kameraden bilden gleichzeitig die Kommission, welche auf Anordnungen des betreffenden Militärvorgesetzten zusammentreten muß, wenn in analoger Anwendung der Allerhöchsten Kabinetsordre vom 7. Juli 1828 über die unfreiwillige Dienstentlassung eines Militärarztes zu berathen ist.

## Uniform der Mitglieder des Sanitätskorps.

§. 28. Die bestehende Uniform der einjährig-freiwilligen Aerzte und der Unterärzte bleibt im Allgemeinen unverändert, jedoch legen dieselben Achselklappen mit silberner Einfassungstresse und einem goldenen Aeskulapstabe nach besonderer Probe, sowie den Degen der Infanterie-Offiziere mit silbernem Offizierportepee an.

Sämmtliche oberen und Assistenzärzte tragen den Waffenrock nach der für die Ober-Stabsärzte maßgebenden Vorschrift. Auf dem Epaulettenfelde von dunkelblauem Sammet und auf dem Feld-Achselstück wird der goldene Aeskulapstab angebracht. Die Monde der Epaulettes sind glatt und, wie die Kandillen ꝛc. derselben, golden.

Der Helm entspricht der für die Infanterie gegebenen Vorschrift. Der General-Stabsarzt trägt den Helm, sowie das Beinkleid der Generale.

In Bezug auf die Uniform, welche den Verabschiedeten in geeignet erscheinenden Fällen aus Gnaden gewährt werden soll, finden die bezüglichen Allerhöchsten Kabinetsordres vom 25. Juni 1859 und 3. April 1860 analoge Anwendung.

Die Aerzte des Beurlaubtenstandes legen nach Analogie der für Offiziere desselben gültigen Bestimmungen am Helm und an der Mütze das Landwehrkreuz an. In Bezug auf die Uniform der

Marineärzte, bleiben die bisherigen Bestimmungen in Gültigkeit.

§. 29. Die Militärärzte erscheinen im Dienst stets in Uniform und zwar richtet sich der Anzug derselben für die einzelnen Dienstverrichtungen nach den für die Offiziere maßgebenden Bestimmungen.

Außer dem Dienst dürfen die Militärärzte der Civilkleidung sich bedienen, um in der Ausübung der Civilpraxis weniger beschränkt zu sein.

### Beurlaubungen der Militärärzte[16]).

§. 30. — — —

16) Jetzt geregelt durch A.H.V.O. v. 23. Okt. 79 Armee-V.O.Bl. Nr. 255.

### Gesuche.

§. 32. Kein Militärarzt darf dienstliche Gesuche mit Umgehung seiner nächsten ärztlichen Vorgesetzten an eine höhere Behörde oder gar an des Kaisers und Königs Majestät richten.

Dienstlich unzulässige Gesuche muß der Vorgesetzte zurückweisen.

Die Gesuche der Aerzte finden event. Aufnahme in der Seiner Majestät dem Kaiser und Könige durch den General-Stabsarzt der Armee vorzulegenden Gesuchsliste.

Zu Privatgesuchen bedarf es zwar der Genehmigung

des betreffenden Vorgesetzten nicht, diesem ist jedoch von dem Vorhaben Meldung zu machen.

## Beschwerden.

§. 33. Bezüglich der Vorschriften über den Dienstweg und die Behandlung von Beschwerden sind die besonderen Allerhöchsten Anordnungen [17]) auch für die Militärärzte maßgebend.

17) A.H. Vorschriften über den Dienstweg u. s. w. v. 6. März 73.

## Krankheitsfälle.

§. 34. Die Unterärzte der Armee haben denselben Anspruch auf die Aufnahme und die damit verbundene kostenfreie Behandlung und Verpflegung [18]) in die Militär-Friedenslazarethe, wie die in §. 143 des Reglements für die Friedenslazarethe ad a benannten Militärpersonen. Der §. 144 a. a. O. wird ad a dem entsprechend geändert. Die Berücksichtigung der Bataillons- und Garnisonärzte (§. 144 ad d a. a. O.) zur Aufnahme in die Lazarethe erlischt, da diese Stabsärzte in den Rang der Hauptleute getreten sind.

18) Vgl. N. 9.

§. 35. Erkrankt ein Militärarzt, so veranlaßt der hiervon benachrichtigte Feldwebel resp. der Adjutant des Truppentheils den Rapportvermerk der Erkrankung.

Der Militärvorgesetzte ist berechtigt, die Aufnahme der einjährig-freiwilligen Aerzte und der Unterärzte in das Lazareth zu verlangen, die Aerzte im Offizierrange aber durch den ihm beigegebenen Militärarzt besuchen zu lassen, um stets von dem Krankheitszustande derselben Kenntniß zu haben. Hierdurch wird jedoch diesen erkrankten Militärärzten die freie Wahl des sie zu behandelnden Arztes nicht beschränkt.

## Todesfälle.

§. 36. Von dem Ableben eines Arztes im Offizierrange hat der betreffende Militärbefehlshaber auf dem Instanzenwege dem Generalkommando, der vorgesetzte Arzt dem Korps-Generalarzt, dieser dem General-Stabsarzt der Armee Meldung zu machen und zwar unter Angabe der näheren Umstände.

Bei dem Tode eines einjährig-freiwilligen Arztes oder eines Unterarztes genügt die Anzeige an die ärztlichen höheren Vorgesetzten.

Wegen der Sicherstellung des Nachlasses muß der Militärvorgesetzte dem zuständigen Civilgericht von dem Tode eines Arztes ungesäumt Kenntniß geben, sofern es der gerichtlichen Versiegelung des Nachlasses von Amtswegen bedarf (conf. Allgem. Ger.-Ordnung II. 5, §. 4 et seq. [19]). Auch hat der Kommandeur des Truppentheils ꝛc. für die Benachrichtigung der Eltern oder nächsten Angehörigen des Verstorbenen Sorge zu tragen.

19) Allgemeine Gerichtsordnung II. Theil, Titel V.

§. 4. Von Amts wegen muß der Richter die Siegelung veranlassen:

1) wenn die vermuthlichen nächsten Intestaterben unbekannt, ungewiß, oder sämmtlich von dem Orte, wo der Erblasser verstorben, abwesend sind;

2) wenn die vermuthlichen nächsten Erben sämmtlich Fremde, und nicht Königliche Unterthanen sind;

3) wenn unter den vermuthlichen nächsten Erben Minderjährige Wahn- oder Blödsinnige, oder gerichtlich erklärte Verschwender sich befinden, und der Verstorbene keinen Ehegatten hinterlassen hat.

§. 5. Auch in anderen Fällen ist der Richter befugt, die Siegelung von Amts wegen zu veranlassen, wenn besondere Zeit- oder andere Umstände es nothwendig machen; mit vorzüglicher Sorgfalt zu verhindern, daß nichts aus dem Nachlasse weggebracht, vielmehr Alles in dem Stande, worin es sich zur Zeit des Todes befunden hat, erhalten werde.

Anhang §. 432. Baare Gelder, geldwerthe Papiere und Pretiosen sind in der Regel zum gerichtlichen Deposito zu nehmen.

§. 7. In wie fern auch in Fällen, wo die Siegelung von Amts wegen zu verfügen wäre, dieselbe wegen eines von dem Erblasser geschehenen Verbots unterbleiben müsse, ist in den Gesetzen bestimmt (A.L.R. Th. II. Tit. XVIII. §. 372—375); wobei sich jedoch von selbst versteht, daß auch ein solches Verbot den Richter nicht hindern könne, mit der Siegelung zu verfahren, wenn es die Sicherheit des Staats, oder die Erhaltung der zu dem Amte des Verstorbenen gehörenden Gelder und Briefschaften erfordern.

§. 37. In Betreff der Versiegelung des Nachlasses treten event. die für Offiziere gegebenen Festsetzungen der Allerhöchsten Kabinetsordre vom 23. April 1818 in analoge Anwendung.

Hinsichtlich der Nachlaßgelder eines im Lazareth gestorbenen Arztes ist nach §. 177 des Reglements für die Friedenslazarethe zu verfahren.

## Heirathen der Militärärzte.

§. 38. Zur Verheirathung bedürfen die im aktiven Dienst befindlichen oberen und Assistenzärzte der Genehmigung Seiner Majestät des Kaisers und Königs, welche durch den General-Stabsarzt der Armee auf Antrag des militärärztlichen Vorgesetzten nachzusuchen ist.

Unterärzten des Dienststandes darf der General-Stabsarzt der Armee den Heirathskonsens ertheilen.

Dem militärischen Vorgesetzten hat der betreffende Arzt von der Einreichung seines Gesuches Meldung zu machen, um diesem die Möglichkeit zu eröffnen, etwaige Bedenken gegen die beabsichtigte Verbindung bei den ärztlichen Instanzen zur Sprache zu bringen.

Die Ertheilung des Konsenses ist abhängig von der Erklärung des betreffenden Militärarztes, seine künftige Gattin mit einer bestimmten Summe in dem nächsten Rezeptionstermine bei der Königlich Preußischen Militär-wittwen-Pensionsanstalt einkaufen zu wollen.

§. 39. Die Stabsärzte haben, wie die Assistenz- und Unterärzte, bei Extrahirung des Konsenses den Nachweis zu führen, daß sie neben ihrer Besoldung aus ihrem oder der Braut eigenem Vermögen ein jährliches Einkommen von mindestens 250 Thalern besitzen.

Hinsichtlich derjenigen Unterärzte, welche auf Beförderung verzichten, wird jedoch festgesetzt, daß der Nachweis eines festen Nebeneinkommens von 100 Thalern genügt, um den Heirathskonsens nachzusuchen.

§. 40. Aerzte des Beurlaubtenstandes bedürfen zu ihrer Verheirathung eines Konsenses nicht.

Es ist indeß in Beziehung auf die von im Offizier-range stehenden Militärärzten beurlaubten Standes eingegangenen Ehen seitens der militärärztlichen Vorgesetzten darauf zu achten, daß nicht durch die Verehelichung die Würde des Standes herabgesetzt werde, wie es beispielweise geschieht durch die Verbindung mit einer Person, der mit Achtung zu begegnen von den übrigen Standesgenossen nicht verlangt werden kann.

Eine Verpflichtung, der Militär-Wittwenkasse beizutreten, wird den Aerzten des Beurlaubtenstandes nicht auferlegt, der Beitritt ist ihnen jedoch, ebenso wie den betreffenden Offizieren gestattet.

## Aerztliche Behandlung der Offiziere ꝛc.

§. 41. Die oberen Truppenärzte sind auf Verlangen verbunden, sich unentgeltlich der ärztlichen Behandlung aller bei ihrer resp. Truppenabtheilung (Bataillon, Regiment, Abtheilung) befindlichen Offiziere und Militärbeamten[20]) zu unterziehen[21]).

20) Nicht deren Familien. Ausf.-Best. zu §. 41.

21) Aus §. 41 kann ein Recht der Offiziere solcher Truppen-Abtheilungen, bei welchen sich obere Militärärzte nicht befinden, auf anderweitige kostenfreie ärztliche Behandlung nicht gefolgert werden. Kriegs-Min. 4. Juli 73.

## Unterstützungsfonds.

§. 42. Assistenzärzte und Stabsärzte haben Anspruch auf Theilnahme an dem Offizier-Unterstützungsfonds ihres Truppentheils.

Die Anträge auf Unterstützungen für die Militärärzte des Beurlaubtenstandes, sowie für Aerzte des stehenden Heeres, welche nach Obigem auf den Fonds eines Truppentheils kein Anrecht haben, gelangen durch den betreffenden Korps-Generalarzt zur Entscheidung des Kriegsministeriums.

Bei dem medizinisch-chirurgischen Friedrich Wilhelms-Institut besteht ein besonderer, nach den Vorschriften der bezüglichen allgemeinen Instruktion vom Jahre 1845 zu verwaltender Unterstützungsfonds.

31. Reichs-Militärgesetz. Vom 2. Mai 1874. R.G.B. S. 45. §. 60. 1. Den — im Offizierrang stehenden Aerzten des Beurlaubtenstandes — darf, — falls sie nicht nachweisen, daß sie in einem anderen Bundesstaate die Staatsangehörigkeit erworben haben — die Entlassung aus der Staatsangehörigkeit nur mit Genehmigung der Militärbehörde ertheilt werden. 2. — im Offizierrange stehende Aerzte des Beurlaubtenstandes, welche ohne Erlaubniß [1]) auswandern, werden mit Geldstrafe bis zu dreitausend Mark oder mit Haft oder mit Gefängniß bis zu sechs Monaten bestraft [2]).

1) Die Erlaubniß (zunächst Urlaub auf 2 Jahre unter Bedingung der Rückkehr bei Mobilmachung) ertheilt der Inf.-Brig.-Commandeur. R.Mil.Ges. v. 2. Mai 74 §. 59 R.G.B. S. 61. Kontr.O. v. 28. Sept. 75 §. 7.

2) Vgl. St.G.B. §. 140 Z. 2 und über das Verfahren St.P.O. §. 470.

32. Wehr-Ordnung. Vom 28. September 1875. Centr.Bl. S. 555. Theil I (Ersatzordnung)

§. 41. Endgültige Entscheidungen über Militärpflichtige im Auslande.

1) Ueber Militärpflichtige, welche ihren dauernden Aufenthalt im Auslande haben, darf durch die Ober-Ersatz-Kommissionen in folgenden Fällen endgültig entschieden werden, ohne daß ihr persönliches Erscheinen vor den Ersatz-Behörden erforderlich ist:

a. wenn sie durch glaubhafte ärztliche Zeugnisse nachweisen, daß sie dauernd untauglich sind (§. 36, 1)[1]);

b. wenn sie durch glaubhafte ärztliche Zeugnisse nachweisen, daß sie nur bedingt tauglich sind (§. 37, 1 und 2)[2]);

c. — — —.

2) Zur Ausstellung glaubhafter ärztlicher Zeugnisse (Nr. 1. a. und b.) können bestimmte Aerzte im Auslande durch den Reichskanzler ermächtigt werden. Die ertheilte Ermächtigung ist durch das Central-Blatt für das Deutsche Reich zu veröffentlichen.

Auch sind die Aerzte der Kaiserlichen Marine befugt, dergleichen Zeugnisse auszustellen.

3) Auf den nach Nr. 1 vorzulegenden Zeugnissen ist seitens desjenigen Konsuls des Deutschen Reichs, welcher den Militärpflichtigen in seiner Matrikel führt, die Identität zu bescheinigen.

In den ärztlichen Zeugnissen (Nr. 1. a. und b.) ist außerdem von genanntem Konsul anzugeben, daß die ärztliche Untersuchung in Gegenwart eines Konsular-Beamten stattgefunden hat.

Bei Untersuchungen durch Aerzte der Kaiserlichen Marine ist noch die Hinzuziehung eines Offiziers derselben erforderlich.

4) — —.

1) §. 36 1. Militärpflichtige, welche wegen körperlicher oder geistiger Gebrechen sowohl zum Dienst mit der Waffe, als auch zum Dienst ohne Waffe (§. 29, 2) dauernd untauglich befunden werden, sind auszumustern, d. h. vom Dienst im Heere und in der Marine befreit.

§. 29, 2. Die Minimalgröße für den Dienst mit der Waffe beträgt 1 m 57 cm. Für den Dienst ohne Waffe (Pharmazeuten, Krankenwärter, Oekonomie-Handwerker), sowie für die Handwerker-Abtheilungen der Werft-Divisionen ist eine bestimmte Minimalgröße nicht vorgeschrieben.

3. Die an die körperliche Tauglichkeit der Militärpflichtigen zu stellenden Anforderungen sind in der Rekrutirungs-Ordnung für das Heer, sowie in der Marine-Ordnung enthalten.

2) §. 37, 1. Militärpflichtige, welche wegen unheilbarer körperlicher Fehler nur bedingt tauglich befunden werden, sind ohne Rücksicht auf das Militärpflichtjahr, in welchem sie sich befinden, der Ersatz-Reserve zu überweisen. R.M.G. §. 16.

2. Militärpflichtige, welche wegen zeitiger Untauglichkeit zurückgestellt worden sind (§. 29) und auch in ihrem dritten Militärpflichtjahr nur bedingt tauglich befunden werden, sind der Ersatz-Reserve zu überweisen. R.M.G. §. 17.

**32. Militär-Strafgerichts-Ordnung.** Von 1845. §. 97. S. o. S. 57 N. 21 (betrifft die Zuziehung von Militärärzten zu Obduktionen.

**33. Civilprozeßordnung.** §. 715. Folgende Sachen sind der Pfändung nicht unterworfen: 7. bei — Militärärzten — ein Geldbetrag, welcher dem der Pfändung nicht unterworfenen Theile des Diensteinkommens oder der Pension für die Zeit von der Pfändung bis zum nächsten Termine der Gehalts- oder Pensionszahlung gleichkommt.

34. Civilprozeßordnung §. 749: Der Pfändung sind nicht unterworfen:

8) das Diensteinkommen der — Militärärzte —; die Pension dieser Personen nach deren Versetzung in einstweiligen oder dauernden Ruhestand, sowie der nach ihrem Tode den Hinterbliebenen zu gewährende Sterbe- oder Gnadengehalt [1]).

Uebersteigen in den Fällen Nr. 7 und 8 das Diensteinkommen, die Pension oder die sonstigen Bezüge die Summe von fünfzehnhundert Mark für das Jahr, so ist der dritte Theil des Mehrbetrags der Pfändung unterworfen.

Der Gehalt und die Dienstbezüge der im Privatdienste dauernd angestellten Personen (§. 4 Nr. 4 des Reichsgesetzes vom 21. Juni 1869) sind nur soweit der Pfändung unterworfen, als der Gesammtbetrag die Summe von fünfzehnhundert Mark für das Jahr übersteigt.

In den Fällen der beiden vorhergehenden Absätze ist die Pfändung ohne Rücksicht auf den Betrag zulässig, wenn sie zur Befriedigung der Ehefrau und der ehelichen Kinder des Schuldners wegen solcher Alimente beantragt wird, welche für die Zeit nach Erhebung der Klage und für das diesem Zeitpunkte vorausgehende letzte Vierteljahr zu entrichten sind.

Die Einkünfte, welche zur Bestreitung eines Dienstaufwandes bestimmt sind, und der Servis [2]) der — Militärärzte — — sind weder der Pfändung unterworfen noch bei der Ermittelung, ob und zu welchem Betrage ein Diensteinkommen der Pfändung unterliege, zu berechnen.

1) Vgl. Ges. betr. die Pensionirung und Versorgung von Militärpersonen ꝛc. v. 27. Juni 71 R.G.B. 275 mit Abänderung vom 4. April 74 R.G.B. 25 und vom 21. April 86 R.G.B. 78.

2) Quartierleistungsgesetz v. 25. Juni 68 B.G.B. Nr. 34 §. 3, §. 15 u. Ges. betr. die Revision des Servistarifs u. s. w. v. 3. August 78 R.G.B. 241 mit Abänderungen v. 28. Mai 1887 R.G.Bl. 159. Vgl. Ges. betr. die Bewilligung von Wohnungsgeldzuschüssen an die Offiziere und Aerzte u. s. w. v. 30. Juni 73 R.G.B. 166.

## 3. Vorschriften betreffend den Gewerbebetrieb der Apotheker.

### a. Betr. das Erforderniß, die Ertheilung und Zurücknahme der Approbation.

Gewerbeordnung. §. 29. (s. o. S. 4.) Einer Approbation, welche auf Grund eines Nachweises der Befähigung ertheilt wird, bedürfen Apotheker [1]) — — (Abs. 2).

Der Bundesrath bezeichnet, mit Rücksicht auf das vorhandene Bedürfniß, in verschiedenen Theilen des Reichs die Behörden, welche für das ganze Reich gültige Approbationen zu ertheilen befugt sind, und erläßt die Vorschriften über den Nachweis der Befähigung [2]). Die Namen der Approbirten werden von der Behörde, welche die Approbation ertheilt, in den vom Bundesrath zu bestimmenden amtlichen Blättern veröffentlicht.

Personen, welche eine solche Approbation erlangt haben, sind innerhalb des Reichs in der Wahl des Ortes, wo sie ihr Gewerbe betreiben wollen, vorbehaltlich der Bestimmungen über die Errichtung und Verlegung von Apotheken (§. 6), nicht beschränkt.

Dem Bundesrath bleibt vorbehalten, zu bestimmen, unter welchen Voraussetzungen Personen wegen wissenschaftlich erprobter Leistungen von der vorgeschriebenen Prüfung ausnahmsweise zu entbinden sind.

Personen, welche vor Verkündigung dieses Gesetzes in einem Bundesstaate die Berechtigung zum Gewerbebetriebe als — — Apotheker — — bereits erlangt haben, gelten als für das ganze Reich approbirt.

1) Wegen des Verfahrens bei Ertheilung und Entziehung der Approbation s. o. S. 4 ff. 29, 39.

Daß der Approbirte, ohne eine Apothekengerechtigkeit zu erwerben, sich „Apotheker" nennt, kann ihm nicht verwehrt werden. Andrerseits nahm das Pr. O.Verw.G. (Entsch. IV S. 372) an, daß die Führung dieses Prädikates auf dem Schilde einer Droguenhandlung polizeilich untersagt werden könne. — Strafe des Betriebes einer Apotheke durch einen Nichtapprobirten: Gew.O. §. 147 Ziff. 1: Geldstr. bis zu 300 M. event Haft.

2) Bekm. des Reichskanzlers v. 5. März 1875, C.B. 167, betr. die Prüfung der Apotheker, abgeändert (in §. 4 Abs. 3 Ziff. 2) durch Bekm. v. 25. Dec. 79 C.B. 850.

Auf Grund der Bestimmungen im §. 29 der Gewerbeordnung hat der Bundesrath beschlossen, wie folgt:

## I. Zentralbehörden, welche Approbationen ertheilen.

§. 1. Zur Ertheilung der Approbation als Apotheker für das Reichsgebiet sind befugt:

1. Die Zentralbehörden derjenigen Bundesstaaten, welche eine oder mehrere Landes-Universitäten haben, mithin zur Zeit die zuständigen Ministerien des Königreichs Preussen, des Königreichs Bayern, des Königreichs Sachsen, des Königreichs Württemberg, des Grossherzogthums Baden, des Grossherzogthums Hessen, des Grossherzogthums Mecklenburg-Schwerin und in Gemeinschaft die Ministerien des Grossherzogthums Sachsen-Weimar und der sächsichen Herzogthümer;
2. das zuständige Herzoglich braunschweigische Ministerium und der Oberpräsident [1]) von Elsass-Lothringen.

Die Approbation wird nach dem beigefügten Formular [2]) ausgestellt.

1) Jetzt das Ministerium. C.B. 83. S. 191.
2) Nicht mit abgedruckt.

## II. Vorschriften über den Nachweis der Befähigung der Apotheker.

§. 2. Der selbständige Betrieb einer Apotheke im Gebiete des Deutschen Reichs erfordert — unbeschadet der Bestimmung im letzten Satze des §. 29 der Gewerbeordnung — eine Approbation seitens einer der vorstehend genannten Behörden. Dieselbe darf nur denjenigen Kandidaten ertheilt werden, welche die pharmazeutische Prüfung vollständig bestanden haben.

§. 3. Die pharmazeutische Prüfung kann vor jeder pharmazeutischen Prüfungs-Kommission, welche bei einer deutschen Universität, dem Collegium Carolinum in Braunschweig und bei den polytechnischen Schulen in

Stuttgart und Karlsruhe [3]) eingerichtet ist, abgelegt werden. Die Prüfungs-Kommissionen, welche aus einem Lehrer der Chemie, einem Lehrer der Physik, einem Lehrer der Botanik und zwei Apothekern bestehen sollen, werden alljährlich von der zuständigen Behörde (vergl. §. 1) berufen. An Stelle eines der Apotheker kann ein Lehrer der Pharmazie berufen werden.

Die zuständige Behörde ernennt den Vorsitzenden der Kommission. Derselbe kann aus der Zahl der Mitglieder der Kommission gewählt werden.

Es finden in jedem Jahre zwei Prüfungen, die eine im Sommer-, die andere im Winterhalbjahr statt.

3) Hinzugekommen: die technische Hochschule zu Darmstadt. Bekm. 6. Mai 84. C.B. S. 155.

§. 4. Die Anträge auf Zulassung zur Prüfung sind bei der der Prüfungs-Kommission zunächst vorgesetzten Behörde zu stellen.

Die Meldung zur Prüfung im Sommerhalbjahr muss spätestens im April, die Meldung zur Prüfung im Winterhalbjahr spätestens im November unter Beifügung der erforderlichen Zeugnisse eingehen. Wer sich später meldet, wird zur Prüfung im folgenden Halbjahr verwiesen. Der Meldung ist ein kurzer Lebenslauf beizufügen.

Die Zulassung zur Prüfung ist bedingt durch den Nachweis

1. der erforderlichen wissenschaftlichen Vorbildung. Der Nachweis ist zu führen durch das von einer als berechtigt anerkannten Schule, auf welcher das Latein obligatorischer Lehrgegenstand ist, ausgestellte wissenschaftliche Qualifikations-Zeugniss für den einjährig freiwilligen Militärdienst. Ausserdem wird zur Prüfung nur zugelassen, wer auf einer anderen als berechtigt anerkannten Schule dies Zeugniss erhalten hat, wenn er bei einer der erstgedachten Anstalten sich noch einer Prüfung im Latein unterzogen hat und auf Grund

derselben nachweist, dass er auch in diesem Gegenstande die Kenntnisse besitzt, welche behufs Erlangung der bezeichneten Qualifikation erfordert werden;

2. der nach einer dreijährigen — für die Inhaber eines von einem deutschen Gymnasium oder von einer im Sinne des §. 90 Ziffer 2 a der Wehrordnung vom 28. September 1875 als berechtigt anerkannten Realschule erster Ordnung mit obligatorischem Unterricht im Lateinischen ausgestellten Zeugnisses der Reife zweijährigen — Lehrzeit vor einer deutschen Prüfungsbehörde zurückgelegten Gehülfenprüfung und einer dreijährigen Servirzeit, von welcher mindestens die Hälfte in einer deutschen Apotheke zugebracht sein muss;
3. eines durch ein Abgangszeugniss als vollständig erledigt bescheinigten Universitätsstudiums von mindestens drei Semestern.

Dem Besuche einer Universität steht der Besuch der pharmazeutischen Fachschule bei der Herzoglich braunschweigischen polytechnischen Schule (Collegium Carolinum) sowie der Besuch der polytechnischen Schulen zu Stuttgart und Karlsruhe gleich [4]).

Die Zeugnisse (1—3) sind in beglaubigter Form beizubringen.

Der Kandidat hat sich binnen 3 Wochen nach Behändigung der Zulassungsverfügung mit dieser Verfügung und der Quittung über die eingezahlten Gebühren (§. 18) bei dem Vorsitzenden der Prüfungs-Kommission ohne besondere Aufforderung persönlich zu melden.

4) Vgl. N. 3.

§. 5. Die Prüfung zerfällt in folgende Abschnitte:

I. die Vorprüfung;
II. die pharmazeutisch-technische Prüfung;
III. die analytisch-chemische Prüfung;

IV. die pharmazeutisch-wissenschaftliche Prüfung;
V. die Schlussprüfung.

§. 6. I. Zweck der Vorprüfung ist, zu ermitteln, ob der Kandidat die ihm zur Bearbeitung vorzulegenden einzelnen Materien vollständig beherrscht und im Stande ist, seine Gedanken klar und richtig auszudrücken. Der Kandidat erhält drei Aufgaben, von denen eine dem Gebiete der anorganischen, eine dem der organischen Chemie, eine dem der Botanik oder Pharmakognosie entnommen ist. Die Aufgaben werden aus einer hierzu angelegten Sammlung durch das Loos bestimmt und sind sämmtlich so einzurichten, dass je drei von ihnen in einem Tage bearbeitet werden können. Die Bearbeitung erfolgt in Klausur ohne Benutzung von Hülfsmitteln.

§. 7. II. Zweck der pharmazeutisch-technischen Prüfung ist, zu ermitteln, ob der Kandidat das für seinen Beruf erforderliche technische Geschick sich angeeignet hat. Zu diesem Behufe muss er sich befähigt zeigen:

1. zwei galenische Präparate zu bereiten;
2. zwei chemisch-pharmazeutische Präparate in dem hierzu bestimmten Laboratorium anzufertigen.

Die Aufgaben zu den Präparaten (Nr. 1 und 2) werden aus einer hierzu angelegten Sammlung durch das Loos bestimmt. Die Bereitung erfolgt unter Aufsicht je eines der pharmazeutischen Mitglieder der Kommission. Ueber die Ausführung der Arbeiten hat der Kandidat schriftliche Berichte abzufassen.

§. 8. III. Zweck der analytisch-chemischen Prüfung ist, zu ermitteln, ob der Kandidat die in der analytischen Chemie erlangten wissenschaftlichen Kenntnisse nicht nur theoretisch sich angeeignet hat, sondern auch praktisch in dem erforderlichen Masse zu verwerthen im Stande ist. Zu diesem Behufe muss er befähigt sein, folgende zwei Aufgaben richtig zu lösen:

1. eine natürliche, ihren Bestandtheilen nach dem Examinator bekannte chemische Verbindung oder

eine künstliche zu diesem Zwecke besonders zusammengesetzte Mischung qualitativ, und ausserdem einzelne Bestandtheile der von dem Kandidaten bereits qualitativ untersuchten Verbindung bezw. Mischung quantitativ zu bestimmen, oder ein anderes den Bestandtheilen nach dem Examinator bekanntes Gemenge auch quantitativ zu analysiren;

2. eine vergiftete organische oder anorganische Substanz, ein Nahrungsmittel oder eine Arzneimischung in der Weise zu untersuchen, dass die Resultate über die Art des vorgefundenen Giftes oder der Verfälschung, und, soweit dies nach der Beschaffenheit des vorgefundenen Giftes oder der Verfälschung verlangt werden kann, auch über die Quantität des Giftes oder des verfälschenden Stoffes eine möglichst zuverlässige Auskunft geben.

Beide Aufgaben werden von dem Examinator bestimmt. Als Examinator beaufsichtigt die Bearbeitung der Aufgaben der Lehrer der Chemie oder eines der pharmazeutischen Mitglieder der Kommission.

Ueber die Ausführung der Arbeiten hat der Kandidat schriftliche Berichte abzufassen.

Bei der Zensur hat der Examinator den Gegenstand der gestellten Aufgaben namhaft zu machen und zu bezeugen, dass die Ausführung in der vom Kandidaten in seinem Berichte dargelegten Art wirklich erfolgt ist.

§. 9. IV. Die pharmazeutisch-wissenschaftliche Prüfung ist eine mündliche und wird von dem Lehrer der Botanik und den beiden pharmazeutischen Mitgliedern der Kommission abgehalten.

In derselben hat der Kandidat:

1. mindestens zehn ihm vorzulegende frische oder getrocknete offizinelle oder solche Pflanzen, welche mit den offizinellen verwechselt werden können, zu demonstriren;

2. mindestens zehn rohe Droguen nach ihrer Abstammung, Verfälschung und Anwendung zu pharmazeutischen Zwecken zu erläutern;
3. mehrere ihm vorzulegende Rohstoffe beziehungsweise chemisch-pharmazeutische Präparate nach Verfälschungen, Bestandtheilen, Darstellungen u. s. w. zu erklären.

§. 10. V. Zweck der Schlussprüfung ist, zu ermitteln, ob der Kandidat in der Chemie, Physik und Botanik durchweg so gründlich und wissenschaftlich tüchtig ausgebildet ist, wie es sein Beruf erfordert, und ob er mit den das Apothekenwesen betreffenden gesetzlichen Bestimmungen sich gehörig bekannt gemacht hat.

Die Schlussprüfung ist eine mündliche und öffentliche. Sie wird von dem Vorsitzenden und drei Mitgliedern der Prüfungs-Kommission abgehalten. Mehr als vier Kandidaten werden zu einem Prüfungstermin nicht zugelassen.

§. 11. Ueber die mündlichen Prüfungen (§§. 9, 10) wird für jeden Kandidaten ein besonderes Protokoll unter Anführung der Prüfungsgegenstände aufgenommen und von den Examinatoren vollzogen.

§. 12. Ueber jede der in den Prüfungen I bis III (§§. 6, 7 und 8) zu fertigenden einzelnen Arbeiten, sowie über den Ausfall eines jeden Theiles der Prüfungen IV und V (§§. 9 und 10) wird eine Zensur ertheilt. Bei derselben sind die Prädikate: sehr gut (1) — gut (2) — genügend (3) — ungenügend (4) — schlecht (5) zu gebrauchen. Die Zensur wird ertheilt, in der Prüfung I von sämmtlichen Mitgliedern der Kommission, mit Einschluss des Vorsitzenden und mit Ausschluss des Lehrers der Physik, in den Prüfungen II und III von dem die Ausführung der Arbeiten beaufsichtigenden Kommissarius, in Prüfung IV und in Prüfung V von dem Examinator eines jeden Prüfungsfaches. Ergiebt sich bei der Ertheilung der Zensur für die einzelnen Arbeiten in Prüfung I Stimmengleichheit, so entscheiden die Stimmen, welche sich für die mindergünstige Zensur aussprechen. Das Prädikat wird bei den mündlichen Prüfungen im Protokoll (§. 11) vermerkt.

§. 13. Die in Prüfung I bis III für eine Arbeit und in Prüfung IV für einen Theil derselben ertheilte Zensur „ungenügend (4)" oder „schlecht (5)", für Prüfung V ein Votum auf „schlecht (5)" oder zwei Vota auf „ungenügend (4)" haben zur Folge, dass die betreffende Prüfung als nicht bestanden gilt.

Nach dem Ergebniss der Spezial-Zensuren wird die Zensur für jede Prüfung in der Weise bestimmt, dass die Summe der Zensuren für die einzelnen Prüfungstheile derselben durch die Anzahl der letzteren dividirt wird. Ergeben sich bei der Division Brüche, so werden dieselben, wenn sie über $0{,}_5$ betragen, als ein Ganzes gerechnet, andernfalls bleiben sie unberücksichtigt.

§. 14. Ist nach §. 13 eine Prüfung nicht bestanden, so überreicht der Vorsitzende die Prüfungsverhandlungen der zuständigen Behörde (§. 1) behufs Bestimmung der Wiederholungsfrist mittelst gutachtlichen Berichts.

Die Wiederholung einer nicht bestandenen Prüfung darf bei der Zensur „ungenügend (4)" in der Regel erst nach drei Monaten, bei der Zensur „schlecht (5)" in der Regel erst nach 6 Monaten erfolgen, muss aber spätestens in dem folgenden Prüfungshalbjahr stattfinden, widrigenfalls auch die früher mit günstigem Erfolge zurückgelegten Prüfungen zu wiederholen sind. Wer nach zweimaliger Wiederholung nicht besteht, wird zur weiteren Prüfung nicht zugelassen.

§. 15. Die einzelnen Prüfungen sind in der §. 5 angegebenen Reihenfolge ohne Unterbrechung zurückzulegen. Die Aufgaben sind für jede Prüfung erst bei Beginn derselben zu ertheilen. Zwischen den einzelnen Prüfungen darf in der Regel nur ein Zeitraum von einer Woche liegen.

Zu der Prüfung II wird nur zugelassen, wer in der Prüfung I bestanden ist, zur Prüfung V nur, wer in den sämmtlichen früheren Prüfungen bestanden ist. Wer in der Prüfung II oder III nicht besteht, hat die Wahl, ob er sich der Prüfung III und IV, beziehungsweise IV, sogleich oder erst nach Wiederholung der nicht bestandenen Prüfung unterziehen will.

§. 16. Hat der Kandidat die Schlussprüfung bestanden, so wird unmittelbar nach Beendigung derselben die Gesammt-Zensur nach dem im §. 13 angegebenen Modus bestimmt und das Resultat mit einem der in §. 12 angegebenen Prädikate bezeichnet.

Die Gesammt-Zensur wird im Protokoll über die Schlussprüfung (§§. 10, 11) vermerkt.

Der Vorsitzende überreicht hierauf die vollständigen Prüfungsverhandlungen, einschliesslich der die Meldung und Zulassung des Kandidaten betreffenden Urkunden, der zuständigen Behörde (§. 1) behufs Ausstellung der Approbation.

§. 17. Wer sich in Gemässheit des §. 4 nicht rechtzeitig persönlich meldet, oder die ihm für die Anfertigung der Arbeiten oder für die mündlichen Prüfungen gesetzten Termine ohne hinreichende Gründe versäumt, kann auf den Antrag des Vorsitzenden von der zuständigen Behörde (§. 1) bis zum folgenden Prüfungshalbjahr zurückgestellt werden.

§. 18. Die Gebühren für die gesammte Prüfung betragen 140 Mark.

| | |
|---|---|
| Davon sind für die Prüfungen I, II, III und IV je 18 Mark = . . . . . . . . | 72 Mark |
| für Prüfung V . . . . . . . . . . . . | 24 „ |
| für Verwaltungskosten, Anschaffung von Prüfungsgegenständen u. s. w. . . . . . . | 44 „ |

berechnet.

Bei Wiederholung einzelner Prüfungen sind nach diesen Sätzen auch die betreffenden Gebühren, für Verwaltungskosten jedoch nur im Fall einer Wiederholung der Prüfungen II, III und V je 10 Mark nochmals zu entrichten.

§. 19. Wer während der Prüfung von derselben zurücktritt oder zurückgestellt wird, erhält die nach §. 18 zu berechnenden Gebühren für die noch nicht begonnenen Prüfungen zurück.

§. 20. Nach dem Schlusse der Prüfung im Sommerhalbjahr werden die Namen der im letzten Jahre Approbirten von der die Approbation ausstellenden Behörde dem Reichskanzler-Amte [5]) mitgetheilt.

5) Jetzt dem Reichsamte des Innern.

## III. Schluss- u. Uebergangsbestimmungen.

§. 21. Vorstehende Bestimmungen treten am 1. Oktober 1875 in Kraft.

§. 22. Diejenigen Kandidaten der Pharmazie, welche bereits vor dem 1. Oktober 1875 in die Lehre getreten waren, sind zur Prüfung auch dann zuzulassen, wenn sie die Erfüllung der nach den bisherigen Vorschriften hierfür erforderlichen Vorbedingungen nachweisen; jedoch haben die am 1. Oktober 1875 noch in der Lehre befindlichen Kandidaten eine drei- beziehungsweise zweijährige Lehrzeit (vergl. §. 4 Z. 2) und die am genannten Tage noch in der Servirzeit Begriffenen eine dreijährige Servirzeit darzuthun.

Die Vorschrift des §. 4 Z. 3 findet auf diejenigen Kandidaten keine Anwendung, welche am 1. Oktober 1875 das bisher nur erforderte einjährige Universitätsstudium bereits vollendet haben.

§. 23. Alle früheren über die Prüfung der Apotheker ergangenen Bekanntmachungen sind aufgehoben.

Bekm. des Reichskanzlers v. 13. Nov. 1875, C.B. S. 761, betr. die Prüfung der Apothekergehilfen, geändert durch Bekm. v. 4. Febr. 79, C.B. 91, v. 25. Dec. 79, C.B. 850, v. 23. Dec. 82, C.B. 458.

Im Anschluss an die Bekanntmachung, betreffend die Prüfung der Apotheker vom 5. März 1875 §. 4 Nr. 2 (Central-Blatt für das Deutsche Reich S. 167 ff.) hat der Bundesrath in Beziehung auf die Prüfung der Apothekergehilfen beschlossen, wie folgt:

§. 1. Die Prüfungsbehörden für die Gehilfenprüfung bestehen aus einem höheren Medizinalbeamten oder dessen Stellvertreter als Vorsitzenden und zwei Apothekern, von denen mindestens Einer am Sitze der Behörde als Apothekenbesitzer ansässig sein muss.

Der Sitz der Prüfungsbehörden wird von den Zentralbehörden der einzelnen Bundesstaaten dauernd bestimmt.

Der Vorsitzende und die Mitglieder werden für drei Jahre von dem Vorsitzenden derjenigen Behörde ernannt, welche die Aufsicht über die Apotheken an dem Sitz der Prüfungsbehörde führt.

Für die Prüfung von Lehrlingen, welche bei einem der Examinatoren gelernt haben, ist ein anderer Apotheker zu bestellen.

§. 2. Die Prüfungen werden in der zweiten Hälfte der Monate März, Juni, September und December jeden Jahres an den von dem Vorsitzenden der im §. 1 bezeichneten Aufsichtsbehörde festzusetzenden Tagen abgehalten [1]).

Die Anträge auf Zulassung zur Prüfung sind seitens des Lehrherrn bei dem gedachten Vorsitzenden spätestens bis zum 15. des vorhergehenden Monats einzureichen; spätere Meldungen können erst für die nächste Prüfung berücksichtigt werden.

1) Abs. 1 in der Fassung der Bek. vom 4. Febr. 1879.

§. 3. Der Meldung zur Prüfung sind beizufügen:

1. das Zeugniss über den in §. 4 Nr. 1 der Bekanntmachung vom 5. März 1875 geforderten Nachweis der wissenschaftlichen Vorbildung [2]);

2. das von dem nächstvorgesetzten Medizinalbeamten (Kreisphysikus, Kreisarzt u. s. w.) bestätigte Zeugniss des Lehrherrn über die Führung des Lehrlings, sowie darüber, dass der letztere die vorschriftsmässige dreijährige — für den Inhaber eines von einem deutschen Gymnasium oder von einer im Sinne des §. 90 Ziffer 2a der Wehrordnung vom 28. September 1875 als berechtigt anerkannten Realschule erster Ordnung mit obligatorischem Unterricht im Lateinischen ausgestellten Zeugnisses der Reife zweijährige — Lehrzeit zurückgelegt hat, oder doch spätestens mit dem Ablaufe des betreffenden Prüfungsmonats zurückgelegt haben wird [3];
3. das Journal, welches jeder Lehrling während seiner Lehrzeit über die im Laboratorium unter Aufsicht des Lehrherrn oder Gehilfen ausgeführten pharmazeutischen Arbeiten fortgesetzt führen und welches eine kurze Beschreibung der vorgenommenen Operationen und der Theorie des betreffenden chemischen Prozesses enthalten muss (Laborationsjournal).

2) Ziff. 1 oben S. 117.

3) Ziff. 2 in der Fassung der Bek. vom 25. Dez. 1879.

§. 4. Nach Empfang der Zulassungsverfügung, in welcher auch der Termin der Prüfung bekannt gemacht wird, hat der Lehrherr dafür Sorge zu tragen, dass die von dem Lehrlinge zu entrichtenden Prüfungsgebühren im Betrage von 24 Mark an den Vorsitzenden der Prüfungsbehörde eingezahlt werden und den Lehrling gleichzeitig dahin anzuweisen, dass er sich vor Antritt der Prüfung mit der Zulassungsverfügung und der Quittung über die eingezahlten Gebühren noch persönlich bei dem Vorsitzenden zu melden hat.

§. 5. Die Prüfung zerfällt in drei Abschnitte:

I. die schriftliche Prüfung,

II. die praktische Prüfung und
III. die mündliche Prüfung.

§. 6. I. Zweck der schriftlichen Prüfung ist, zu ermitteln, ob der Lehrling die ihm zur Bearbeitung vorzulegenden Materien, soweit dieses von ihm gefordert werden kann, beherrscht und seine Gedanken klar und richtig auszudrücken vermag.

Der Lehrling erhält 3 Aufgaben, von denen eine dem Gebiete der pharmazeutischen Chemie, eine dem der Botanik oder Pharmakognosie und die dritte dem der Physik entnommen ist.

Die Aufgaben werden aus einer hierzu angelegten Sammlung durch das Loos bestimmt und sind sämmtlich so einzurichten, dass je 3 von ihnen in 6 Stunden bearbeitet werden können.

Die Bearbeitung erfolgt in Klausur ohne Benutzung von Hülfsmitteln.

§. 7. II. Zweck der praktischen Prüfung ist, zu ermitteln, ob der Lehrling das für den Apothekergehilfen erforderliche Geschick sich angeeignet hat.

Zu diesem Behufe muss er sich befähigt zeigen:

1. 3 Rezepte zu verschiedenen Arzneiformen zu lesen, regelrecht anzufertigen und zu taxiren;
2. ein leicht darzustellendes galenisches und ein chemisch-pharmazeutisches Präparat der Pharmacopoea Germanica zu bereiten;
3. 2 chemische Präparate auf deren Reinheit nach Vorschrift der Pharmacopoea Germanica zu untersuchen.

Die Aufgaben ad 2 und 3 werden aus je einer hierzu angelegten Sammlung durch das Loos bestimmt, die Rezepte zu den Arzneiformen von den Examinatoren unter thunlichster Benutzung der Tagesrezeptur gegeben.

Die Anfertigung der Rezepte und Präparate, sowie die Untersuchung der chemischen Präparate geschieht unter Aufsicht je eines der beiden als Prüfungskommissare zugezogenen Apotheker.

§. 8. III. Zweck der mündlichen Prüfung, bei welcher auch das während der Lehrzeit angelegte Herbarium vivum vorgelegt werden muss, ist zu ermitteln, ob der Lehrling die rohen Arzneimittel kennt und von anderen Mitteln zu unterscheiden weiss, ob er die Grundlehren der Botanik, der pharmazeutischen Chemie und Physik inne hat, ob er die erforderlichen Kenntnisse in der lateinischen Sprache besitzt und sich hinlänglich mit den gesetzlichen Bestimmungen bekannt gemacht hat, welche für das Verhalten und die Wirksamkeit des Gehilfen in einer Apotheke massgebend sind.

Zu diesem Behufe

1. sind dem Examinanden mehrere frische oder getrocknete Pflanzen zur Erkennung und terminologischen Bestimmung, und
2. mehrere rohe Droguen und chemisch-pharmazeutische Präparate zur Erläuterung ihrer Abstammung, ihrer Verfälschung und ihrer Anwendung zu pharmazeutischen Zwecken, sowie bezw. zur Erklärung ihrer Bestandtheile und Darstellungen vorzulegen;
3. hat derselbe 2 Artikel aus der Pharmacopoea Germanica in das Deutsche zu übersetzen;
4. sind von ihm die auf die bezeichneten Grundlehren und die Apothekergesetze bezüglichen Fragen zu beantworten.

§. 9. Für die gesammte Prüfung sind zwei Tage bestimmt.

In der Regel dürfen nicht mehr als 4 Examinanden zu einer mündlichen Prüfung zugelassen werden.

§. 10. Ueber den Gang der Prüfung eines jeden Examinanden wird ein Protokoll aufgenommen, welches von dem Vorsitzenden und den beiden Mitgliedern der

Kommission unterzeichnet und zu den Akten der in §. 1 bezeichneten Aufsichtsbehörde genommen wird.

§. 11. Für diejenigen Lehrlinge, welche in der Prüfung bestanden sind, wird unmittelbar nach Beendigung der Prüfung ein von den Mitgliedern der Prüfungsbehörde unterzeichnetes Prüfungszeugniss ausgefertigt und dem Lehrherrn zur Ausstellung des von dem, dem Lehrherrn nächstvorgesetzten Medizinalbeamten (Kreisphysikus, Kreisarzt u. s. w.) mit zu unterzeichnenden Entlassungszeugnisses zugestellt.

In dem Prüfungszeugniss ist das Gesammtergebniss durch eine der Zensuren „sehr gut“, „gut“, „genügend“ zu bezeichnen [1]).

1) Abs. 2: Zusatz der Bekm. vom 25. Dez. 1882.

§. 12. Das Nichtbestehen der Prüfung hat die Verlängerung der Lehrzeit um 6 bis 12 Monate zur Folge, nach welcher Frist die Prüfung wiederholt werden muss.

Wer nach zweimaliger Wiederholung nicht besteht, wird zur weiteren Prüfung nicht zugelassen.

Ueber das Nichtbestehen ist von der Prüfungsbehörde ein Vermerk auf der in §. 3 Ziffer 1 genannten Urkunde zu machen.

§. 13. Vorstehende Bestimmungen treten mit dem 1. Januar 1876 in Kraft.

§. 14. Lehrlinge, welche vor dem 1. Oktober 1875 in die Lehre getreten sind, sind zur Prüfung auch dann zuzulassen, wenn sie den Nachweis der erforderlichen Vorbedingungen nach Massgabe des §. 22 der Bekanntmachung vom 5. März 1875 führen.

Die Vorlegung des Laborationsjournals fällt bei den Lehrlingen, welche vor dem Inkrafttreten dieser Bekanntmachung in die Lehre getreten sind, für die Zeit, welche sie bis zum Inkrafttreten der Bekanntmachung in der Lehre zugebracht haben, da weg, wo nach den bisherigen Vorschriften die Führung eines Laborationsjournals nicht gefordert wurde [2]).

2) Vgl. hierzu: Bundesr.Beschl. v. 2. Febr. 74: Freizügigkeit der geprüften Gehülfen für das ganze Bundesgebiet. — Desgl. v. 10. Okt. 74: Ermächtigung des Reichskanzlers, in Uebereinstimmung mit den Bundesbehörden in Ausnahmefällen von einzelnen Zulassungsbedingungen bezl. der Prüfungen zu dispensiren. — Bekm. v. 13. Jan. 83, C.B. 11. Als Apothekergehülfe darf nur serviren, wer den maßgebenden Vorschriften über die Prüfung der Apothekergehülfen durchweg genügt hat.

## b. Vorrechte der Apotheker.

**36.** Gerichtsverfassungsgesetz §. 35. Die Berufung zum Amte eines Schöffen dürfen ablehnen:

4. Apotheker, welche keine Gehülfen haben.

§. 85 Abs. 2 (ebenso zum Amte eines Geschworenen s. o. S. 42.

**37.** Civilprozeßordnung §§. 348—350. (Recht der Zeugnißverweigerung in Civilsachen, s. o. S. 44. vgl. S. 42.)

**38.** Civilprozeßordnung §. 715. Folgende Sachen sind der Pfändung nicht unterworfen: 8. Die zum Betriebe einer Apotheke unentbehrlichen Geräthe, Gefäße und Waaren [1]).

1) Anders im Konkurse. K.O. §. 1 Abs. 3.

## c. Berufspflichten der Apotheker.

**39.** Gewerbeordnung §. 144 (s. o. S. 47) [1]) [2]).

1) Die Entziehung der Konzession (des Privilegs) kann im Verwaltungswege nach Landesrecht (o. S. 3) erfolgen. (Vgl. S. 39 N. 2). Verlust der Approbation und des Doktortitels s. ebd.

2) Der Apotheker ist Vollkaufmann und hat demnach alle durch das Handelsgesetzbuch einem solchen auferlegten Pflichten zu erfüllen. Firma: H.G.B. Art. 15 ff., Buchführung, Inventur und Bilanz:

Art. 28 ff. K.O. §. 209, 3.4. §. 210, 2. 3. — Bei Bestand geblieben sind nach §. 144 Abs. 1 und §. 6 Gew.O. die landesrechtlichen Verbote betr. das Kuriren seitens der Apotheker, das Vorräthighalten abgewogener Dosen über den Handel mit Colonialwaaren und Spirituosen rc., vgl. auch S. 4 N. 5.

**40. Bekanntmachung des Reichskanzlers betreffend die Pharmacopoea Germanica. Vom 1. Juni 1872. R.G.B. S. 172.**

Auf Grund eines vom Bundesrathe in seiner Sitzung vom 22. Mai d. J. gefaßten Beschlusses wird hierdurch bekannt gemacht, daß das Arzneibuch, welches unter dem Titel „Pharmacopoea Germanica" von einer, durch den Bundesrath eingesetzten Kommission festgestellt und in dem Verlage der Königlich preußischen Geheimen Ober-Hofbuchdruckerei (R. v. Decker) zu Berlin erschienen ist [1]), mit dem 1. November d. J. an die Stelle der in den einzelnen Bundesstaaten geltenden Pharmakopöen tritt [2]).

1) Seit dem 1. Jan. 83 ersetzt durch die Pharm. Germ. ed. altera erschienen bei R. v. Decker (Marquard u. Schenk) Berlin.

2) Falls man die Art der Publikation der betr. Vorschriften für ausreichend ansieht, sind Verfehlungen gegen dieselben (besonders bezgl. des Dispensirens großer Dosen, Tab. A. sowie des Aufbewahrens gefährlicher Medikamente Tab. B u. C) strafbar nach St.G.B. §. 367, Z. 5, o. S. 81.

**41. Bekanntmachung der Normal-Aichungs-Kommission betreffend das Halten von Präzisionswaagen und Gewichten in den Apotheken. Vom 17. Juni 1875 und v. 24. Oktober 1882. C.B. S. 374 resp. S. 418 [1]) [2]) [3]).**

1) Ausdrücklich aufrecht erhalten in der Aich=Ord. f. d. D. R. v. 27. Dez. 84 R.G.B. 85 zu Nr. 5. Vgl. Maaß= und Gew.O. v. 17. August 68. B.G.B. 473, abgeändert durch Ges. v. 11. Juli 84, R.G.B. 115. Aich.O. cit. §§. 42 ff, 61 ff; Aichgebührentaxe v. 28. Dec. 84, R.G.B. 85 zu Nr. 5 IX u. XIII; Zulassungsfrist für ältere Maaße, Meßwerkzeuge, Gewichte und Waagen, Bekm. v. 30. Okt. 84, R.G.B. 215; desgl. v. 30. Dec. 84, R.G.B. 85 zu Nr. 5, V und Art. 3 Ib. Ferner Bekm. betr. die äußersten Grenzen der im öff. Verkehr noch zu duldenden Abweichungen der Maaße u. s. w. von der absoluten Richtigkeit. Vom 27. Juli 85, R.G.B. 263 V und VI b.

2) In den Officinen nur Präcisionswaagen zulässig. In den übrigen Räumen Handelswaagen von nicht weniger als 1 kg einf. Tragfähigkeit resp. höchstzulässige Last gestattet.

3) Die Strafbestimmung (vgl. S. 131 N. 2) ist enthalten in §. 369: Mit Geldstrafe bis zu einhundert Mark oder mit Haft bis zu vier Wochen werden bestraft:

2. Gewerbetreibende, bei denen zum Gebrauche in ihrem Gewerbe geeignete, mit dem gesetzlichen Aichungsstempel nicht versehene oder unrichtige Maße, Gewichte oder Waagen vorgefunden werden, oder welche sich einer anderen Verletzung der Vorschriften über die Maß= und Gewichtspolizei schuldig machen.

42. Gewerbeordnung. §. 80. Die Taxen für die Apotheker können durch die Zentralbehörden festgesetzt werden, Ermäßigungen derselben durch freie Vereinbarungen sind jedoch zulässig [1]) [2]) [3]).

1) Das Verbot des Rabattgebens ist beseitigt. Zulässig bleiben landesr. Vorschriften, welche verbieten, Aerzten u. s. w. auf die von ihnen verschriebenen Arzeneien Vergütungen zu gewähren.

2) Eine Ueberschreitung der Taxe ist auch mit Zustimmung des Käufers nicht gestattet.

3) Gewerbeordnung §. 148: Mit Geldstrafe bis zu einhundertfünfzig Mark und im Unvermögensfalle mit Haft bis zu vier Wochen wird bestraft:

8. wer bei dem Betriebe seines Gewerbes die von der Obrigkeit vorgeschriebenen oder genehmigten Taxen überschreitet.

**43. Strafgesetzbuch.** §. 300. (Pflicht zur Verschwiegenheit s. o. S. 47.)

**44. Strafprozeßordnung,** §. 75 vgl. 72 ff. betr. den Beweis durch Sachverständige, vgl. besonders §. 91 Verdacht der Vergiftung, s. o. S. 49 ff.

### d. Besonderes betreffend Apothekergehülfen und Lehrlinge [1]).

1) Die Vorschriften über die Prüfung der Apothekergehülfen s. o. S. 124.

**45. Gewerbeordnung.** §. 41, Abs. 2: In Betreff der Berechtigung der Apotheker, Gehülfen und Lehrlinge anzunehmen, bewendet es bei den Bestimmungen der Landesgesetze.

§. 154, Abs. 1: Die Bestimmungen der §§. 105 bis 133 (Tit. VII der Gew.O. betr. gewerbliche Arbeiter) finden auf Gehülfen und Lehrlinge in Apotheken — keine Anwendung.

**46. Gesetz, betr. die Krankenversicherung der Arbeiter.** Vom 15. Juni 1883. R.G.B. S. 73.

(§. 2 Ziffer 2: Zulässigkeit der Ausdehnung des Versicherungszwanges durch statutarische Bestimmung einer Gemeinde für ihren Bezirk auf Gehülfen und Lehrlinge in Apotheken).

## 4. Vorschriften betreffend den Gewerbebetrieb der Hebammen.

**47. Gewerbeordnung.** §. 30, Abs. 2: Hebammen bedürfen eines Prüfungszeugnisses der nach den Landesgesetzen [1]) zuständigen Behörde.

1) Den Einzelstaaten ist es unbenommen, weitere Vorbedingungen für die Zulassung der Hebammen aufzustellen. Nur darf die Konzession weder auf Zeit ertheilt, noch vorbehaltlich der Bestimmungen des §. 53 Gew.O. (oben S. 30) widerrufen werden. Nach §. 53 cit. ist Widerruf auch dann statthaft, wenn „klar erhellt", d. h. erwiesen wird, daß der Hebamme Eigenschaften (z. B. Unbescholtenheit) fehlen, welche bei der Zulassung derselben nach der Vorschrift „dieses Gesetzes" (d. h. da die Gewerbeordnung die bezügliche Regelung dem Landesrechte überlassen hat, nach den Vorschriften des Letzteren) vorausgesetzt werden mußten. So Preuß. O.Verw.Ger. 2. Apr. 84 und die Bestimmungen in Preußen, Bayern, Sachsen, Mecklenb.-Schwerin.

2. Eine Freizügigkeit der Hebammen findet, abgesehen von staatlichen Vereinbarungen, in dem Bundesgebiete nicht statt. Vgl. in Betreff der Grenzgebiete o. S. 6 N. 13 und Beschl. d. Bundesr. v. 5. Mai 87.

3. Weibliche Personen (gewerbsmäßiger Betrieb der Geburtshilfe durch Männer ist freigegeben), welche ohne Approbation das Hebammengewerbe betreiben, verfallen gemäß §. 147, Ziff. 1 Gew.O. in eine Geldstrafe bis zu 300 Mark (im Unvermögensfalle Haft). Strafbar ist nicht die einzelne gelegentliche Hülfeleistung bei einer Entbindung, vielmehr muß aus den Umständen des Falles die Absicht der Beschuldigten nachgewiesen werden, daß sie des Erwerbes halber thätig geworden und eine Fortsetzung solcher Thätigkeit in Aussicht genommen sei. Erk. des Ober-Trib. 9. Jan. 71; Goltdammer 19, S. 91.

# III.

# Vorschriften betr. die Kranken- u. s. w. Anstalten.

48. Gewerbeordnung. §. 30, Abs. 1: Unternehmer von Privat-Kranken-, Privat-Entbindungs- und Privat-Irrenanstalten [1]) bedürfen einer Konzession der höheren Verwaltungsbehörde. Die Konzession [2]) ist nur dann zu versagen:

a. wenn Thatsachen vorliegen, welche die Unzuverlässigkeit [3]) des Unternehmers in Beziehung auf die Leitung oder Verwaltung der Anstalt darthun.

b. wenn nach den von dem Unternehmer einzureichenden Beschreibungen und Plänen die baulichen und die sonstigen technischen Einrichtungen der Anstalt den gesundheitspolizeilichen Anforderungen nicht entsprechen [4]).

1) Hierzu gehört das Bereithalten eines Lokales, in welchem Kranke u. s. w. überhaupt, nicht bloß einzelne bestimmte Personen Aufnahme finden sollen. Ob dieselben als Heil- oder Pflegeanstalten gedacht

sind, ist gleichgültig, auch auf den Namen (Klinik, Pensionat, Pr. O. Verw.G. Entsch. VI 263) kommt es nicht an.

2) Die Koncession berechtigt nicht, die Anstalt als eine „königl. u. s. w. koncessionirte" zu bezeichnen. Preuß. Min.Verf. v. 5. März 1886.

3) Unzuverlässigkeit liegt auch vor, wenn dem Unternehmer die nöthigen technischen Kenntnisse fehlen (Lesen= und Schreibensunkunde: Pr. O.Verw.G. Entsch. IV 337) und er einen geeigneten Gehülfen nicht hält.

4) Vgl. Gew.O. §. 40 f. (Verfahren bei Ertheilung der Koncession) §. 15 (Polizeiliche Hinderung des unkoncessionirten Betriebes). §. 53, Abs. 2 s. o. S. 30 ff. (Rücknahme der Koncession). §. 147 Ziff. 1 (Strafe der unberechtigten Errichtung oder Fortsetzung des Betriebes).

**49.** Gewerbe=Ordnung §. 49. Bei Ertheilung der Genehmigung — — zur Anlegung von Privat=Kranken=, Privat=Entbindungs= und Privat=Irrenanstalten, — — kann von der genehmigenden Behörde den Umständen nach eine Frist festgesetzt werden, binnen welcher die Anlage oder das Unternehmen bei Vermeidung des Erlöschens der Genehmigung begonnen und ausgeführt, und der Gewerbebetrieb angefangen werden muß. Ist eine solche Frist nicht bestimmt, so erlischt die ertheilte Genehmigung, wenn der Inhaber nach Empfang derselben ein ganzes Jahr verstreichen läßt, ohne davon Gebrauch zu machen.

Eine Verlängerung der Frist kann von der Behörde bewilligt werden, sobald erhebliche Gründe nicht entgegenstehen.

Hat der Inhaber einer solchen Genehmigung seinen Gewerbebetrieb während eines Zeitraums von drei

Jahren eingestellt, ohne eine Fristung nachgesucht und erhalten zu haben, so erlischt dieselbe [1]).

— — —

Das Verfahren für die Fristung ist dasselbe, wie für die Genehmigung neuer Anlagen.

1) Abs. 3 trifft auch vor der Gew.O. entstandene damals der Koncession nicht bedürftige Betriebe.

50. Gewerbeordnung §. 27. Die Errichtung oder Verlegung solcher Anlagen, deren Betrieb mit ungewöhnlichem Geräusch verbunden ist, muß, sofern sie nicht schon nach den Vorschriften der §§. 16 bis 25 der Genehmigung bedarf, der Ortspolizeibehörde angezeigt werden. Letztere hat, wenn in der Nähe der gewählten Betriebsstätte Kirchen, Schulen oder andere öffentliche Gebäude, Krankenhäuser oder Heilanstalten [1]) vorhanden sind, deren bestimmungsmäßige Benutzung durch den Gewerbebetrieb auf dieser Stelle eine erhebliche Störung [2]) erleiden würde, die Entscheidung der höheren Verwaltungsbehörde darüber einzuholen, ob die Ausübung des Gewerbes an der gewählten Betriebsstätte zu untersagen oder nur unter Bedingungen zu gestatten sei [3]).

1) Auch private Anlagen dieser Art.
2) Eine Belästigung genügt nicht (Mot.).
3) Strafen sind nicht angedroht, statthaft ist polizeilicher Zwang.

Gewerbeordnung §. 35, Abs. 1 u. 4. Die Ertheilung von Tanz-, Turn- [4]) und Schwimmunterricht als Gewerbe, sowie der Betrieb von Badeanstalten [4]) ist zu untersagen, wenn Thatsachen vorliegen, welche die Unzuverlässigkeit des Gewerbetreibenden in Bezug auf diesen Gewerbetrieb darthun. —

Personen, welche die in diesem Paragraphen bezeichneten Gewerbe beginnen, haben bei Eröffnung ihres Gewerbebetriebes der zuständigen Behörde hiervon Anzeige zu machen.

4) Nicht Heilgymnastik (Gew.O. §. 6). — Badeanstalten, in denen Kranke aufgenommen werden, fallen unter §. 30 Abs. 1 Gew.O. o. S. 135. Strafbest.: §. 148 Ziff. 4 Gew.O. (Geldstrafe bis zu 150 M. event. Haft bis zu 4 Wochen.)

**51. Gesetz, betr. die Quartierleistung für die bewaffnete Macht während des Friedenszustandes. Vom 25. Juni 1868. B.G.B. S. 523. §. 4, Ziff. 6.** (Befreit sind: Armen-, Waisen- und Krankenhäuser, Besserungs-, Aufbewahrungs- und Gefängnißanstalten, sowie Gebäude, welche milden Stiftungen angehören und für deren Zwecke unmittelbar benutzt werden, von den Quartierleistungen).

**52. Gesetz über die Kriegsleistungen. Vom 13. Juni 1873, R.G.B. S. 129. §. 14 und Verordnung betr. die Ausführung dieses Gesetzes. Vom 1. April 1876 sub 7** (betreffend die Benutzung von Gebäuden zu Lazarethzwecken).

**52. Strafgesetzbuch §. 174, Ziff. 3** (betr. unzüchtige Handlungen von Beamten, Aerzten und anderen Medizinalpersonen, welche in öffentlichen Kranken- u. s. w. Anstalten angestellt sind mit Kranken u. s. w. s. o. S. 69.).

**53. Strafprozeßordnung §. 89** (betr. die Unterbringung eines Beschuldigten in eine Irrenanstalt zur Beobachtung seines Geisteszustandes s. o. S. 53, vgl. S. 66.)

# IV.

# Einrichtungen zum Schutze der Gesundheit und zur Verhütung der Verbreitung von Krankheiten.

---

## 1. Im Allgemeinen:

(Gesundheitspolizeiliche Beschränkung der Gewerbefreiheit.)

**54.** Gewerbeordnung §. 6. (Ausschließung der Anwendung des Gesetzes auf das Halten von sog. Ziehkindern S. 3 N. 4.)

**55.** Gewerbeordnung §. 16. Zur Errichtung von Anlagen, welche durch die örtliche Lage oder die Beschaffenheit der Betriebsstätte für die Besitzer oder Bewohner der benachbarten Grundstücke oder für das Publikum überhaupt erhebliche Nachtheile, Gefahren [1]) oder Belästigungen herbeiführen können, ist die Genehmigung der nach den Landesgesetzen zuständigen Behörde erforderlich.

Es gehören dahin:

Schießpulverfabriken, Anlagen zur Feuerwerkerei

und zur Bereitung von Zündstoffen aller Art, Gasbereitungs- und Gasbewahrungsanstalten, Anstalten zur Destillation von Erdöl, Anlagen zur Bereitung von Braunkohlentheer, Steinkohlentheer und Koaks, sofern sie außerhalb der Gewinnungsorte des Materials errichtet werden, Glas- und Rußhütten, Kalk-, Ziegel- und Gypsöfen, Anlagen zur Gewinnung roher Metalle, Röstöfen, Metallgießereien, sofern sie nicht bloße Tiegelgießereien sind, Hammerwerke, chemische Fabriken aller Art, Schnellbleichen, Firnißsiedereien, Stärkefabriken, mit Ausnahme der Fabriken zur Bereitung von Kartoffelstärke, Stärkesyrupsfabriken, Wachstuch-, Darmsaiten-, Dachpappen- und Dachfilzfabriken, Leim-, Thran- und Seifensiedereien, Knochenbrennereien, Knochendarren, Knochenkochereien und Knochenbleichen, Zubereitungsanstalten für Thierhaare, Talgschmelzen, Schlächtereien, Gerbereien, Abdeckereien, Poudretten- und Düngpulverfabriken, Stauanlagen für Wassertriebwerke (§. 23), Hopfen-Schwefeldörren, Asphaltkochereien und Pechsiedereien, soweit sie außerhalb der Gewinnungsorte des Materials errichtet werden, Strohpapierstoffabriken, Darmzubereitungsanstalten, Fabriken, in welchen Dampfkessel oder andere Blechgefäße durch Vernieten hergestellt werden, Kalifabriken und Anstalten zum Imprägniren von Holz mit erhitzten Theerölen, Kunstwollefabriken, Anlagen zur Herstellung von Celluloid und Dégrasfabriken, die Fabriken, in welchen Röhren aus Blech durch Vernieten hergestellt werden, sowie die Anlagen zur Erbauung eiserner Schiffe, zur Herstellung eiserner Brücken oder sonstiger eiserner Baukonstruktionen, die Anlagen zur Destillation oder zur Verarbeitung von Theer und von Theerwasser, die Anlagen, in welchen aus Holz oder ähnlichem Fasermaterial auf chemischem Wege Papierstoff hergestellt wird (Cellulosefabriken), die Anlagen, in welchen Albuminpapier hergestellt wird.

Das vorstehende Verzeichniß kann, je nach Eintritt oder Wegfall der im Eingang gedachten Voraussetzung, durch Beschluß des Bundesraths, vorbehaltlich der Genehmigung des nächstfolgenden Reichstags, abgeändert werden.

1) Die behördliche Prüfung hat sich auch auf die Beachtung der bestehenden gesundheitspolizeilichen Vorschriften zu erstrecken, und sind bei der Genehmigung auch diejenigen Bedingungen festzusetzen, welche zum Schutze der Arbeiter gegen Gefahr für Gesundheit und Leben nothwendig sind, §. 18 Gew.O. vgl. ebd. §. 120 und §. 23 Abs. 3: Der Landesgesetzgebung bleibt ferner vorbehalten, zu verfügen, inwieweit durch Ortsstatuten darüber Bestimmung getroffen werden kann, daß einzelne Ortstheile vorzugsweise zu Anlagen der im §. 16 erwähnten Art zu bestimmen, in anderen Ortstheilen aber dergleichen Anlagen entweder gar nicht oder nur unter besonderen Beschränkungen zuzulassen sind.

**56.** Gewerbeordnung §. 15, Abs. 2. Die Fortsetzung des Betriebes kann polizeilich verhindert werden, wenn ein Gewerbe, zu dessen Beginn eine besondere Genehmigung erforderlich ist, ohne diese Genehmigung begonnen wird [1]).

1) Vgl. Gew.O. §. 147 Z. 2. §. 147. Mit Geldstrafe bis zu dreihundert Mark und im Unvermögensfalle mit Haft wird bestraft:

2. wer eine gewerbliche Anlage, zu der mit Rücksicht auf die Lage oder Beschaffenheit der Betriebsstätte oder des Lokals eine besondere Genehmigung erforderlich ist (§§. 16 und 24), ohne diese Genehmigung errichtet, oder die wesentlichen Bedingungen, unter welchen die Genehmigung ertheilt worden, nicht innehält, oder ohne neue Genehmigung eine wesentliche Veränderung der Betriebsstätte oder eine Verlegung des Lokals oder eine wesentliche Veränderung in dem Betriebe der Anlage vornimmt.

57. Gewerbeordnung §. 23, Abs. 2. Der Landesgesetzgebung bleibt vorbehalten, für solche Orte, in welchen öffentliche Schlachthäuser in genügendem Umfange vorhanden sind oder errichtet werden, die fernere Benutzung bestehender und die Anlage neuer Privat-Schlächtereien zu untersagen.

58. Gewerbeordnung §. 51. Wegen überwiegender Nachtheile und Gefahren für das Gemeinwohl kann die fernere Benutzung einer jeden gewerblichen Anlage durch die höhere Verwaltungsbehörde zu jeder Zeit untersagt werden. Doch muß dem Besitzer alsdann für den erweislichen Schaden Ersatz geleistet werden.

Gegen die untersagende Verfügung ist der Rekurs zulässig [1]); wegen der Entschädigung steht der Rechtsweg offen.

1) Vgl. Gew.O. §§. 20, 21, 52, 54.

## 2. Besondere Vorschriften zum Schutze der gewerblichen Arbeiter.

59. Gewerbeordnung §. 120. Die Gewerbeunternehmer sind verpflichtet, bei der Beschäftigung von Arbeitern unter achtzehn Jahren die durch das Alter derselben gebotene besondere Rücksicht auf Gesundheit und Sittlichkeit zu nehmen.

Sie haben ihren Arbeitern unter achtzehn Jahren, welche eine von der Gemeindebehörde oder vom Staate als Fortbildungsschule anerkannte Unterrichtsanstalt besuchen, hierzu die, erforderlichenfalls von der zuständigen Behörde festzusetzende Zeit zu gewähren. Für Arbeiter unter achtzehn Jahren kann die Verpflichtung zum Besuche einer Fortbildungsschule, soweit die Verpflichtung nicht landesgesetzlich besteht, durch Ortsstatut (§. 142) begründet werden.

Die Gewerbeunternehmer sind endlich verpflichtet, alle diejenigen Einrichtungen herzustellen und zu unterhalten, welche mit Rücksicht auf die besondere Beschaffenheit des Gewerbebetriebes und der Betriebsstätte zu thunlichster Sicherheit gegen Gefahr für Leben und Gesundheit nothwendig sind [1]) [2]). Darüber, welche Einrichtungen für alle Anlagen einer bestimmten Art herzustellen sind, können durch Beschluß des Bundesraths Vorschriften erlassen werden. Soweit solche nicht erlassen sind, bleibt es den nach den Landesgesetzen zuständigen Behörden überlassen, die erforderlichen Bestimmungen zu treffen.

1) Vgl. §. 18 S. 141 Anm. 1.

2) Abs. 3 „Einrichtungen" umfaßt auch alle Vorrichtungen, Anordnungen, Belehrungen u. s. w., welche geeignet sind, die erwähnten Gefahren in erheblichem Grade zu vermindern. Pr. O.V.G. 13. Okt. 80. Entsch. d. R.G. in C.S. I S. 271 ff. — Strafvorschrift wegen Nichtbefolgung einer Aufforderung der Behörde zur Herstellung der betr. Einrichtungen: Gew.O. § 147 Ziff. 4. Geldstrafen bis zu 300 M. aushülflich Haft. — Vgl. Unfallversicherungsgesetz v. 6. Juli 84. R. G.B. S. 69 ff. §. 78: Die Genossenschaften sind befugt, für den Umfang des Genossenschaftsbezirkes oder für bestimmte Industriezweige oder Betriebsarten oder bestimmt abzugrenzende Bezirke Vorschriften zu erlassen:

1. über die von den Mitgliedern zur Verhütung von Unfällen in ihren Betrieben zu treffenden Einrichtungeu unter Bedrohung der Zuwiderhandelnden mit der Einschätzung ihrer Betriebe in eine höhere Gefahrenklasse, oder falls sich die letzteren bereits in der höchsten Gefahrenklasse befinden, mit Zuschlägen bis zum doppelten Betrage ihrer Beiträge.

   Für die Herstellung der vorgeschriebenen Einrichtungen ist den Mitgliedern eine angemessene Frist zu bewilligen;

2. über das in den Betrieben von den Versicherten zur Verhütung von Unfällen zu beobachtende Verhalten unter Bedrohung der Zuwiderhandelnden mit Geldstrafen bis zu sechs Mark.

Diese Vorschriften bedürfen der Genehmigung des Reichs-Versicherungsamts.

Dem Antrage auf Ertheilung der Genehmigung ist die gutachtliche Aeußerung der Vorstände derjenigen Sektionen, für welche die Vorschriften Gültigkeit haben sollen, oder, sofern die Genossenschaft in Sektionen nicht eingetheilt ist, des Genossenschaftsvorstandes beizufügen.

**60. Gewerbeordnung §. 124.** Vor Ablauf der vertragsmäßigen Zeit und ohne Aufkündigung können Gesellen und Gehülfen die Arbeit verlassen:

5. wenn bei Fortsetzung der Arbeit das Leben

oder die Gesundheit der Arbeiter einer erweislichen Gefahr ausgesetzt sein würde, welche bei Eingehung des Arbeitsvertrages nicht zu erkennen war.

§. 128, Abs. 3. Von Seiten des Lehrlings kann das Lehrverhältniß nach Ablauf der Probezeit aufgelöst werden:

1. wenn einer der im §. 124 unter Nr. 1, 3 bis 5 vorgesehenen Fälle vorliegt;
2. wenn der Lehrherr seine gesetzlichen Verpflichtungen gegen den Lehrling in einer die Gesundheit, die Sittlichkeit oder die Ausbildung des Lehrlings gefährdenden Weise vernachlässigt, oder das Recht der väterlichen Zucht mißbraucht oder zur Erfüllung der ihm vertragsmäßig obliegenden Verpflichtungen unfähig wird.

§. 134. Auf Fabrikarbeiter finden die Bestimmungen (der §§. 121 bis 125) [des §. 124] oder, wenn die Fabrikarbeiter als Lehrlinge anzusehen sind, die Bestimmungen (der §§. 126 bis 133) [des §. 128] Anwendung.

§. 135. Kinder unter zwölf Jahren dürfen in Fabriken [1]) nicht beschäftigt werden.

Die Beschäftigung von Kindern unter vierzehn Jahren darf die Dauer von sechs Stunden täglich nicht überschreiten [2]).

Kinder, welche zum Besuche der Volksschule verpflichtet sind, dürfen in Fabriken nur dann beschäftigt werden, wenn sie in der Volksschule oder in einer von der Schulaufsichtsbehörde genehmigten Schule und nach einem von ihr genehmigten Lehrplane einen regelmäßigen Unterricht von mindestens drei Stunden täglich genießen.

Junge Leute zwischen vierzehn und sechszehn Jahren dürfen in Fabriken nicht länger als zehn Stunden täglich beschäftigt werden.

Wöchnerinnen dürfen während drei Wochen nach ihrer Niederkunft nicht beschäftigt werden [3]) [4]).

1) Der Begriff einer „Fabrik“ ist gesetzlich nicht festgestellt. Entscheidend ist die Art und der Umfang des Betriebes, die Beschaffenheit der Betriebsmittel (Motoren), die Zahl der Arbeiter. E. 1. 379, 8. 124, R. 5. 119. Unfallvers.Ges. §. 1.

2) Die gesetzlichen Pausen (§. 136) sind in die Arbeitszeit nicht einzurechnen.

3) Weitere Beschränkungen s. zu §. 139 a.

4) Strafbestimmung: Gew.O. §. 146 Ziff. 2: Geldstrafe bis zu 2000 M. aushülflich Gefängniß bis zu 6 Monaten. Wegen der selbständigen Verantwortlichkeit des Fabrikherrn auch für Fahrlässigkeit: R. 2. 327, 3. 412. 4. 253, E. 2. 321. 4. 308, 6. 111.

§. 136. Die Arbeitsstunden der jugendlichen Arbeiter (§. 135) dürfen nicht vor $5\frac{1}{2}$ Uhr Morgens beginnen und nicht über $8\frac{1}{2}$ Uhr Abends dauern. Zwischen den Arbeitsstunden müssen an jedem Arbeitstage regelmäßige Pausen gewährt werden. Die Pausen müssen für Kinder eine halbe Stunde, für junge Leute zwischen vierzehn und sechszehn Jahren Mittags eine Stunde, sowie Vormittags und Nachmittags je eine halbe Stunde mindestens betragen [5]).

Während der Pausen darf den jugendlichen Arbeitern

eine Beschäftigung in dem Fabrikbetriebe überhaupt nicht und der Aufenthalt in den Arbeitsräumen nur dann gestattet werden, wenn in denselben diejenigen Theile des Betriebes, in welchen jugendliche Arbeiter beschäftigt sind, für die Zeit der Pausen völlig eingestellt werden.

An Sonn- und Festtagen, sowie während der von dem ordentlichen Seelsorger für den Katechumenen- und Konfirmanden-, Beicht- und Kommunion-Unterricht bestimmten Stunden dürfen jugendliche Arbeiter nicht beschäftigt werden.

1) Nachtarbeit ist regelmäßig verboten. Vgl. aber §. 139 f. — „Pausen". Für Kinder genügt eine Pause von 1/2 Stunde (bestritten). Strafbestimmung: Gew.O. §. 146, Ziff. 2 (oben N. 4).

§. 137.[6]) Die Beschäftigung eines Kindes in Fabriken ist nicht gestattet, wenn dem Arbeitgeber nicht zuvor für dasselbe eine Arbeitskarte eingehändigt ist. Dasselbe gilt hinsichtlich der noch zum Besuche der Volksschule verpflichteten jungen Leute zwischen vierzehn und sechszehn Jahren. Eines Arbeitsbuches bedarf es in diesem Falle nicht.

Die Arbeitskarten werden auf Antrag oder mit Zustimmung des Vaters oder Vormundes durch die Ortspolizeibehörde kosten- und stempelfrei ausgestellt; ist die Erklärung des Vaters nicht zu beschaffen, so kann die Gemeindebehörde die Zustimmung desselben ergänzen. Sie haben den Namen, Tag und Jahr der Geburt, sowie die Religion des Kindes, den Namen,

Stand und letzten Wohnort des Vaters oder Vormundes und außerdem die zur Erfüllung der gesetzlichen Schulpflicht (§. 135) getroffenen Einrichtungen anzugeben.

Der Arbeitgeber hat die Arbeitskarte zu verwahren, auf amtliches Verlangen jederzeit vorzulegen und am Ende des Arbeitsverhältnisses dem Vater oder Vormund wieder auszuhändigen. Ist die Wohnung des Vaters nicht zu ermitteln, so erfolgt die Zustellung der Arbeitskarte an die Mutter oder den sonstigen nächsten Angehörigen des Kindes.

1) Strafbestimmung: Gew.O. §. 150 Ziff. 2, Geldstrafe bis zu 20 M. aushülflich Haft bis zu 3 Tagen.

**61.** Gewerbeordnung §. 138 [1]). Sollen jugendliche Arbeiter in Fabriken beschäftigt werden, so hat der Arbeitgeber vor dem Beginn der Beschäftigung der Ortspolizeibehörde eine schriftliche Anzeige zu machen.

In der Anzeige sind die Fabrik, die Wochentage, an welchen die Beschäftigung stattfinden soll, Beginn und Ende der Arbeitszeit und der Pausen, sowie die Art der Beschäftigung anzugeben. Eine Aenderung hierin darf, abgesehen von Verschiebungen, welche durch Ersetzung behinderter Arbeiter für einzelne Arbeitsschichten nothwendig werden, nicht erfolgen, bevor eine entsprechende weitere Anzeige der Behörde gemacht ist.

In jeder Fabrik hat der Arbeitgeber dafür zu sorgen,

daß in den Fabrikräumen, in welchen jugendliche Arbeiter beschäftigt werden, an einer in die Augen fallenden Stelle ein Verzeichniß der jugendlichen Arbeiter unter Angabe ihrer Arbeitstage, sowie des Beginns und Endes ihrer Arbeitszeit und der Pausen ausgehängt ist. Ebenso hat er dafür zu sorgen, daß in den bezeichneten Räumen eine Tafel ausgehängt ist, welche in der von der Zentralbehörde zu bestimmenden Fassung und in deutlicher Schrift einen Auszug aus den Bestimmungen über die Beschäftigung jugendlicher Arbeiter enthält.

1) Strafbestimmung: Gew.O. §. 149 Ziff. 7. Geldstrafe bis zu 30 M. aushülflich Haft bis zu 8 Tagen.

62. Gewerbeordnung §. 139. Wenn Naturereignisse oder Unglücksfälle den regelmäßigen Betrieb einer Fabrik unterbrochen haben, so können Ausnahmen von den im §. 135 Absatz 2 bis 4 und im §. 136 vorgesehenen Beschränkungen auf die Dauer von vier Wochen durch die höhere Verwaltungsbehörde, auf längere Zeit durch den Reichskanzler nachgelassen werden. In dringenden Fällen solcher Art, sowie zur Verhütung von Unglücksfällen kann die Ortspolizeibehörde, jedoch höchstens auf die Dauer von vierzehn Tagen, solche Ausnahmen gestatten.

Wenn die Natur des Betriebes oder Rücksichten auf die Arbeiter in einzelnen Fabriken es erwünscht erscheinen lassen, daß die Arbeitszeit der jugendlichen Arbeiter in einer anderen als der durch §. 136 vorgesehenen Weise geregelt wird, so kann auf besonderen Antrag eine anderweite Regelung hinsichtlich der Pausen durch die höhere Verwaltungsbehörde, im übrigen durch den Reichskanzler gestattet werden. Jedoch dürfen in solchen Fällen die jugendlichen Arbeiter nicht länger als sechs Stunden beschäftigt werden, wenn zwischen den Arbeitsstunden nicht Pausen von zusammen mindestens einstündiger Dauer gewährt werden [1]).

Die auf Grund vorstehender Bestimmungen zu treffenden Verfügungen müssen schriftlich erlassen werden.

1) Die Zahl der täglichen Arbeitsstunden darf nicht vermehrt werden. Abs. 2 Satz 2 bezieht sich nicht mit auf Kinder.

Strafbestimmung: Gew.O. §. 146 Ziff. 2.

**63.** Gewerbeordnung §. 139a [1]). Durch Beschluß des Bundesraths [2]) kann die Verwendung von jugendlichen Arbeitern sowie von Arbeiterinnen für gewisse Fabrikationszweige, welche mit besonderen Gefahren für Gesundheit oder Sittlichkeit verbunden sind, gänzlich untersagt oder von besonderen Bedingungen abhängig gemacht werden. Insbesondere kann für gewisse Fabrikationszweige die Nachtarbeit der Arbeiterinnen untersagt werden.

Durch Beschluß des Bundesraths können für Spinnereien, für Fabriken, welche mit ununterbrochenem Feuer betrieben werden, oder welche sonst durch die Art des Betriebes auf eine regelmäßige Tag- und Nachtarbeit angewiesen sind, sowie für solche Fabriken, deren Betrieb eine Eintheilung in regelmäßige Arbeitsschichten von gleicher Dauer nicht gestattet oder seiner

Natur nach auf bestimmte Jahreszeiten beschränkt ist, Ausnahmen von den in §. 135 Abs. 2 bis 4 und in §. 136 vorhergesehenen Beschränkungen nachgelassen werden. Jedoch darf in solchen Fällen die Arbeitszeit für Kinder die Dauer von sechsunddreißig Stunden und für junge Leute die Dauer von sechszig, in Spinnereien von sechsundsechszig Stunden wöchentlich nicht überschreiten.

Die durch Beschluß des Bundesraths getroffenen Bestimmungen sind dem nächstfolgenden Reichstag vorzulegen. Sie sind außer Kraft zu setzen, wenn der Reichstag dies verlangt.

1) Strafbestimmung: Gew.O. §. 146 Ziff. 2.

2) Vgl. hierzu die nachfolgenden vom Bundesrath erlassenen, dem Reichstage demnächst vorgelegten Bekanntmachungen:

1. Betreffend die Beschäftigung von Arbeiterinnen und jugendlichen Arbeitern in Walz- und Hammerwerken. Vom 23. April 1879. C. 303.

I. Die Beschäftigung von Arbeiterinnen und jugendlichen Arbeitern in Walz- und Hammerwerken unterliegt folgenden Beschränkungen:

1. Arbeiterinnen dürfen bei dem unmittelbaren Betriebe der Werke nicht beschäftigt werden;
2. Kinder zwischen 12 und 14 Jahren dürfen in den Werken überhaupt nicht beschäftigt werden.

II. Für die Beschäftigung der jungen Leute männlichen Geschlechts treten die Beschränkungen des §. 136 der Gewerbeordnung mit folgenden Maßgaben außer Anwendung:

1. Vor Beginn der Beschäftigung ist dem Arbeitgeber für jeden Arbeiter ein ärztliches Zeugniß einzuhändigen, nach welchem die körperliche Entwickelung des Arbeiters eine Beschäftigung in dem Werke ohne Gefahr für die Gesundheit zuläßt. Der Arbeitgeber hat mit dem Zeugnisse nach §. 137 Absatz 3 der Gewerbeordnung zu verfahren.

2. Die Arbeitsschicht darf einschließlich der Pausen nicht länger als 12 Stunden dauern. Unterbrechungen der Arbeit von weniger als 1/4 Stunde Dauer kommen auf die Pausen nicht in Anrechnung. Eine der Pausen muß mindestens 1/2 Stunde dauern und zwischen das Ende der 4. und den Anfang der 7. Arbeitsstunde fallen.

Die Gesammtdauer der Beschäftigung darf innerhalb einer Woche ausschließlich der Pausen 60 Stunden betragen; davon dürfen innerhalb zweier Wochen in die Zeit von 6 Uhr Abends bis 6 Uhr Morgens nicht mehr als 60 Stunden fallen. Von letzterer Vorschrift ist vorübergehend eine Ausnahme gestattet, wenn dieselbe durch eine, im Interesse der Arbeiter erfolgende Aenderung in der Art des Schichtenwechsels bedingt wird.

3. Zwischen zwei Arbeitsschichten muß eine Ruhezeit von mindestens 12 Stunden liegen. Innerhalb der Ruhezeit ist eine Beschäftigung mit Nebenarbeiten nicht gestattet.

4. An Sonn- und Festtagen darf die Beschäftigung nicht in die Zeit von 6 Uhr Morgens bis 6 Uhr Abends fallen. In die Stunden vor oder nach dieser Zeit darf an Sonntagen die Beschäftigung nur dann fallen, wenn vor Beginn oder nach Abschluß der Arbeitsschicht den jungen Leuten eine ununterbrochene Ruhezeit von mindestens 24 Stunden gesichert bleibt.

5. Während der Pausen für die Erwachsenen dürfen junge Leute nicht beschäftigt sein.

III. Die Bestimmungen des §. 138 der Gewerbeordnung finden in Walz- und Hammerwerken mit folgenden Maßgaben Anwendung:

1. Das in den Fabrikräumen auszuhängende Verzeichniß der jugendlichen Arbeiter ist in der Weise aufzustellen, daß die in derselben Schicht Beschäftigten je eine Abtheilung bilden.

2. In Räumen, in welchen junge Leute nach Maßgabe der Vorschriften unter II beschäftigt werden, muß neben der nach §. 138 Absatz 3 auszuhängenden Tafel eine zweite Tafel ausgehängt werden, welche in deutlicher Schrift die Bestimmungen unter I und II wiedergiebt.

2. Betreffend die Beschäftigung von Arbeiterinnen und jugendlichen Arbeitern in Glashütten. Vom 23. April 1879. (C. 304.)

I. Die Beschäftigung von Arbeiterinnen und jugendlichen Arbeitern in Glashütten unterliegt folgenden Beschränkungen:

1. In solchen Räumen, in welchen vor dem Ofen (Schmelz-, Kühl-, Glüh-, Streckofen) gearbeitet wird, darf Arbeiterinnen überhaupt, und in solchen Räumen, in welchen eine außergewöhnlich hohe Wärme herrscht (Häfenkammern und dergleichen), darf jugendlichen Arbeiterinnen eine Beschäftigung nicht gewährt und der Aufenthalt nicht gestattet werden. Ausnahmen hiervon kann der Bundesrath zulassen.
2. Die Beschäftigung von jugendlichen Arbeitern männlichen Geschlechts unter 14 Jahren (Knaben) ist nur gestattet, wenn mit Genehmigung der Schulaufsichtsbehörde eine Schuleinrichtung getroffen ist, welche den Knaben einen wöchentlichen Unterricht von mindestens 12 Stunden sichert und zwischen dem Ende der Arbeitszeit und dem Beginn des Unterrichts eine Ruhezeit von ausreichender Dauer, nach dem Ende einer Nachtschicht eine Ruhezeit von mindestens 7 Stunden freiläßt.

   Knaben, welche zum Besuche der Volksschule verpflichtet sind, dürfen in Zukunft zur Beschäftigung nur angenommen werden, wenn vorher dem Arbeitgeber ein Zeugniß des zuständigen Schulaufsichtsbeamten eingehändigt ist, nach welchem die Knaben den Anforderungen der Schule vollständig genügen. Das Zeugniß ist halbjährlich zu erneuern; der Arbeitgeber hat mit demselben nach §. 137 Absatz 3 der Gewerbeordnung zu verfahren.
3. Mit Schleifarbeiten dürfen jugendliche Arbeiterinnen und Knaben nicht beschäftigt werden. In Tafelglashütten dürfen Knaben vor dem Schmelz- oder Streckofen oder mit dem Tragen der Walzen nicht beschäftigt werden, wenn die Hütten Walzen von mehr als 5 kg Gewicht herstellen.

II. In Glashütten mit ununterbrochenem Tag- und Nachtbetriebe und regelmäßig wechselnden Schichten treten die Beschränkungen des §. 136 der Gewerbeordnung für jugendliche Arbeiter männlichen Geschlechts (Knaben und junge Leute) mit folgenden Maßgaben außer Anwendung:

1. Die Beschäftigung der Knaben darf innerhalb 24 Stunden einschließlich der Pausen nicht länger als 6 Stunden dauern. Die Gesammtdauer darf innerhalb einer Woche einschließlich der Pausen nicht mehr als 36 Stunden betragen; davon dürfen innerhalb zweier Wochen in die Zeit von 6 Uhr Abends bis 6 Uhr Morgens nicht mehr als 36 Stunden fallen.
2. Die Arbeitsschicht der jungen Leute darf einschließlich der Pausen nicht länger als 12 Stunden, ausschließlich der Pausen nicht länger als 10 Stunden dauern. Unterbrechungen der Arbeit von weniger als 1/4 Stunde Dauer werden auf die Pausen nicht in Anrechnung gebracht; eine der Pausen muß mindestens 1/2 Stunde dauern.

   Die Gesammtdauer der Beschäftigung darf innerhalb einer Woche ausschließlich der Pausen 60 Stunden betragen; davon dürfen innerhalb zweier Wochen in die Zeit von 6 Uhr Abends bis 6 Uhr Morgens nicht mehr als 60 Stunden fallen.
3. Während der Pausen für die Erwachsenen dürfen jugendliche Arbeiter überhaupt nicht, während der Pausen für junge Leute dürfen Knaben nicht beschäftigt sein.
4. Zwischen zwei Arbeitsschichten muß eine Ruhezeit von mindestens 12 Stunden liegen.
5. An Sonn- und Festtagen darf die Beschäftigung nicht in die Zeit von 6 Uhr Morgens bis 6 Uhr Abends fallen. Die Vorschrift findet, wenn mehrere Festtage aufeinander folgen, nur auf den ersten Festtag Anwendung.

III. In Glashütten mit zeitweisen Betriebsunterbrechungen und mit Arbeitsschichten von unregelmäßiger Lage oder Dauer treten die Beschränkungen des §. 135 Absatz 2, 4 und §. 136 der Gewerbeordnung für jugendliche Arbeiter männlichen Geschlechts (Knaben und junge Leute) mit folgenden Maßgaben außer Anwendung:

1. Die Arbeitsschicht der Knaben darf nicht länger als die halbe Arbeitsschicht der Erwachsenen dauern. Die Beschäftigung darf nicht länger als 6 Stunden dauern, wenn zwischen den Arbeitsstunden nicht Pausen von zusammen mindestens einstündiger

Dauer gewährt werden. Die Gesammtdauer darf innerhalb zweier Wochen einschließlich der Pausen nicht mehr als 72 Stunden betragen; von der Gesammtdauer darf in die Zeit von 6 Uhr Abends bis 6 Uhr Morgens nicht mehr als die Hälfte fallen.

2. Die Gesammtdauer der Beschäftigung darf für junge Leute innerhalb einer Woche ausschließlich der Pausen nicht mehr als 60 Stunden betragen. Die Dauer der Pausen muß für Schichten von höchstens 10 Arbeitsstunden mindestens 1 Stunde, für Schichten mit längerer Arbeitszeit mindestens 1 1/2 Stunde betragen. Unterbrechungen der Arbeit von weniger als 1/4 Stunde Dauer werden auf die Pausen nicht in Anrechnung gebracht; eine der Pausen muß mindestens 1/2 Stunde dauern.

3. Zwischen 2 Arbeitsschichten muß eine Ruhezeit liegen. Bei Knaben muß dieselbe mindestens die Dauer einer vollen Arbeitsschicht der Erwachsenen, bei jungen Leuten mindestens die Dauer der zuletzt beendigten Schicht erreichen. Innerhalb der Ruhezeit ist eine Beschäftigung mit Nebenarbeiten für Knaben nicht gestattet. Für junge Leute ist sie gestattet, wenn dieselben vor Beginn oder nach dem Ende dieser Beschäftigung noch für eine Zeit von der Dauer der zuletzt beendigten Schicht ohne jede Beschäftigung bleiben. Die Dauer der Beschäftigung mit Nebenarbeiten kommt auf die Gesammtdauer der wöchentlichen Arbeitszeit in Anrechnung.

4. An Sonntagen darf die Beschäftigung nur einmal innerhalb zweier Wochen in die Zeit von 6 Uhr Morgens bis 6 Uhr Abends fallen.

5. Während der Pausen für die Erwachsenen dürfen jugendliche Arbeiter überhaupt nicht, während der Pausen für junge Leute dürfen Knaben nicht beschäftigt sein.

IV. Für Glashütten, welche von den unter II und III nachgelassenen Ausnahmen Gebrauch machen, finden die Bestimmungen des §. 138 der Gewerbeordnung mit folgenden Maßgaben Anwendung:

1. Das in den Fabrikräumen auszuhängende Verzeichniß der jugendlichen Arbeiter ist getrennt für Knaben und für junge Leute

in der Weise aufzustellen, daß die in derselben Schicht Beschäftigten je eine Abtheilung bilden.

2. Das Verzeichniß braucht in Glashütten der unter II gedachten Art eine Angabe über die Pausen nicht zu enthalten. Statt dessen ist dem Verzeichnisse eine Tabelle beizufügen, in welche während jeder Arbeitsschicht Anfang und Ende der darin gewährten Pausen eingetragen wird. In Glashütten der unter III gedachten Art braucht das Verzeichniß eine Angabe über die Arbeitstage, die Arbeitszeit und die Pausen nicht zu enthalten. Statt dessen ist dem Verzeichnisse eine Tabelle nach dem anliegenden Muster (nicht mit abgedruckt) beizufügen, in welche während jeder Arbeitsschicht die vorgesehenen Eintragungen bewirkt werden.

Jede Tabelle muß mindestens über die letzten 14 Arbeitsschichten Auskunft geben. Der Name desjenigen, welcher die Eintragungen bewirkt, muß daraus zu ersehen sein.

3. In Räumen, in welchen jugendliche Arbeiter beschäftigt werden, muß neben der nach §. 138 Absatz 3 auszuhängenden Tafel eine zweite Tafel ausgehängt werden, welche in deutlicher Schrift, außer den Bestimmungen unter I, für Glashütten der unter II gedachten Art die Bestimmungen unter II, für Glashütten der unter III gedachten Art die Bestimmungen unter III wiedergiebt.

---

3. Betreffend die Beschäftigung jugendlicher Arbeiter in Spinnereien. Vom 20. Mai 1879. (C. S. 362.)

I. Jugendlichen Arbeitern darf in Hechelsälen, sowie in Räumen, in welchen Reißwölfe im Betriebe sind, während der Dauer des Betriebes eine Beschäftigung nicht gewährt und der Aufenthalt nicht gestattet werden.

II. Für junge Leute zwischen 14 und 16 Jahren, welche ausschließlich zur Hülfeleistung bei dem Betriebe der Spinnmaschinen verwendet werden, tritt die Beschränkung des §. 135 Absatz 4 der Gewerbeordnung mit folgenden Maßgaben außer Anwendung:

1. die tägliche Arbeitszeit darf 11 Stunden nicht überschreiten;
2. vor dem Beginn der Beschäftigung ist dem Arbeitgeber für jeden Arbeiter ein ärztliches Zeugniß einzuhändigen, nach welchem die körperliche Entwickelung des Arbeiters eine Beschäftigung bei dem Betriebe der Spinnmaschinen bis zu 11 Stunden täglich ohne Gefahr für die Gesundheit zuläßt;
3. der Arbeitgeber hat mit dem ärztlichen Zeugniß nach §. 137 Absatz 3 der Gewerbeordnung zu verfahren.

III. In den Räumen, in welchen jugendliche Arbeiter beschäftigt werden, muß neben der nach §. 138 Absatz 3 der Gewerbeordnung auszuhängenden Tafel eine zweite Tafel ausgehängt werden, welche die Bestimmungen unter I. und II. in deutlicher Schrift wiedergiebt.

---

4. Betreffend die Beschäftigung jugendlicher Arbeiter auf Steinkohlenbergwerken. Vom 10. Juli 1881 und 12. März 1883. (C. S. 275 resp. 63.)

I. Auf Steinkohlenbergwerken, deren Betrieb auf eine doppelte tägliche Arbeitsschicht eingerichtet ist, treten die Beschränkungen des §. 136 Absatz 1 und 2 der Gewerbe-Ordnung für diejenigen jugendlichen Arbeiter männlichen Geschlechts über 14 Jahre, welche über Tage mit den unmittelbar mit der Förderung der Kohlen zusammenhängenden Arbeiten beschäftigt sind, mit folgenden Maßgaben außer Anwendung:

1. Die erste Schicht darf vor 5 Uhr Morgens nicht beginnen, die zweite Schicht nicht nach 10 Uhr Abends schließen, keine der beiden Schichten länger als 8 Stunden dauern.
2. Zwischen den Arbeitsstunden müssen den jugendlichen Arbeitern an jedem Arbeitstage Pausen von zusammen mindestens einstündiger Dauer gewährt werden; während der Pausen darf ihnen eine Beschäftigung in dem Betriebe nicht gestattet werden.
3. Vor Beginn der Beschäftigung ist dem Arbeitgeber für jeden Arbeiter ein ärztliches Zeugniß darüber zuzustellen, daß die körperliche Entwickelung des Arbeiters eine Beschäftigung auf dem Werke ohne Gefahr für die Gesundheit zuläßt. Der

Arbeitgeber hat mit dem Zeugniß nach §. 137 Absatz 3 der Gewerbeordnung zu verfahren.

II. In Räumen, in welchen jugendliche Arbeiter nach Maßgabe der Vorschriften unter I beschäftigt werden, muß neben der nach §. 138 Absatz 3 der Gewerbeordnung auszuhängenden Tafel eine zweite Tafel aufgehängt werden, welche in deutlicher Schrift die Bestimmungen unter I wiedergiebt.

---

5. Betreffend die Beschäftigung von Arbeiterinnen und jugendlichen Arbeitern in Drahtziehereien mit Wasserbetrieb. Vom 3. Februar 1886. (R.G.B. S. 24.)

I. In Drathziehereien mit Wasserbetrieb, in welchen wegen Wassermangel, Frost oder Hochfluth die Eintheilung des Betriebes in regelmäßige Schichten von gleicher Dauer zeitweise nicht innegehalten werden kann, dürfen Kinder zwischen zwölf und vierzehn Jahren und Arbeiterinnen bei der Herstellung des Drahtes nicht beschäftigt werden. Denselben darf der Aufenthalt in den zur Herstellung des Drahtes bestimmten Arbeitsräumen nicht gestattet werden.

II. Für die Beschäftigung junger Leute männlichen Geschlechts zwischen vierzehn und sechszehn Jahren in den unter I bezeichneten Drahtziehereien treten die Beschränkungen der §§. 135 Absatz 4 und 136 der Gewerbeordnung mit folgenden Maßgaben außer Anwendung:

1. Die Gesammtdauer der Beschäftigung innerhalb einer Woche darf nicht mehr als, ausschließlich der Pausen, sechszig Stunden betragen. Die Dauer der Pausen muß für Schichten von höchstens zehn Arbeitsstunden mindestens eine Stunde, für Schichten von längerer Arbeitszeit mindestens ein und eine halbe Stunde betragen. Unterbrechungen der Arbeit von weniger als einer viertel Stunde Dauer werden auf die Pausen nicht in Anrechnung gebracht. Eine der Pausen muß mindestens eine halbe Stunde dauern.
2. Zwischen zwei Arbeitsschichten muß eine Ruhezeit liegen, welche mindestens die Dauer der zuletzt beendigten Schicht erreicht. Die Dauer der Beschäftigung mit Nebenarbeiten kommt

bei der Berechnung der Gesammtdauer der wöchentlichen Arbeitszeit in Anrechnung.

3. Während der Pausen für Erwachsene dürfen auch jugendliche Arbeiter nicht beschäftigt werden.

4. An Sonntagen darf die Beschäftigung innerhalb zweier Wochen nur einmal in die Zeit von sechs Uhr Morgens bis sechs Uhr Abends fallen.

III. Für Drahtziehereien, welche von den unter II nachgelassenen Ausnahmen Gebrauch machen, finden die Bestimmungen des §. 138 der Gewerbeordnung mit folgenden Maßgaben Anwendung:

1. Das in den Fabrikräumen auszuhängende Verzeichniß der jungen Leute ist in der Weise aufzustellen, daß die in derselben Schicht Beschäftigten je eine Abtheilung bilden.

2. Das Verzeichniß braucht Angaben über die Pausen nicht zu enthalten. Statt dessen ist demselben eine Tabelle nach beiliegendem Muster (nicht mit abgedruckt) beizufügen, in welche während oder unmittelbar nach jeder Arbeitsschicht die vorgesehenen Eintragungen zu bewirken sind. Jede Tabelle muß mindestens über die letzten vierzehn Arbeitsschichten Auskunft geben. Aus derselben muß der Name desjenigen, welcher die Eintragungen bewirkt hat, zu ersehen sein.

3. In den Räumen, in welchen junge Leute beschäftigt werden, muß neben der nach §. 138 Absatz 3 auszuhängenden Tafel eine zweite ausgehängt werden, welche in deutlicher Schrift die Bestimmungen unter I und II wiedergiebt.

---

6. Betreffend die Einrichtung und den Betrieb der Bleifarben- und Bleizuckerfabriken. Vom 12. April 1886. (R.G.B. S. 69.)

§. 1. Sämmtliche Arbeitsräume der Anlagen, in welchen Bleifarben oder Bleizucker hergestellt werden, müssen geräumig und hoch hergestellt, kräftig ventilirt, feucht und rein gehalten werden. Das Eintreten bleihaltigen Staubes sowie bleihaltiger Gase und Dämpfe in dieselben muß durch geeignete Vorrichtungen verhindert werden.

§. 2. Staub entwickelnde Apparate müssen an allen Fugen durch dicke Lagen von Filz oder Wollenzeug oder durch Vorrichtungen von gleicher Wirkung so abgedichtet sein, daß das Eindringen des Staubes in den Arbeitsraum verhindert wird.

Apparate dieser Art müssen mit Einrichtungen versehen sein, welche eine Spannung der Luft in denselben verhindern. Sie dürfen erst dann geöffnet werden, wenn der in ihnen entwickelte Staub sich abgesetzt hat und völlig abgekühlt ist.

§. 3. Beim Trockenmahlen, Packen, Beschicken und Entleeren der Glätte- und Mennigeöfen, beim Mennigebeuteln und bei sonstigen Operationen, bei welchen das Eintreten von Staub in den Arbeitsraum stattfinden kann, muß durch Absauge- und Abführungsvorkehrungen an der Eintrittsstelle die Verbreitung des Staubes in den Arbeitsraum verhindert werden.

§. 4. Arbeitsräume, welche gegen das Eindringen bleihaltigen Staubes oder bleihaltiger Gase und Dämpfe durch die in den §§. 1 und 2 vorgeschriebenen Einrichtungen nicht vollständig geschützt werden können, sind gegen andere Arbeitsräume so abzuschließen, daß in die letzteren Staub, Gase oder Dämpfe nicht eindringen können.

§. 5. Die Innenflächen der Oxydir- und Trockenkammern müssen möglichst glatt und dicht hergestellt sein. Die Oxydirkammern sind während des Behängens und während des Ausnehmens feucht zu erhalten.

Der Inhalt der Oxydirkammern ist, bevor die letzteren nach Beendigung des Oxydationsprozesses zum Zweck des Ausnehmens betreten werden, gründlich zu durchfeuchten und während des Entleerens feucht zu erhalten. Ebenso sind Rohbleiweißvorräthe während der Ueberführung nach dem Schlemmraum und während des etwaigen Lagerns in demselben feucht zu halten.

§. 6. Beim Transporte und bei der Verarbeitung nasser Bleifarbenvorräthe, namentlich beim Schlemmen und Naßmahlen, ist die Handarbeit durch Anwendung mechanischer Vorrichtungen soweit zu ersetzen, daß das Beschmutzen der Kleider und Hände der dabei beschäftigten Arbeiter auf das möglichst geringe Maaße beschränkt wird.

Das Auspressen von Bleiweißschlamm darf nur vorgenommen werden, nachdem die in letzterem enthaltenen löslichen Bleisalze vorher ausgefällt sind.

§. 7. In Anlagen, welche zur Herstellung von Bleifarben und

Bleizucker dienen, darf jugendlichen Arbeitern die Beschäftigung und der Aufenthalt nicht gestattet werden. Arbeiterinnen dürfen innerhalb derartiger Anlagen nur in solchen Räumen und nur zu solchen Verrichtungen zugelassen werden, welche sie mit bleiischen Produkten nicht in Berührung bringen.

§. 8. Der Arbeitgeber darf in Räumen, in welchen Bleifarben oder Bleizucker hergestellt oder verpackt werden, nur solche Personen zur Beschäftigung zulassen, welche eine Bescheinigung eines approbirten Arztes darüber beibringen, daß sie weder schwächlich, noch mit Lungen-, Nieren- oder Magenleiden oder mit Alkoholismus behaftet sind. Die Bescheinigungen sind zu sammeln, aufzubewahren und dem Aufsichtsbeamten (§. 139 b der Gewerbeordnung) auf Verlangen vorzulegen.

§. 9. Arbeiter, welche bei ihrer Beschäftigung mit bleiischen Stoffen oder Produkten in Berührung kommen, dürfen innerhalb eines Zeitraums von 24 Stunden nicht länger als 12 Stunden beschäftigt werden.

§. 10. Der Arbeitgeber hat alle mit bleiischen Stoffen oder Produkten in Berührung kommenden Arbeiter mit vollständig deckenden Arbeitskleidern einschließlich einer Mütze zu versehen.

§. 11. Mit Staubentwickelung verbundene Arbeiten, bei welchen der Staub nicht sofort und vollständig abgesaugt wird, darf der Arbeitgeber nur von Arbeitern ausführen lassen, welche Nase und Mund mit Respiratoren oder feuchten Schwämmen bedeckt haben.

§. 12. Arbeiten, bei welchen eine Berührung mit gelösten Bleisalzen stattfindet, darf der Arbeitgeber nur durch Arbeiter ausführen lassen, welche zuvor die Hände entweder eingefettet oder mit undurchlässigen Handschuhen versehen haben.

§. 13. Die in den §§. 10, 11, 12 bezeichneten Arbeitskleider, Respiratoren, Schwämme und Handschuhe hat der Arbeitgeber jedem damit zu versehenden Arbeiter in besonderen Exemplaren in ausreichender Zahl und zweckentsprechender Beschaffenheit zu überweisen. Er hat dafür Sorge zu tragen, daß diese Gegenstände stets nur von denjenigen Arbeitern benutzt werden, welchen sie zugewiesen sind, und daß dieselben in bestimmten Zwischenräumen, und zwar die Arbeitskleider mindestens jede Woche, die Respiratoren, Mundschwämme und Handschuhe vor jedem Gebrauche gereinigt und während der Zeit, wo sie sich nicht im Gebrauche befinden, an dem für jeden Gegenstand zu bestimmenden Platze aufbewahrt werden.

§. 14. In einem staubfreien Theile der Anlage muß für die Arbeiter ein Wasch- und Ankleideraum und getrennt davon ein Speiseraum vorhanden sein. Beide Räume müssen sauber und staubfrei gehalten und während der kalten Jahreszeit geheizt werden.

In dem Wasch- und Ankleideraum müssen Gefäße zum Zweck des Mundausspülens, Seife und Handtücher, sowie Einrichtungen zur Verwahrung derjenigen gewöhnlichen Kleidungsstücke, welche vor Beginn der Arbeit abgelegt werden, in ausreichender Menge vorhanden sein.

In dem Speiseraum oder an einer anderen geeigneten Stelle müssen sich Vorrichtungen zum Erwärmen der Speisen befinden.

Arbeitgeber, welche fünf oder mehr Arbeiter beschäftigen, haben diesen wenigstens einmal wöchentlich Gelegenheit zu geben, ein warmes Bad zu nehmen.

§. 15. Der Arbeitgeber hat die Ueberwachung des Gesundheitszustandes der von ihm beschäftigten Arbeiter einem, dem Aufsichtsbeamten (§. 139 b der Gewerbeordnung) namhaft zu machenden approbirten Arzte zu übertragen, welcher monatlich mindestens einmal eine Untersuchung der Arbeiter vorzunehmen und den Arbeitgeber von jedem Falle einer ermittelten Bleikrankheit in Kenntniß zu setzen hat. Der Arbeitgeber darf Arbeiter, bei welchen eine Bleikrankheit ermittelt ist, zu Beschäftigungen, bei welchen sie mit bleiischen Stoffen oder Materialien in Berührung kommen, bis zu ihrer völligen Genesung nicht zulassen.

§. 16. Der Arbeitgeber ist verpflichtet, ein Krankenbuch zu führen oder unter seiner Verantwortung für die Vollständigkeit und Richtigkeit der Einträge durch den mit der Ueberwachung des Gesundheitszustandes der Arbeiter beauftragten Arzt oder durch einen Betriebsbeamten führen zu lassen. Das Krankenbuch muß enthalten:

1. den Namen dessen, welcher das Buch führt;
2. den Namen des mit der Ueberwachung des Gesundheitszustandes der Arbeiter beauftragten Arztes;
3. den Namen der erkrankten Arbeiter;
4. die Art der Erkrankung und die vorhergegangene Beschäftigung;

5. den Tag der Erkrankung;
6. den Tag der Genesung, oder wenn der Erkrankte nicht wieder in Arbeit getreten ist, den Tag der Entlassung.

Das Krankenbuch ist dem Aufsichtsbeamten, sowie den zuständigen Medizinalbeamten auf Verlangen vorzulegen.

§. 17. Der Arbeitgeber hat eine Fabrikordnung zu erlassen, welche außer einer Anweisung hinsichtlich des Gebrauches der in den §§. 10, 11, 12 bezeichneten Gegenstände folgende Vorschriften enthalten muß:

1. Die Arbeiter dürfen Branntwein, Bier und andere geistige Getränke nicht mit in die Anlage bringen.
2. Die Arbeiter dürfen Nahrungsmittel nicht in die Arbeitsräume mitnehmen, dieselben vielmehr nur im Speiseraum aufbewahren. Das Einnehmen der Mahlzeiten ist ihnen, sofern es nicht außerhalb der Anlage stattfindet, nur im Speiseraum gestattet.
3. Die Arbeiter haben die Arbeitskleider, Respiratoren, Mundschwämme und Handschuhe in denjenigen Arbeitsräumen und bei denjenigen Arbeiten, für welche es von dem Betriebsunternehmer vorgeschrieben ist, zu benutzen.
4. Die Arbeiter dürfen erst dann den Speiseraum betreten, Mahlzeiten einnehmen oder die Fabrik verlassen, wenn sie zuvor die Arbeitskleider abgelegt, die Haare vom Staube gereinigt, Hände und Gesicht sorgfältig gewaschen, die Nase gereinigt und den Mund ausgespült haben.

§. 18. In jedem Arbeitsraum, sowie in dem Ankleide- und dem Speiseraum muß eine Abschrift oder ein Abdruck der §§. 1 bis 17 dieser Vorschriften und der Fabrikordnung an einer in die Augen fallenden Stelle aushängen. Jeder neu eintretende Arbeiter ist, bevor er zur Beschäftigung zugelassen wird, zur Befolgung der Fabrikordnung bei Vermeidung der ohne vorhergehende Kündigung eintretenden Entlassung zu verpflichten.

Der Betriebsunternehmer ist für die Handhabung der Fabrikordnung verantwortlich, und verpflichtet, Arbeiter, welche derselben wiederholt zuwiderhandeln, aus der Arbeit zu entlassen.

§. 19. Neue Anlagen, in welchen Bleifarben oder Bleizucker hergestellt werden soll, dürfen erst in Betrieb gesetzt werden, nachdem ihre Errichtung dem zuständigen Aufsichtsbeamten (§. 139 b der Gewerbeordnung) angezeigt ist. Der Letztere hat nach Empfang dieser Anzeige schleunigst durch persönliche Revision festzustellen, ob die Einrichtung der Anlage den erlassenen Vorschriften entspricht.

§. 20. Im Falle der Zuwiderhandlung gegen die §§. 1 bis 19 dieser Vorschriften kann die Polizeibehörde die Einstellung des Betriebes bis zur Herstellung des vorschriftsmäßigen Zustandes anordnen.

§. 21. Auf Anlagen, welche zur Zeit des Erlasses dieser Vorschriften im Betriebe stehen, finden die §§. 1 bis 4, 5 Absatz 1, 6 Absatz 1, 14 erst vom 1. Januar 1887 an Anwendung.

Für solche Anlagen können Ausnahmen von den im Absatz 1 bezeichneten Vorschriften durch den Bundesrath zugelassen werden, wenn nach den bisherigen Erfahrungen anzunehmen ist, daß durch die vorhandenen Einrichtungen ein gefahrloser Betrieb sichergestellt ist.

---

7. Gesetz, betreffend die Anfertigung und Verzollung von Zündhölzern. Vom 13. Mai 1884. R.G.B. S. 49. Vgl. Bekm. v. 11. Juli 84. S. 195.

Wir Wilhelm, von Gottes Gnaden Deutscher Kaiser, König von Preußen rc. verordnen im Namen des Reichs, nach erfolgter Zustimmung des Bundesraths und des Reichstags, was folgt:

§. 1. Die Anfertigung von Zündhölzern unter Verwendung von weißem Phosphor darf nur in Anlagen stattfinden, welche ausschließlich für die Herstellung von Zündhölzern benutzt werden.

§. 2. In Räumen, in welchen

a) das Zubereiten der Zündmasse,

b) das Betunken der Hölzer,

c) das Trocknen der betunkten Hölzer

erfolgt, darf jugendlichen Arbeitern (§. 136 der Gewerbeordnung), in Räumen, welche

d) zu dem Abfüllen der Hölzer und ihrer ersten Verpackung dienen,

darf Kindern (§. 135 Absatz 1 und 2 der Gewerbeordnung) der Aufenthalt nicht gestattet werden.

§. 3. Zuwiderhandlungen gegen die Vorschrift im §. 1 werden mit Geldstrafe bis zu dreihundert Mark, im Unvermögensfalle mit Haft bestraft. Neben der Strafe ist auf Einziehung der in dem gesetzwidrigen Betriebe benutzten beweglichen Gegenstände und der hergestellten Zündhölzer zu erkennen.

§. 4. Zuwiderhandlungen gegen die Vorschrift im §. 2 werden mit Geldstrafe bis zu zweitausend Mark, im Unvermögensfalle mit Gefängniß bis zu sechs Monaten bestraft.

Die auf Grund der vorstehenden Bestimmung auferlegten Geldstrafen fließen der im §. 116 der Gewerbeordnung bezeichneten Kasse zu.

§. 5. Auf die zur Zeit des Erlasses dieses Gesetzes bestehenden Betriebe finden die Bestimmungen desselben erst nach Ablauf von zwei Jahren Anwendung.

§. 139 b. Die Aufsicht über die Ausführung der Bestimmungen der §§. 135 bis 139 a, sowie des §. 120 Absatz 3 in seiner Anwendung auf Fabriken ist ausschließlich oder neben den ordentlichen Polizeibehörden besonderen von den Landesregierungen zu ernennenden Beamten [3]) zu übertragen. Denselben stehen bei Ausübung dieser Aufsicht alle amtlichen Befugnisse der Ortspolizeibehörden, insbesondere das Recht zur jederzeitigen Revision der Fabriken zu. Sie sind, vorbehaltlich der Anzeige von Gesetzwidrigkeiten, zur Geheimhaltung der amtlich zu ihrer Kenntniß gelangenden Geschäfts- und Betriebsverhältnisse der ihrer Revision unterliegenden Fabriken zu verpflichten.

Die Ordnung der Zuständigkeitsverhältnisse zwischen diesen Beamten und den ordentlichen Polizeibehörden bleibt der verfassungsmäßigen Regelung in den einzelnen Bundesstaaten vorbehalten.

Die erwähnten Beamten haben Jahrsberichte über

ihre amtliche Thätigkeit zu erstatten. Diese Jahresberichte oder Auszüge aus denselben sind dem Bundesrath und dem Reichstag vorzulegen.

Auf Antrag der Landesregierungen kann für solche Bezirke, in welchen Fabrikbetriebe gar nicht oder nur in geringem Umfange vorhanden sind, durch Beschluß des Bundesraths von der Anstellung besonderer Beamten abgesehen werden.

Die auf Grund der Bestimmungen der §§. 135 bis 139 a, sowie des §. 120 Absatz 3 in seiner Anwendung auf Fabriken auszuführenden amtlichen Revisionen müssen die Arbeitgeber zu jeder Zeit, namentlich auch in der Nacht, während die Fabriken im Betriebe sind, gestatten.

3) Fabrikinspektoren (Gewerberäthe). Strafbestimmung: Gew.O. §. 149 Ziff. 7: Geldstrafe bis zu 30 M. aushülflich Haft bis zu 8 Tagen.

§. 154. Die Bestimmungen der §§. 105 bis 133 finden auf Gehülfen und Lehrlinge in Apotheken und Handelsgeschäften keine Anwendung.

Die Bestimmungen der §§. 134 bis 139 b finden auf Arbeitgeber und Arbeiter in Werkstätten, in deren Betrieb eine regelmäßige Benutzung von Dampfkraft stattfindet, sowie in Hüttenwerken, in Bauhöfen und Werften entsprechende Anwendung.

In gleicher Weise finden Anwendung die Bestimmungen der §§. 115 bis 119, 135 bis 139 b, 152 und 153 auf die Besitzer und Arbeiter von

Bergwerken, Salinen, Aufbereitungsanstalten und unterirdisch betriebenen Brüchen oder Gruben.

Arbeiterinnen dürfen in Anlagen der im Abs. 3 bezeichneten Art nicht unter Tage beschäftigt werden. Zuwiderhandlungen unterliegen der Strafbestimmung des §. 146.

## 3. Vorschriften, betreffend den Verkehr mit Nahrungsmitteln, Genußmitteln und Gebrauchsgegenständen.

**64.** Strafgesetzbuch §. 324 s. o. S. 80.

**65.** Strafgesetzbuch §. 367. Ziff. 7. Mit Geldstrafe bis zu 150 M. oder mit Haft wird bestraft: [1])

7. wer verfälschte oder verdorbene Getränke oder Eßwaaren, insbesondere trichinenhaltiges [2]) Fleisch feilhält oder verkauft.

1) Diese Bestimmung ist durch das Nahrungsmittelgesetz nicht aufgehoben worden. Sie ist anwendbar, wenn absichtlich oder fahrlässiger Weise ein bloßes Feilhalten (z. B. Auslegen zum Verkaufe) stattfindet, ohne daß dem Gegenstande eine zur Täuschung geeignete Bezeichnung (Nahrungsm.Ges. §. 10 Ziff. 2) gegeben worden ist. R. 4. 149. 451. E. 6. 34. 269.

2) Nicht unter §. 367 fällt Fleisch, welches todte Trichinen enthält. Annal. 5. 321.

**66.** Gesetz, betreffend den Verkehr mit Nahrungsmitteln, Genußmitteln und Gebrauchsgegenständen. Vom 14. Mai 1879. R.G.B. S. 145.

Wir Wilhelm, von Gottes Gnaden Deutscher Kaiser, König von Preußen etc. verordnen im Namen des Reichs, nach erfolgter Zustimmung des Bundesraths und des Reichstags, was folgt:

§. 1. Der Verkehr mit Nahrungs- und Genußmitteln [1]), sowie mit Spielwaaren [2]), Tapeten [3]), Farben [4]), Eß-, Trink- und Kochgeschirr [5]) und mit Petroleum [6]) unterliegt der Beaufsichtigung nach Maßgabe dieses Gesetzes.

1) „Nahrungsmittel" im Sinne d. Ges. sind alle diejenigen Stoffe, welche zur Nahrung von Menschen (nicht Thieren R. 2. 294) dienen, auch wenn sie, um genießbar zu werden, erst zubereitet (Feldfrüchte R. 3. 456, lebende Thiere R. 8, 721) oder mit anderen Stoffen verarbeitet werden müssen (Hopfen R. 4, 684). — „Genußmittel" sind Gegenstände, die körperlich direct genossen (im Genusse verbraucht) werden, nicht schon solche, die Genuß bereiten. Nicht: Blumen, Feuerungs- und Beleuchtungsmaterial R. 5. 515. E. 9. 46. Wohl aber Taback R. 3. 848. E. 5. 289. Desgl. Heilmittel, die zugleich Genuß bereiten sollen, E. 4. 393, Liqueure, Malzextract u. s. w. Vgl. u. S. 206 ff. N. 2 a.

2) Vgl. Farbenverw.Ges. §. 4 (S. 200).

3) Ebd. §. 7.

4) Ebd. §. 1 ff.

5) Vgl. §. 5 Ziff. 4 u. Ges., betr. den Verkehr mit blei- und zinkhaltigen Gegenständen (S. 194 ff.).

6) §. 5 Z. 5 u. Bd. v. 24. Febr. 82. R.G.B. S. 40 unten S. 192 ff.

§. 2 [7]). Die Beamten der Polizei sind befugt, in die Räumlichkeiten, in welchen Gegenstände der in §. 1 bezeichneten Art feilgehalten [8]) werden, während der üblichen Geschäftsstunden oder während die Räumlichkeiten dem Verkehr geöffnet sind, einzutreten [9]).

Sie sind befugt, von den Gegenständen der in §. 1 bezeichneten Art, welche in den angegebenen Räumlichkeiten sich befinden, oder welche an öffentlichen Orten, auf Märkten, Plätzen, Straßen oder im Umherziehen verkauft oder feilgehalten werden, nach ihrer Wahl Proben zum Zwecke der Untersuchung gegen Empfangsbescheinigung zu entnehmen. Auf Verlangen ist dem Besitzer ein Theil der Probe amtlich verschlossen oder versiegelt zurückzulassen. Für die entnommene Probe ist Entschädigung [10]) in Höhe des üblichen Kaufpreises zu leisten.

7) Vgl. §§. 3. 4. 9. 16.

8) Nicht Waarenlager u. Fabrikationsstätten, vgl. §. 3.

9) Eine „Durchsuchung" der Räume ist an die Vorschriften der St.P.O. §§. 102 ff. gebunden.

10) Die Zahlung wird regelmäßig abhängig gemacht werden von dem Resultat der nachfolgenden Untersuchung.

§. 3. Die Beamten der Polizei sind befugt, bei Personen, welche auf Grund der §§. 10, 12, 13 dieses Gesetzes zu einer Freiheitsstrafe verurtheilt sind, in den Räumlichkeiten, in welchen Gegenstände der in §. 1 bezeichneten Art feilgehalten werden, oder welche zur Aufbewahrung oder Herstellung solcher zum Verkaufe bestimmter Gegenstände dienen, während der in §. 2 angegebenen Zeit Revisionen vorzunehmen [11]).

Diese Befugniß beginnt mit der Rechtskraft des Urtheils und erlischt mit dem Ablauf von drei Jahren von dem Tage an gerechnet, an welchem die Freiheitsstrafe verbüßt, verjährt [12]) oder erlassen ist.

11) Vgl. §§. 4. 9.

12) St.G.B. §§. 70 ff.

§. 4 [13]). Die Zuständigkeit der Behörden und Beamten zu den in §§. 2 und 3 bezeichneten Maßnahmen richtet sich nach den einschlägigen landesrechtlichen Bestimmungen.

Landesrechtliche Bestimmungen, welche der Polizei weitergehende Befugnisse als die in §§. 2 und 3 bezeichneten geben [14]), bleiben unberührt.

13) Vgl. §. 9.

14) Z. B. die Beschlagnahme von Marktwaaren als Präventivmaßregel E. 9. 121.

§. 5 [15]). Für das Reich können durch Kaiserliche Verordnung mit Zustimmung des Bundesraths zum Schutze der Gesundheit Vorschriften erlassen werden, welche verbieten:

1. bestimmte Arten der Herstellung, Aufbewahrung und Verpackung von Nahrungs- und Genußmitteln, die zum Verkaufe bestimmt sind;
2. das gewerbsmäßige Verkaufen und Feilhalten von Nahrungs- und Genußmitteln von einer bestimmten Beschaffenheit oder unter einer der wirklichen Beschaffenheit nicht entsprechenden Bezeichnung;
3. das Verkaufen und Feilhalten von Thieren, welche an bestimmten Krankheiten leiden, zum Zwecke des Schlachtens, sowie das Verkaufen und Feilhalten des Fleisches von Thieren, welche mit bestimmten Krankheiten behaftet waren;
4. die Verwendung bestimmter Stoffe und Farben zur Herstellung von Bekleidungsgegenständen,

Spielwaaren, Tapeten, Eß-, Trink- und Kochgeschirr, sowie das gewerbsmäßige Verkaufen und Feilhalten von Gegenständen, welche diesem Verbote zuwider hergestellt sind;

5. das gewerbsmäßige Verkaufen und Feilhalten von Petroleum von einer bestimmten Beschaffenheit.

15) Vgl. N. 3. Die bestehenden landesrechtlichen Vorschriften über die erwähnten Materien (z. B. betr. Aufblasen des Fleisches, Trichinenschau, Verkehr mit Pferdefleisch, mit Milch, Herstellung und Verzapfen von Bier) werden nur insoweit berührt, als sie mit den resp. Kais. V.O. in Widerspruch stehen (Mot.). Vgl. §. 8 Abs. 2.

§. 6. Für das Reich kann durch Kaiserliche Verordnung mit Zustimmung des Bundesraths das gewerbsmäßige Herstellen, Verkaufen und Feilhalten von Gegenständen, welche zur Fälschung von Nahrungs- oder Genußmitteln bestimmt sind, verboten oder beschränkt werden.

§. 7. Die auf Grund der §§. 5, 6 erlassenen Kaiserlichen Verordnungen sind dem Reichstag, sofern er versammelt ist, sofort, anderenfalls bei dessen nächstem Zusammentreten vorzulegen. Dieselben sind außer Kraft zu setzen, soweit der Reichstag dies verlangt.

§. 8. Wer den auf Grund der §§. 5, 6 erlassenen Verordnungen zuwiderhandelt, wird mit Geldstrafe bis zu einhundertfünfzig Mark oder mit Haft bestraft [16]).

Landesrechtliche Vorschriften dürfen eine höhere Strafe nicht androhen.

16) Vgl. §. 15 (Einziehung zulässig).

§. 9. Wer den Vorschriften der §§. 2 bis 4 zuwider den Eintritt in die Räumlichkeiten, die Entnahme einer Probe oder die Revision verweigert [17]), wird mit Geldstrafe von fünfzig bis zu einhundertfünfzig Mark oder mit Haft bestraft.

17) Widerstand durch Gewalt oder Bedrohung mit Gewalt: St. G.B. §. 113 f.

§. 10 [18]). Mit Gefängniß bis zu sechs Monaten und mit Geldstrafe bis zu eintausentfünfhundert Mark oder mit einer dieser Strafen wird bestraft:

1. wer zum Zwecke der Täuschung im Handel und Verkehr Nahrungs- oder Genußmittel nachmacht [19]) oder verfälscht [20]) [21]);
2. [22]) wer wissentlich Nahrungs- oder Genußmittel, welche verdorben [23]) oder nachgemacht oder verfälscht sind, unter Verschweigung dieses Umstandes verkauft oder unter einer zur Täuschung geeigneten Bezeichnung feilhält.

18) Vgl. §§. 3, 11, 15, 16. St.G.B. §. 263: Wer in der Absicht, sich oder einem Dritten einen rechtswidrigen Vermögensvortheil zu verschaffen, das Vermögen eines Anderen dadurch beschädigt, daß er durch Vorspiegelung falscher oder durch Entstellung oder Unterdrückung wahrer Thatsachen einen Irrthum erregt oder unterhält, wird wegen Betruges mit Gefängniß bestraft, neben welchem auf Geldstrafe bis zu dreitausend Mark, sowie auf Verlust der bürgerlichen Ehrenrechte erkannt werden kann.

Sind mildernde Umstände vorhanden, so kann ausschließlich auf die Geldstrafe erkannt werden.

Der Versuch ist strafbar.

Wer einen Betrug gegen Angehörige, Vormünder oder Erzieher begeht, ist nur auf Antrag zu verfolgen. Die Zurücknahme des Antrages ist zuläßig. —

§. 10 erfordert nicht gewinnsüchtige Absicht, nicht Schädigung fremden Vermögens, nicht unbedingt Verschlechterung oder Gesundheitsgefährlichkeit der Waare. Ferner nicht wie §. 263 St.G.B. die Täuschung einer bestimmten Person. Es genügt Herstellung eines Falsifikates zum Zwecke der Täuschung des Publikums; §. 10 trifft zu, auch wenn der nächste Abnehmer (Zwischenhändler) von der Verfälschung ꝛc. weiß R. 2. 737. 8. 672. — Anderseits ist die Herstellung von Surrogaten an sich zulässig; deshalb der Nachweis nöthig, daß beabsichtigt werde, den Gegenstand als Nichtsurrogat in den Verkehr zu bringen. Beisp.: das Fabrikat wird mit auf Täuschung berechneter Etiquette vorgefunden; dasselbe würde bei richtiger Bezeichnung keinen Konsumenten finden (künstliche Kaffeebohnen). — Durch gerechtfertigte Handelsüblichkeiten wird die Täuschungsabsicht ausgeschlossen, überall kommt in Betracht, was im Publikum der betr. Gegend unter der betr. Bezeichnung verstanden und bei reellem Verkehr vom Käufer erwartet wird.

19) „Nachmachen" ist Herstellung einer Sache, welcher der Schein, aber nicht dasjenige gegeben wird, was nach Verkehrsbegriffen Wesen und Gehalt einer anderen (echten) Sache ausmacht. Die häufigsten Arten von Nachmachung und Verfälschung aller wichtigeren Nahrungs- und Genußmittel sind zusammengestellt in den „Materialien zur techn. Begr. d. Gesetzentw. ꝛc." abgedr. bei Meyer u. Finkelnburg 2. Aufl. 85 (Berlin, Springer) und Zinn (Haas) 2. Aufl. 85 (Nördl. Beck.). Ein Auszug aus denselben folgt am Schlusse dieser Nr. S. 178.

20) „Verfälschen" ist eine Veränderung, welche durch Zusatz oder Entnahme von Stoffen eine Verschlechterung oder den Schein einer besseren Beschaffenheit (resp. beides E. 15. 322) herstellt und zwar durch Anwendung von Mitteln auf die Sache selbst (nicht durch unrichtige Verpackung und Bezeichnung, z. B. Angabe eines falschen Ursprungsortes, (Erlanger Bier, Rittergutsbutter). Hier ev. Betrug vorliegend. E. 1. 267. R. 1. 44. 5. 555. 6. 166, vgl. 7. 241.

21) Strafbare Verfälschung wurde angenommen: für Wein: bei Mischung von 60% Naturwein mit Fabrikat resp. Wasser und Alkohol. E. 2. 418. Annalen 8. 220: mit Hollundersaft E. 15. 321. R. 9. 161; beim „Gallisiren" von Wein R. 9. 71. E. 15. 192. Vgl. betr. Verschnitt- nnd Façonweine R. 8. 660. E. 15. 428.

Für Bier: nicht bei geringem Salicylsäurezusatz zur Hefe. R. 6. 814. E. 11. 294 und nicht bei (wie Hausenblase, Spähne) mechanisch wirkenden Klärungsmitteln. R. 5. 495. E. 8. 434. Im übrigen in Bayern bei jedem Zusatze neben Malz und Hopfen (Süßholz, Biercouleur) R. 4. 876. 6. 819. E. 7. 314. — Bei Zugießen von Neigenbier E. 7. 546. Bei Verwendung von unreinem Traubenzucker R. 6. 170. — Bei Zusatz von Mais zu Weizengries resp. Roggenschrot R. 2. 506. E. 3, 234. Annalen 6, 453. — Bei Zusatz von Mehl zu Wurstwaaren R. 8. 552. E. 15. 161. — Bei Zusatz von Tabacksholz zu Tabacksblättern R. 3. 376. E. 4, 311. Ferner: bei Auffärbung von Wurst R. 4. 174. E. 6. 51, von Liqueur R. 4. 194. Rothfärben der Kiemen von Fischen R. 3. 761. E. 5. 178.

22) Ziff. 1 richtet sich gegen den Fabrikanten, auch wenn derselbe im Inlande überall nicht zu verkaufen gedenkt. Ziff. 2 geht davon aus, daß, wer Nahrungs- oder Genußmittel verkauft oder feilhält, nicht bloß jede Erregung eines Irrthums durch die in §. 263 St.G.B. angedeuteten Mittel zu vermeiden, sondern Alles zu thun hat, um den Kauflustigen über die wirkliche Beschaffenheit der Waare ins Klare zu setzen. Ist dem Händler bekannt, daß die Waare verdorben ist, so muß er dies ausdrücklich sagen oder sonst erkennbar machen. (Mot.)

23) „Verdorben" ist ein Nahrungsmittel, das ohne darauf gerichtet gewesene menschliche Thätigkeit in einem von der normalen Beschaffenheit abweichenden Zustande sich befindet, so daß es vom Publikum als zu menschlichem Genusse nicht geeignet angesehen wird. Beispiele: Fleisch von ungeborenen Kälbern R. 4. 8. E. 5. 287, desgl. von todten Finnen (resp. Trichinen) R. 3. 594. E. 5. 290, oder Hydatiden (Wasserblasen, die beim Kochen verschwinden) R. 4. 451. E. 6. 268, durchsetztes Fleisch.

§. 11. Ist die im §. 10 Nr. 2 bezeichnete Handlung aus Fahrlässigkeit begangen worden, so tritt Geldstrafe bis zu einhundertfünfzig Mark oder Haft ein[24].

24) Vgl. §. 367 Nr. 7. St.G.B. S. 167.

§. 12[25]). Mit Gefängniß, neben welchem auf Verlust der bürgerlichen Ehrenrechte erkannt werden kann, wird bestraft:

1. wer vorsätzlich Gegenstände, welche bestimmt sind, Anderen [26]) als Nahrungs- oder Genußmittel zu dienen, derart herstellt, daß der Genuß derselben die menschliche Gesundheit zu beschädigen geeignet [27]) ist, ingleichen wer wissentlich Gegenstände, deren Genuß die menschliche Gesundheit zu beschädigen geeignet[28]) ist, als Nahrungs- oder Genußmittel verkauft, feilhält oder sonst in Verkehr bringt [28]);

[29]) 2. wer vorsätzlich Bekleidungsgegenstände, Spielwaaren, Tapeten, Eß-, Trink- oder Kochgeschirr oder Petroleum derart herstellt, daß der bestimmungsgemäße oder vorauszusehende Gebrauch dieser Gegenstände die menschliche Gesundheit zu beschädigen geeignet ist, ingleichen wer wissentlich solche Gegenstände verkauft, feilhält oder sonst in Verkehr bringt [28]).

Der Versuch ist strafbar [30]).

Ist durch die Handlung eine schwere Körperverletzung [31]) oder der Tod eines Menschen verursacht worden, so tritt Zuchthausstrafe bis zu fünf Jahren ein.

25) Vgl. St.G.B. §. 324 (o. S. 80) und Komm.-Ber. Drucks. Nr. 59. S. 47. Reale Konkurrenz der einzelnen Fälle: E. 4. 182. 8. 149.

26) Auch der Familie, den Hausgenossen des Herstellenden.

27) Auch wenn im konkreten Falle eine Beschädigung nicht eintritt.

— Gemeint ist ein nicht übermäßiger Genuß in der Form, in welcher das betr. Nahrungsmittel genossen zu werden pflegt.

28) Jede Hingabe an Andere zum Genuß genügt: Verschenken, R. 2. 633. E. 3. 119; hingeben in die eigne Wirthschaft R. 4. 768. E. 7. 151; auch wenn dem Empfänger die gefährliche Eigenschaft des Gegenstandes bekannt war, R. 4. 10.

29) Vgl. unten S. 180, 183. Auch hier macht Kenntniß des Empfängers der Waare nicht straffrei.

30) Versuch: St.G.B. §. 43 ff. Versuch des Feilhaltens: R. 3. 671. 6. 334, 724. E. 6. 46.

31) S. o. S. 75.

§. 13. War in den Fällen des §. 12 der Genuß oder Gebrauch des Gegenstandes die menschliche Gesundheit zu zerstören geeignet und war diese Eigenschaft dem Thäter bekannt, so tritt Zuchthausstrafe bis zu zehn Jahren, und wenn durch die Handlung der Tod eines Menschen verursacht worden ist, Zuchthausstrafe nicht unter zehn Jahren oder lebenslängliche Zuchthausstrafe ein.

Neben der Strafe kann auf Zulässigkeit von Polizeiaufsicht erkannt werden.

§. 14. Ist eine der in den §§. 12, 13 bezeichneten Handlungen aus Fahrlässigkeit [32]) begangen worden, so ist auf Geldstrafe bis zu eintausend Mark oder Gefängnißstrafe bis zu sechs Monaten und, wenn durch die Handlung ein Schaden an der Gesundheit eines Menschen verursacht worden ist, auf Gefängsnißstrafe bis zu einem Jahre, wenn aber der Tod eines Menschen verursacht worden ist, auf Gefängnißstrafe von einem Monat bis zu drei Jahren zu erkennen [33]).

32) Z. B. durch Unterlassung einer gesetzlich oder durch die Umstände gebotenen Untersuchung, durch Nichtbeseitigung verdorbener Waaren aus dem Verkaufslokal, durch Unterlassung einer nothwendigen Warnung beim Verkauf. R. 6. 381. E. 9. 31.

33) Vgl. St.G.B. §. 222, 230, o. S. 73. 77. §. 326: Fahrlässige Begehung einer in §. 324 mit Strafe bedrohten Handlung, wenn durch dieselbe ein Schaden verursacht worden ist.

§. 15. In den Fällen der §§. 12 bis 14 ist neben der Strafe auf Einziehung[34]) der Gegenstände zu erkennen, welche den bezeichneten Vorschriften zuwider hergestellt, verkauft, feilgehalten oder sonst in Verkehr gebracht sind, ohne Unterschied, ob sie dem Verurtheilten gehören oder nicht; in den Fällen der §§. 8, 10, 11 kann auf die Einziehung erkannt werden.

Ist in den Fällen der §§. 12 bis 14 die Verfolgung oder die Verurtheilung einer bestimmten Person nicht ausführbar, so kann auf die Einziehung selbständig erkannt werden.

34) Vgl. St.G.B. §§. 40, 42. R. 4. 473. E. 6. 296. R. 4. 886. E. 7. 428. 8. 238.

§. 16. In dem Urtheil oder dem Strafbefehl kann angeordnet werden, daß die Verurtheilung auf Kosten des Schuldigen öffentlich bekannt zu machen sei[35]).

Auf Antrag des freigesprochenen Angeschuldigten hat das Gericht die öffentliche Bekanntmachung der Freisprechung anzuordnen; die Staatskasse trägt die Kosten, insofern dieselben nicht dem Anzeigenden auferlegt worden sind.

In der Anordnung ist die Art der Bekanntmachung zu bestimmen.

[36]) Sofern in Folge polizeilicher Untersuchung von Gegenständen der im §. 1 bezeichneten Art eine rechtskräftige strafrechtliche Verurtheilung eintritt, fallen dem Verurtheilten die durch die polizeiliche Untersuchung erwachsenen Kosten zur Last. Dieselben sind zugleich mit den Kosten des gerichtlichen Verfahrens festzusetzen und einzuziehen.

35) Die Veröffentlichung kann nur erfolgen, wenn auf Grund dieses Gesetzes verurtheilt ist, nicht, wenn die Strafe aus dem ideell konkurrirenden §. 263 (Betrug) verhängt wurde. R. 6. 166. E. 10. 206.

36) Absatz 4 ist ein Zusatz durch Gesetz v. 29. Juni 87. R.G.B. 276.

§. 17. Besteht für den Ort der That eine öffentliche Anstalt zur technischen Untersuchung von Nahrungs- und Genußmitteln, so fallen die auf Grund dieses Gesetzes auferlegten Geldstrafen, soweit dieselben dem Staate zustehen, der Kasse zu, welche die Kosten der Unterhaltung der Anstalt trägt.

Urkundlich unter Unserer Höchsteigenhändigen Unterschrift und beigedrucktem Kaiserlichen Insiegel.

Gegeben Berlin, den 14. Mai 1879.

# Anhang.

## Materialien zur technischen Begründung des vorstehenden Gesetzes.

### Hauptinhalt:[1])

1) Bezüglich des Werthes dieser Zusammenstellung, welche resumiren will, was vom technischen Standpunkte aus unter weitgehendster Be-

rücksichtigung des gesundheitspolizeilichen Interesses verlangt werden müsse, ohne dabei festzustellen, welche der betr. Manipulationen den berechtigten Gewohnheiten in Handel und Verkehr zuwider vorgenommen werden s. Meyer u. Finkelnberg S. 82, Zinn-Haas S. 65.

### 1. Mehl:

Unter der Bezeichnung „Mehl" ist der durch den Mahlprozeß vorbereitete Kern der Getreidearten zu verstehen.

Als Mittel zur Fälschung des Mehles sind vorgekommen:

a) Mehl von Erbsen, Linsen, Bohnen, Mais und Kartoffeln. Sie sind nicht als gesundheitsgefährlich, aber auf Täuschung berechnet und als werthvermindernd zu betrachten.

b) Gyps, Schwerspath, Kreide, kohlensaure Magnesia und andere Mineralbestandtheile, deren Genuß unter Umständen der Gesundheit nachtheilig ist.

c) Alaun, Kupfervitriol und ähnliche Metallsalze, die zur Brodbereitung entschieden gesundheitsgefährlich sind.

Ebenso ist das Färben von Suppennudeln mit Pikrinsäure statt Eigelb oder Safran unzulässig.

Alle aufgezählten Fälschungsmittel sind leicht und sicher nachzuweisen.

### 2. Konditorwaaren:

Die Konditorwaaren werden verfälscht mit mancherlei schwerwiegenden Mineralsubstanzen. Durch besondere

Zusätze beim Backen können gesundheitsgefährliche Bestandtheile in dieselben hineingelangen, welche nicht selten auch in den nachträglich angebrachten Verzierungen enthalten sind.

Konfekte, wie Bonbons u. dgl., werden häufig aus gefärbtem Zucker hergestellt, zu dessen Bereitung giftige Farben gedient haben. Dasselbe gilt von plastischen Nachbildungen allerlei Art. Auch bei diesen Gegenständen werden Mineralpulver als betrügerische Zusätze in Anwendung gebracht.

Gelées, Fruchtsäfte, Limonaden werden künstlich nachgemacht aus Zucker, Säuren, Gewürzen, Farbstoffen und Essenzen. Solche Präparate haben einen sehr geringen Werth.

Liqueure, Pastillen, Dragées werden häufig verfälscht, oder zum Theil in gesundheitswidriger Weise hergestellt.

Vergiftungsfälle nach dem Genusse von Pasteten und Gefrorenem sind beobachtet worden.

Zur Verpackung mancher Konditorwaaren sind mit giftigen Farben gefertigte Materialien verwandt und auf diese Art Vergiftungsfälle verursacht worden.

Der Nachweis genannter Verfälschungen und gesundheitswidriger Beimischungen ist leicht zu führen.

### 3. Zucker:

Unter der Bezeichnung „Zucker" sind nur aus Zuckerrohr oder Runkelrüben bereitete, krystallinische Rohrzucker zu bezeichnen.

Bei dem Zucker aus Rüben ist die Melasse durch widrigen Geruch und hohen Betrag der Salze ausgezeichnet bezw. gesundheitsgefährlich; nicht so bei dem aus reinerem Safte bereiteten Kolonialzucker.

Zucker aus Rüben soll frei sein von Melasse oder doch davon einen nur sehr kleinen Betrag enthalten.

Die Raffinaden, besonders die aus Rübenzucker, erhalten, um ihnen den Stich ins Gelbe zu benehmen, einen geringen Zusatz von Ultramarin, welcher nicht als schädlich zu betrachten ist.

Ein gewöhnliches Fälschungsmittel für den käuflichen Syrup (Melasse aus Zuckerrohr) ist Stärkezucker. Näheres darüber ist unter dem Abschnitt Bier ausgeführt.

Der chemische Nachweis der Beimengungen bietet keine Schwierigkeit und ist sicher.

### 4. Fleisch und Wurst:

Als gesundheitsgefährlich ist zu betrachten:

1. das Fleisch von gestorbenen Thieren;
2. das Fleisch von Thieren, die mit der Wuthkrankheit, der Rotzkrankheit, dem Milzbrand oder einer milzbrandähnlichen Krankheit mit einer brandigen Entzündung innerer Organe oder äußerer Körpertheile behaftet waren;
3. das Fleisch von Thieren, die im kranken Zustande geschlachtet wurden, nachdem sich bereits sogenannte typhöse Erscheinungen oder starke Abmagerung eingestellt hatten;

4. das Fleisch von Thieren, die an Vergiftungen litten, oder denen kurz vor dem Schlachten giftige Stoffe in größeren Quantitäten eingegeben waren;
5. trichinenhaltiges und finniges Fleisch, sowie das Fleisch von Thieren, die in höherem Grade skrophulös oder tuberkulös waren;
6. in höherem Grade verdorbenes Fleisch.

Der Werth des Fleisches wird bedeutend vermindert, ohne daß dieses immer gesundheitsgefährlich ist:

1. bei allen fieberhaften Krankheiten, sowie bei inneren chronischen (fieberlosen, schleichenden) Krankheiten, bei denen Abzehrung entstanden ist;
2. einen geringeren Nährwerth besitzt das Fleisch von sogenannten unreifen, d. h. weniger als 8 bis 10 Tage alten Kälbern;
3. der Nährwerth der Wurst wird durch Zusatz von Mehlkleister vermindert;
4. Pferdefleisch wird angeblich sehr häufig als Rindfleisch verkauft, um dafür einen den eigentlichen Werth übersteigenden Preis zu erzielen.

Da die Erkennung der Krankheiten, bei denen das Fleisch eine gesundheitsgefährliche Beschaffenheit erlangt, sowie die Feststellung der gesundheitsgefährlichen Beschaffenheit des Fleisches nach dem Schlachten schwierig ist, so erscheint die Anordnung einer obligatorischen Fleischschau durch Sachverständige, wo dieselbe durchzuführen ist, nothwendig. In einer Instruktion für die Fleischbeschauer würden die Kennzeichen des gesundheitsgefährlichen (kranken, in höherem Grade verdorbenen) sowie desjenigen Fleisches, welches nur einen geringen Nährwerth hat, anzugeben sein.

Wo die Fleischschau nicht obligatorisch ist, würde wenigstens das Schlachten kranker Thiere, ohne daß eine Untersuchung derselben durch Sachverständige (Thierärzte, Fleischbeschauer) vor und nach dem Schlachten stattgefunden hat, zu verbieten sein.

5. Milch:

Bei keinem anderen Nahrungsmittel wird die Entwerthung resp. Verfälschung vor dem Verkaufe so häufig beobachtet, wie bei der Milch.

Die gebräuchlichsten Formen derselben sind:

a) Die Entrahmung. Entrahmter Milch fehlt ein mehr oder weniger großer Theil des in ganzer (voller) Milch enthaltenen Fettes, mithin einer der wichtigsten Bestandtheile. Sie ist daher als minderwerthig zu betrachten und für die Ernährung von Säuglingen ungeeignet.

b) Die Verdünnung. Ganzer, häufig auch entrahmter Milch wird in mehr oder minder erheblicher Menge Wasser zugesetzt und somit der Nährwerth derselben in mehr oder weniger hohem Grade beeinträchtigt.

c) Der Zusatz von fremden Stoffen (Stärkekleister, Stärke, Kreide, Gyps, Weizenmehl u. s. w.) wird seltener beobachtet und geschieht meistens, um eine vorhergehende Verdünnung der Milch durch Wiederherstellung des der normalen Milch eigenthümlichen Grades von Undurchsichtigkeit und Dickflüssigkeit zu verdecken. Derartige Milch ist für die Ernährung ungeeignet bezw. schädlich. Die Vermischung der Milch mit derartigen Stoffen, ebenso auch der Zusatz von säureabsorbirenden Mitteln zu sauer gewordener Milch, macht dieselbe zu rascherem Verderben geeignet und kann auch an und für sich gesundheitsgefährlich wirken.

Der Verkauf solcher Milch als ganzer Milch ist zu verhindern.

Ebenso ungeeignet bezw. schädlich für die menschliche Ernährung ist Milch von fehlerhafter Beschaffenheit (z. B. ursprünglich wässerige, sauere, schleimige, bittere, rothe und blaue Milch), oder auch anscheinend normale Milch, welche von Kühen entnommen ist, die an gewissen Krankheiten (z. B. Infektionskrankheiten) leiden.

Für eine schnelle Feststellung der Fälschungen sind Instrumente gebräuchlich, welche in einigermaßen geübter Hand ausreichen. In zweifelhaften Fällen muß die chemische Analyse zu Hülfe genommen werden.

Zu einer wirksamen Abhülfe gegen die Verfälschung der Milch ist eine geregelte Kontrole des Milchverkaufs in Städten durch Polizeiorgane auf dem Verordnungswege herbeizuführen.

## 6. Butter:

1. Die Gewichtsvermehrung der Butter durch Zusatz fremder Stoffe ist unzulässig.
2. Kunstbutter aus Talg oder auch mit anderen Fetten vermischte Butter ist nur unter einer dieselbe nicht als echt kennzeichnenden Benennung im Verkehr zuzulassen.

## 7. Bier:

Unter „Bier" sind nur durch weinige Gährung ohne Destillation erzeugte und noch in einem gewissen Stadium der Nachgährung befindliche Getränke schlechthin aus Malz (Gerste), Hopfen, Hefe und Wasser zu verstehen. Alle übrigen aus sonstigen Materialien erzeugten ähnlichen Getränke dürfen nur unter anderen sie bestimmt unterscheidenden Bezeichnungen, z. B. „Reisbier", verkauft werden.

Es würde sich empfehlen, die Materialien, welche bei der Herstellung gewisser, schon durch ihren Namen als solche kenntlicher Lokalbiere (Weißbier, Broyhan u. dgl.) als Gewürze verwandt werden dürfen, auf dem Verordnungswege festzustellen.

In vielen Bierbrauereien sind zahlreiche Surrogate in Gebrauch gekommen.

Als Surrogate für Bestandtheile des Malzes sind Stärke, Stärkezucker und Glycerin zu nennen. Ob die Anwendung von Stärkezucker, der gegenwärtig noch in sehr unreinem Zustande in den Handel kommt, gesundheitsgefährlich ist, muß weiteren Erfahrungen anheimgegeben werden.

Die Verwendung von Glycerin ist ebenfalls beim Brauen auszuschließen.

Alle drei Surrogate, Stärke, Stärkezucker und Glycerin, drücken als stickstofffreie Substanzen den relativen Gehalt an Eiweißkörpern im Bier herab und stören so die natürliche Zusammensetzungsweise des Bieres.

Hopfensurrogate sind als unvollkommener Ersatz und in Anbetracht ihrer eventuellen Schädlichkeit überhaupt von der Anwendung auszuschließen.

Anpreisungen von Stoffen, wie Glycerin u. dgl., als Surrogate für die Bierbrauerei seitens der Zwischenhändler sind unzulässig.

Mittel zur Färbung des Bieres, wie „Couleur" u. s. w., sind zwar nicht gesundheitsgefährlich, aber doch darauf berechnet, dem Bier den Anschein einer besseren Beschaffenheit zu geben.

Als Klärungsmittel ist gegen (Hasel- und Weißbuchen-)Späne, gegen Hausenblase, Isinglas und Tannin nichts einzuwenden.

Als Mittel zum Konserviren des Flaschenbieres ist das Pasteurisiren zu empfehlen und ausreichend. Für das Bier auf Fässern wird neuerdings Salicylsäure oder doppeltschwefeligsaurer Kalk angewendet; ob diese bei dauerndem Genuß gesundheitsgefährlich sind, ist durch weitere Untersuchungen zu entscheiden.

Ein Bier, das der Gesundheit des Konsumenten im

vollen Maße zuträglich sein soll, darf sich von einem gewissen, dem Gleichgewicht nahen Verhältnisse zwischen Alkohol und Extrakt nicht zu sehr entfernen. Im Extrakt soll das Verhältniß zwischen Eiweißkörpern, Kohlehydraten und Salzen so sein, wie es bei richtigem Brauverfahren aus der Gerste hervorzugehen pflegt.

Jeder hochgradige Säuregehalt ist verwerflich.

Die als Surrogate des Hopfens dem Bier zugesetzten Stoffe sind noch nicht alle mit Sicherheit nachzuweisen.

8. Wein:

1. Der Name „Wein" schlechthin darf nur einem Getränk gegeben werden, welches ohne jeden Zusatz aus Traubensaft durch alkoholische Gährung bereitet worden ist.
2. Die Darstellung von Wein nach den Methoden, welche Chaptalisiren, Gallisiren, Petiotisiren genannt werden, ist erlaubt, doch nur unter der Bedingung, daß ein so bereiteter Wein nicht für Naturwein ausgegeben und beim Verkaufe mit einem unterscheidenden Namen belegt wird, welcher das Verfahren, nach welchem der Wein bereitet worden ist, klar erkennen läßt.

   Die Verwendung von einem gesundheitsschädliche Stoffe enthaltenden Stärkezucker beim Chaptalisiren, Gallisiren und Petiotisiren ist unzulässig.

NB. Der chemische Nachweis des Chaptalisirens, Gallisirens und Petiotisirens kann nur dann direkt geliefert werden, wenn unreiner, unvergährbare Stoffe enthaltender Stärkezucker verwandt worden ist. Wurde reiner Stärkezucker oder Rohrzucker verwandt, so kann der Nachweis nur auf indirektem Wege versucht und nicht immer mit Sicherheit geliefert werden.

3. Das Ueberführen weißer Weine in rothe durch Verwendung fremder Farbstoffe ist als eine Handlung zu betrachten, welche bezweckt, den Wein unter einem seiner wahren Beschaffenheit nicht entsprechenden Namen zu verkaufen. Bei Verwendung schädlicher Farbstoffe wird die Handlung gesundheitsgefährlich. Der Nachweis der Färbung mit fremden Farbstoffen kann geliefert werden.
4. Das Versetzen des Weines mit Aetherarten, riechenden Essenzen, Glycerin und ähnlichen Stoffen, welche bestimmt sind, dem Weine den Anschein einer besseren Beschaffenheit zu verleihen, ist unzulässig. Bei Verwendung schädlicher Stoffe werden solche Manipulationen gesundheitsgefährlich. Der Nachweis solcher Zusätze kann in der Regel geliefert werden.
5. Das Versetzen des Mostes oder Weines mit Gyps, Alaun oder Bleisalzen ist gesundheitsgefährlich. Der Nachweis solcher Zusätze ist leicht zu liefern.

6. Zur Konservirung des Weines ist das Pasteurisiren zu empfehlen. Zusatz von schwefliger Säure durch Aufbrennen der Fässer mit Schwefel ist nur in beschränktem Maße und unter Verwendung arsenikfreien Schwefels zu gestatten. (In Betreff der Verwendung von Salicylsäure vergleiche Bier.)
7. Flüssigkeiten, welche bisher unter dem Namen „Wein" in den Handel gebracht wurden und welche durch Vermischen von Wasser und Weingeist, Zucker, Weinstein, Aetherarten, riechenden Essenzen ꝛc. hergestellt sind, dürfen (mag denselben ein Zusatz von Wein gegeben worden sein oder nicht) nicht als Wein, sondern müssen unter anderen, bestimmt unterscheidenden Namen verkauft werden.

### 9. Thee und Kaffee:

1. Das Vermischen von Kaffeebohnen oder gebranntem und gemahlenem Kaffee mit Sand, Thonbohnen, Cichorie, extrahirtem Kaffeesatz, gebranntem Getreide und den anderen oben genannten gebrannten Wurzeln und Samen ist nicht gesundheitsgefährlich, aber es entwerthet die Waare.
2. Das Färben von Kaffeebohnen ist oft gesundheitsgefährlich, jedenfalls aber dazu bestimmt, der Waare den Anschein einer besseren Beschaffenheit zu geben.

3. Das Färben von Theeblättern und das Bestäuben derselben mit Talk, Speckstein, Gyps u. s. w. ist unter Umständen gesundheitsgefährlich, immer aber darauf berechnet, der Waare einen trügerischen Anschein zu geben.
4. Das Verkaufen von extrahirten Theeblättern als nicht extrahirte oder der Verkauf von Blättern anderer Pflanzen unter dem Namen echten Thees ist dem Verkauf einer Waare unter einer anderen ihrer wahren Beschaffenheit nicht entsprechenden Bezeichnung gleichzuachten.
5. Die Verpackung des Thees in Bleifolie oder einer sehr bleihaltigen Zinnfolie ist gesundheitsgefährlich.

Der Nachweis der genannten Beimischungen oder Färbungen kann stets geliefert werden.

## 10. Chocolade:

1. Mit dem Namen „Chocolade" ist nur ein Fabrikat zu bezeichnen, welches aus der enthülsten Cacaobohne unter Zusatz von Zucker und verschiedenen Gewürzen bereitet wird.
2. Man pflegt geringere Chocoladesorten zu bereiten, indem man den obengenannten Bestandtheilen der guten Chocolade Stärke, Mehl, Hammelfett, Sesamöl, Hülsen von Cacaobohnen und ähnliche Stoffe hinzufügt. Dieses Verfahren kann vom hygienischen Standpunkte aus nicht beanstandet werden. Es sollte jedoch dem

Käufer von diesem Zusatz durch eine besondere Bezeichnung Kenntniß gegeben werden.

3. Es wird aber auch Chocolade fabrizirt, welche kohlensauren Kalk, Ocker und andere ähnliche unverdauliche, eventuell gesundheitsgefährliche Stoffe enthält. Derartige Zusätze sind als unzulässig zu betrachten.

4. Ein Theil der unter 2 genannten Zusätze ist schwieriger, die unter 3 genannten sind leichter nachzuweisen.

11. Mineralwässer:

1. Die künstlichen Mineralwässer haben eine sehr verschiedene Zusammensetzung, je nach der Natur der natürlichen Wässer, welche nachgeahmt werden. Viele, namentlich diejenigen, welche im Handel Sodawasser und Selterwasser heißen, sind einfache mit geringen Mengen von Kochsalz oder Soda vermischte Lösungen von Kohlensäure in destillirtem Wasser oder Brunnenwasser.

Limonade gazeuse ist eine unter Druck mit Kohlensäure gesättigte Lösung von Weinsäure oder Citronensäure in Wasser.

2. Künstliche Mineralwässer und ebenso Limonade gazeuse können verunreinigt sein durch:

a) Arsen und verschiedene Mineralsäuren (Salzsäure, Schwefelsäure rc.) in Folge nachlässiger Fabrikation aus den zur Entwickelung der Kohlensäure angewendeten Materialien stammend;

b) Kupfer und Blei von der mangelhaften Beschaffenheit der Entwickelungs- resp. Aufbewahrungsgefäße herstammend;

c) die in unreinem Wasser vorhandenen gesundheitsgefährlichen Stoffe, wenn solches unreines Wasser zur Fabrikation in Anwendung gekommen ist.

3. Alle diese Verunreinigungen lassen sich auf dem Wege der chemischen Analyse nachweisen; die unter a. und b. genannten mit großer Leichtigkeit, die unter c. genannten schwieriger, aber doch mit genügender Sicherheit.

4. Es ist ungehörig, in oben angegebener Weise verunreinigtes künstliches Mineralwasser oder Limonade gazeuse in den Handel zu bringen.

5. Wer künstliches Mineralwasser als natürliches verkauft, täuscht den Käufer über die Qualität des Wassers.

12. und 13., (betr. Petroleum und andere Gebrauchsgegenstände,

sind jetzt von geringerer Bedeutung.)

**67. Verordnung über das gewerbsmäßige Verkaufen und Feilhalten von Petroleum.** Vom 24. Februar 1882. R.G.B. S. 40.

Wir Wilhelm, von Gottes Gnaden Deutscher Kaiser, König von Preußen ꝛc. verordnen im Namen des Reichs, auf Grund des §. 5 des Gesetzes vom 14. Mai 1879, betreffend den Verkehr mit Nahrungsmitteln, Genußmitteln und Gebrauchsgegenständen, nach erfolgter Zustimmung des Bundesraths, was folgt.

§. 1. Das gewerbsmäßige Verkaufen und Feilhalten von Petroleum, welches, unter einem Barometerstande von 760 Millimetern, schon bei einer Erwärmung auf weniger als 21 Grade des hundertheiligen Thermometers entflammbare Dämpfe entweichen läßt, ist nur in solchen Gefäßen gestattet, welche an in die Augen fallender Stelle auf rothem Grunde in deutlichen Buchstaben die nicht verwischbare Inschrift „Feuergefährlich" tragen.

Wird derartiges Petroleum gewerbsmäßig zur Abgabe in Mengen von weniger als 50 Kilogramm feilgehalten oder in solchen geringeren Mengen verkauft, so muß die Inschrift in gleicher Weise noch die Worte: „Nur mit besonderen Vorsichtsmaßregeln zu Brennzwecken verwendbar" enthalten.

§. 2. Die Untersuchung des Petroleums auf seine Entflammbarkeit im Sinne des §. 1 hat mittelst des Abelschen Petroleumprobers unter Beachtung der von dem Reichskanzler wegen Handhabung des Probers zu erlassenden näheren Vorschriften zu erfolgen[1]).

1) S. Bekm. v. 20. April 82. C.B. 196 ff. vgl. 344. Ergänzungen C.B. 84. 250 ff.

Wird die Untersuchung unter einem anderen Barometerstande als 760 Millimeter vorgenommen, so ist derjenige Wärmegrad maßgebend, welcher nach einer vom Reichskanzler zu veröffentlichenden Umrechnungstabelle unter dem jeweiligen Barometerstande dem im §. 1 bezeichneten Wärmegrade entspricht.

§. 3. Diese Verordnung findet auf das Verkaufen und Feilhalten von Petroleum in den Apotheken zu Heilzwecken nicht Anwendung.

§. 4. Als Petroleum im Sinne dieser Verordnung gelten das Rohpetroleum und dessen Destillationsprodukte.

§. 5. Diese Verordnung tritt mit dem 1. Januar 1883 in Kraft.

Urkundlich unter Unserer Höchsteigenhändigen Unterschrift und beigedrucktem Kaiserlichen Insiegel.

Gegeben Berlin, den 24. Februar 1882.

**68. Gesetz, betreffend den Verkehr mit blei= und zinkhaltigen Gegenständen.** Vom 25. Juni 1887. R.G.B. S. 273.

Wir Wilhelm, von Gottes Gnaden Deutscher Kaiser, König von Preußen ꝛc.
verordnen im Namen des Reichs, nach erfolgter Zustimmung des Bundesraths und des Reichstags, was folgt:

§. 1 [1]). Eß=, Trink= [2]) und Kochgeschirr [3]) sowie Flüssigkeitsmaaße dürfen nicht

1. ganz oder theilweise aus Blei oder einer in 100 Gewichtstheilen mehr als 10 Gewichts=

theile Blei enthaltenden Metalllegirung hergestellt,

2. an der Innenseite mit einer in 100 Gewichtstheilen mehr als einen Gewichtstheil Blei enthaltenden Metalllegirung verzinnt oder mit einer in 100 Gewichtstheilen mehr als 10 Gewichtstheile Blei enthaltenden Metalllegirung gelöthet,

3. mit Email oder Glasur versehen sein, welche bei halbstündigem Kochen mit einem in 100 Gewichtstheilen 4 Gewichtstheile Essigsäure enthaltenden Essig an den letzteren Blei abgeben.

Auf Geschirre und Flüssigkeitsmaaße aus bleifreiem Britanniametall findet die Vorschrift in Ziffer 2 betreffs des Lothes nicht Anwendung.

Zur Herstellung von Druckvorrichtungen zum Ausschank von Bier, sowie von Siphons für kohlensäurehaltige Getränke und von Metalltheilen für Kindersaugflaschen dürfen nur Metalllegirungen verwendet werden, welche in 100 Gewichtstheilen nicht mehr als einen Gewichtstheil Blei enthalten.

1) Vgl. S. 159 ff. u. Nahr.M.Ges. §. 12 Ziff. 2. Das neue Gesetz will im Interesse der Fabrikanten eine scharfe Grenze festsetzen, andrerseits auch Flüssigkeitsmaaße, Bierdruckapparate, Siphons, Mühlsteine, Kautschuckwaaren in den Bereich der staatlichen Aufsicht ziehen.

2) Die Bestimmung trifft auch die Deckel und Beschläge der Bierkrüge. Sten.Ber. S. 482.

3) Hierunter fallen nicht Konservenbüchsen, auch wenn in ihnen gekocht wird. ebd.

§. 2. Zur Herstellung von Mundstücken für Saugflaschen, Saugringen und Warzenhütchen darf blei- oder zinkhaltiger Kautschuk nicht verwendet sein.

Zur Herstellung von Trinkbechern und von Spielwaaren, mit Ausnahme der massiven Bälle, darf bleihaltiger Kautschuk nicht verwendet sein.

Zu Leitungen für Bier, Wein oder Essig dürfen bleihaltige Kautschukschläuche nicht verwendet werden.

§. 3. Geschirre und Gefäße zur Verfertigung von Getränken und Fruchtsäften dürfen in denjenigen Theilen, welche bei dem bestimmungsgemäßen oder vorauszusehenden Gebrauche mit dem Inhalt in unmittelbare Berührung kommen [4]), nicht den Vorschriften des §. 1 zuwider hergestellt sein.

Konservenbüchsen müssen auf der Innenseite den Bedingungen des §. 1 entsprechend hergestellt sein.

Zur Aufbewahrung von Getränken dürfen Gefäße nicht verwendet sein, in welchen sich Rückstände von bleihaltigem Schrote befinden. Zur Packung von Schnupf- und Kautaback, sowie Käse dürfen Metallfolien [5]) nicht verwendet sein, welche in 100 Gewichtstheilen mehr als einen Gewichtstheil Blei enthalten.

4) Hiernach bleiben Metallkapseln für Flaschen unberührt.

5) Auch wenn eine anderweitige Unterlage (z. B. Zinnfolie) vorhanden ist. — Ist auf andere Dinge, z. B. Thee, Chocolade, nicht auszudehnen.

§. 4. Mit Geldstrafe bis zu einhundertfünfzig Mark oder mit Haft wird bestraft:

1. wer Gegenstände der im §. 1, §. 2 Absatz 1 und 2, §. 3 Absatz 1 und 2 bezeichneten Art

den daselbst getroffenen Bestimmungen zuwider gewerbsmäßig herstellt;

2. wer Gegenstände, welche den Bestimmungen im §. 1, §. 2 Absatz 1 und 2 und §. 3 zuwider hergestellt, aufbewahrt oder verpackt sind, gewerbsmäßig verkauft oder feilhält;

3. wer Druckvorrichtungen, welche den Vorschriften im §. 1 Absatz 3 nicht entsprechen, zum Ausschank von Bier oder bleihaltige Schläuche zur Leitung von Bier, Wein oder Essig gewerbsmäßig verwendet.

§. 5. Gleiche Strafe trifft denjenigen, welcher zur Verfertigung von Nahrungs- oder Genußmitteln bestimmte Mühlsteine unter Verwendung von Blei oder bleihaltigen Stoffen an der Mahlfläche herstellt oder derartig hergestellte Mühlsteine zur Verfertigung von Nahrungs- oder Genußmitteln verwendet.

§. 6. Neben der in den §§. 4 und 5 vorgesehenen Strafe kann auf Einziehung der Gegenstände, welche den betreffenden Vorschriften zuwider hergestellt, verkauft, feilgehalten oder verwendet sind, sowie der vorschriftswidrig hergestellten Mühlsteine erkannt werden.

Ist die Verfolgung oder Verurtheilung einer bestimmten Person nicht ausführbar, so kann auf die Einziehung selbständig erkannt werden.

§. 7. Die Vorschriften des Gesetzes, betreffend den Verkehr mit Nahrungsmitteln, Genußmitteln und Gebrauchsgegenständen, vom 14. Mai 1879 (Reichs-Gesetzbl. S. 145) bleiben unberührt. Die Vorschriften in den §§. 16, 17 desselben finden auch bei Zuwiderhandlungen gegen die Vorschriften des gegenwärtigen Gesetzes Anwendung.

§. 8. Dieses Gesetz tritt am 1. Oktober 1888 in Kraft.

Urkundlich unter Unserer Höchsteigenhändigen Unterschrift und beigedrucktem Kaiserlichen Insiegel.

Gegeben Berlin, den 25. Juni 1887.

**69.** Gesetz, betreffend die Verwendung gesundheitsschädlicher Farben bei der Herstellung von Nahrungsmitteln, Genußmitteln und Gebrauchsgegenständen. Vom 5. Juli 1887. R.G.B. S. 277.

Wir Wilhelm, von Gottes Gnaden Deutscher Kaiser, König von Preußen &c.
verordnen im Namen des Reichs, nach erfolgter Zustimmung des Bundesraths und des Reichstags, was folgt:

§. 1. Gesundheitsschädliche Farben dürfen zur Herstellung von Nahrungs- und Genußmitteln, welche zum Verkauf bestimmt sind, nicht verwendet werden[1]).

Gesundheitsschädliche Farben im Sinne dieser Bestimmung sind diejenigen Farbstoffe und Farbzubereitungen, welche: Antimon, Arsen, Baryum[2]), Blei, Cadmium, Chrom[2]), Kupfer, Quecksilber[2]), Uran, Zink, Zinn, Gummigutti, Korallin[3]), Pikrinsäure enthalten[4]).

Der Reichskanzler ist ermächtigt, nähere Vorschriften

über das bei der Feststellung des Vorhandenseins von Arsen und Zinn anzuwendende Verfahren zu erlassen.

1) Vgl. N. 17. — §. 10 findet hier keine Anwendung.

2) Auch Schwerspath, Chromoxyd und Zinnober sind in Zukunft verboten. Vgl. N. 17.

3) Auch Päonin genannt. Gestrichen das Verbot von Dinitrokresol (Viktoriagelb) des Entw.

4) Die nöthigen Erklärungen finden sich in den „Techn. Erläut. zu dem Entw." 87, I Sess. II Nr. 104 der Drucks. d. Reichstags.

§. 2. Zur Aufbewahrung oder Verpackung [5]) von Nahrungs- und Genußmitteln, welche zum Verkauf bestimmt sind, dürfen Gefäße, Umhüllungen oder Schutzbedeckungen [6]), zu deren Herstellung Farben der im §. 1 Absatz 2 bezeichneten Art verwendet sind, nicht benutzt werden.

Auf die Verwendung von [7])

schwefelsaurem Baryum (Schwerspath, blanc fixe),
Barytfarblacken, welche von kohlensaurem Baryum frei sind,
Chromoxyd,
Kupfer, Zinn, Zink und deren Legirungen als Metallfarben,
Zinnober,
Zinnoxyd,
Schwefelzinn als Musivgold [7]),
sowie auf alle in Glasmassen, Glasuren oder Emails eingebrannte Farben und auf den äußeren Anstrich von Gefäßen aus wasserdichten Stoffen

findet diese Bestimmung nicht Anwendung.

5) Ohne Rücksicht auf die Möglichkeit des Ueberganges der Farbe in das Nahrungsmittel (Mot.), also auch nicht, wenn die Farben auf der Außenseite des Packmaterials sich befinden.

6) Z. B. Fliegenglocken aus Drahtgeflecht.

7) Die Ausnahmen sind wesentlich im Interesse der Buntpapierverwendung gemacht. — Zum Bronziren.

§. 3. Zur Herstellung von kosmetischen Mitteln [8]) (Mitteln zur Reinigung, Pflege oder Färbung [9]) der Haut, des Haares und Mundhöhle), welche zum Verkauf bestimmt sind, dürfen die im §. 1 Absatz 2 bezeichneten Stoffe nicht verwendet werden.

Auf schwefelsaures Baryum (Schwerspath, blanc fixe), Schwefelcadmium, Chromoxyd, Zinnober, Zinkoxyd, Zinnoxyd, Schwefelzink, sowie auf Kupfer, Zinn, Zink und deren Legirungen in Form von Puder findet diese Bestimmung nicht Anwendung [10]).

8) Nicht hierher gehören z. B. Wohlgerüche. — Vgl. unten Nr. 71 N. 2a.

9) Ohne Rücksicht, ob die Stoffe zur Färbung des Mittels dienen sollen, oder ob die Farbgebung erst bei Verwendung auf dem menschlichen Körper eintritt (Haarfärbungsmittel).

10) Wegen der relativ schweren Löslichkeit dieser Mittel.

§. 4. Zur Herstellung von zum Verkauf bestimmten Spielwaaren (einschließlich der Bilderbogen, Bilderbücher und Tuschfarben [11]) für Kinder), Blumentopfgittern und künstlichen Christbäumen dürfen die im §. 1 Absatz 2 bezeichneten Farben nicht verwendet werden.

Auf die im §. 2 Absatz 2 bezeichneten Stoffe, sowie auf

Schwefelantimon und Schwefelcadmium als Färbemittel der Gummimasse,

Bleioxyd in Firniß,

Bleiweiß als Bestandtheil des sogenannten Wachsgusses, jedoch nur, sofern dasselbe nicht ein Gewichtstheil in 100 Gewichtstheilen der Masse übersteigt,

chromsaures Blei (für sich oder in Verbindung mit schwefelsaurem Blei) als Oel- oder Lackfarbe oder mit Lack- oder Firnißüberzug,

die in Wasser unlöslichen Zinkverbindungen, bei Gummispielwaaren jedoch nur, soweit sie als Färbemittel der Gummimasse, als Oel- oder Lackfarben oder mit Lack- oder Firnißüberzug verwendet werden,

alle in Glasuren oder Emails eingebrannten Farben

findet diese Bestimmung nicht Anwendung [11] [12]).

Soweit zur Herstellung von Spielwaaren die in den §§. 7 und 8 bezeichneten Gegenstände verwendet werden, finden auf letztere lediglich die Vorschriften der §§. 7 und 8 Anwendung.

11) Hierher nur die sog. „Malkasten“, „Colorirfarben“, „Honigfarben“ für Kinder. Im Uebrigen vgl. §. 6.

12) Meist Kompromißbestimmungen im Interesse der Spielwaaren-Fabrikation.

§. 5. Zur Herstellung von Buch- und Steindruck auf den in den §§. 2, 3 und 4 bezeichneten Gegenständen dürfen nur solche Farben nicht verwendet werden, welche Arsen enthalten.

§. 6. Tuschfarben jeder Art dürfen als[12a]) frei von gesundheitsschädlichen Stoffen beziehungsweise giftfrei nicht verkauft oder feilgehalten werden, wenn sie den Vorschriften im §. 4 Absatz 1 und 2 nicht entsprechen.

12a) D. h. unter ausdrücklicher oder stillschweigender Bezeichnung als solche.

§. 7. Zur Herstellung von zum Verkauf bestimmten Tapeten, Möbelstoffen, Teppichen, Stoffen zu Vorhängen oder Bekleidungsgegenständen, Masken, Kerzen, sowie künstlichen Blättern, Blumen und Früchten dürfen Farben, welche Arsen[13]) enthalten, nicht verwendet werden.

Auf die Verwendung arsenhaltiger Beizen oder Fixirungsmittel zum Zweck des Färbens oder Bedruckens von Gespinnsten oder Geweben findet diese Bestimmung nicht Anwendung. Doch dürfen derartig bearbeitete Gespinnste oder Gewebe zur Herstellung der im Absatz 1 bezeichneten Gegenstände nicht verwendet werden, wenn sie das Arsen in wasserlöslicher Form oder in solcher Menge enthalten, daß sich in 100 Quadratcentimeter des fertigen Gegenstandes mehr als 2 Milligramm Arsen vorfinden. Der Reichskanzler ist ermächtigt, nähere Vorschriften über das bei der Feststellung des Arsengehalts anzuwendende Verfahren zu erlassen.

13) Zu beachten ist, daß oft Fuchsin- und Anilinfarben arsenhaltig sind.

§. 8. Die Vorschriften des §. 7 finden auch auf die Herstellung von zum Verkauf bestimmten Schreibmaterialien, Lampen- und Lichtschirmen sowie Lichtmanschetten Anwendung.

Die Herstellung der Oblaten unterliegt den Bestimmungen im §. 1, jedoch sofern sie nicht zum Genusse bestimmt sind, mit der Maßgabe, daß die Verwendung von schwefelsaurem Baryum (Schwerspath, blanc fixe), Chromoxyd und Zinnober gestattet ist.

§. 9. Arsenhaltige Wasser- oder Leimfarben dürfen zur Herstellung des Anstrichs von Fußböden, Decken, Wänden, Thüren, Fenstern der Wohn- oder Geschäftsräume, von Roll-, Zug- oder Klappläden oder Vorhängen, von Möbeln und sonstigen häuslichen Gebrauchsgegenständen nicht verwendet werden [14]).

14) Strafbar, wer die Verwendung veranlaßt; auch der Hauseigenthümer rücksichtlich seiner eigenen Räume. (Mot.)

§. 10. Auf die Verwendung von Farben, welche die im §. 1 Absatz 2 bezeichneten Stoffe nicht als konstituirende [15]) Bestandtheile, sondern nur als Verunreinigungen, und zwar höchstens in einer Menge enthalten, welche sich bei den in der Technik gebräuchlichen Darstellungsverfahren nicht vermeiden läßt, finden die Bestimmungen der §§. 2 bis 9 nicht Anwendung.

15) D. h. nothwendige, nicht ohne Veränderung des Charakters der Farbe durch andere Stoffe zu ersetzende.

§. 11. Auf die Färbung von Pelzwaaren finden die Vorschriften dieses Gesetzes nicht Anwendung.

§. 12. Mit Geldstrafe bis zu einhundertundfünfzig Mark oder mit Haft wird bestraft:

1. wer den Vorschriften der §§. 1 bis 5, 7, 8 und 10 zuwider Nahrungsmittel, Genußmittel oder Gebrauchsgegenstände herstellt, aufbewahrt oder verpackt, oder derartig hergestellte, aufbewahrte oder verpackte Gegenstände gewerbsmäßig verkauft oder feilhält;
2. wer der Vorschrift des §. 6 zuwiderhandelt;
3. wer der Vorschrift des §. 9 zuwiderhandelt, imgleichen wer Gegenstände, welche dem §. 9 zuwider hergestellt sind, gewerbsmäßig verkauft oder feilhält.

§. 13. Neben der im §. 12 vorgesehenen Strafe kann auf Einziehung der verbotswidrig hergestellten, aufbewahrten, verpackten, verkauften oder feilgehaltenen Gegenstände erkannt werden, ohne Unterschied, ob sie dem Verurtheilten gehören oder nicht.

Ist die Verfolgung oder Verurtheilung einer bestimmten Person nicht ausführbar, so kann auf die Einziehung selbständig erkannt werden.

§. 14. Die Vorschriften des Gesetzes, betreffend den Verkehr mit Nahrungsmitteln, Genußmitteln und Gebrauchsgegenständen, vom 14. Mai 1879 (Reichs-Gesetzbl. S. 145) bleiben unberührt. Die Vorschriften in den §§. 16, 17 desselben finden auch bei Zuwiderhandlungen gegen die Vorschriften des gegenwärtigen Gesetzes Anwendung [16].

16) S. o. S. 177 f.

§. 15. Dieses Gesetz tritt mit dem 1. Mai 1888 in Kraft; mit demselben Tage tritt die Kaiserliche Verordnung, betreffend die Verwendung giftiger Farben, vom 1. Mai 1882 (Reichs-Gesetzbl. S. 55) außer Kraft [17]).

17) Die Verordnung, betreffend die Verwendung giftiger Farben, vom 1. Mai 1882 R.G.B. S. 55 lautet:

Wir Wilhelm, von Gottes Gnaden Deutscher Kaiser, König von Preußen rc.
verordnen im Namen des Reichs, auf Grund des §. 5 des Gesetzes vom 14. Mai 1879, betreffend den Verkehr mit Nahrungsmitteln, Genußmitteln und Gebrauchsgegenständen, nach erfolgter Zustimmung des Bundesraths, was folgt:

§. 1. Giftige Farben dürfen zur Herstellung von Nahrungs- und Genußmitteln, welche zum Verkaufe bestimmt sind, nicht verwendet werden.

Giftige Farben im Sinne dieser Verordnung sind alle diejenigen Farbstoffe und Zubereitungen, welche Antimon (Spießglanz), Arsenik, Baryum, ausgenommen Schwerspath (schwefelsauren Baryt), Blei, Chrom, ausgenommen reines Chromoxyd, Cadmium, Kupfer, Quecksilber, ausgenommen Zinnober, Zink, Zinn, Gummigutti, Pikrinsäure enthalten.

(§§. 2 und 3 nicht in Kraft getreten; V.O. v. 5. März 83.)

§. 4. Die Verwendung der mit Arsenik dargestellten Farben zur Herstellung von Tapeten, imgleichen der mit Arsenik dargestellten Kupferfarben und der solche Farben enthaltenden Stoffe zur Herstellung von Bekleidungsgegenständen ist verboten.

§. 5. Das gewerbsmäßige Verkaufen und Feilhalten von Nahrungs- und Genußmitteln, welche den Vorschriften der §§. 1, 2 zuwider hergestellt, aufbewahrt oder verpackt sind, sowie von Spielwaaren, Tapeten und Bekleidungsgegenständen, welche den Vorschriften der §§. 3, 4 zuwider hergestellt sind, ist verboten.

§. 6. Diese Verordnung tritt mit dem 1. April 1883 in Kraft.

Urkundlich unter Unserer Höchsteigenhändigen Unterschrift und beigedrucktem Kaiserlichen Insiegel.

Gegeben Berlin, den 1. Mai 1882.

Urkundlich unter Unserer Höchsteigenhändigen Unterschrift und beigedrucktem Kaiserlichen Insiegel.

Gegeben Bad Ems, den 5. Juli 1887.

**70.** Patentgesetz. Vom 25. Mai 1877. R.G.B. S. 501.

§. 1. Patente werden ertheilt für neue Erfindungen, welche eine gewerbliche Verwerthung gestatten. Ausgenommen sind

1. —

2. Erfindungen von Nahrungs-, Genuß- und Arzneimitteln, sowie von Stoffen, welche auf chemischem Wege hergestellt werden, soweit die Erfindungen nicht ein bestimmtes Verfahren zur Herstellung der Gegenstände betreffen.

## 4. Vorschriften über den Verkehr mit Arzneimitteln, Giften und Geheimmitteln.

**71.** Gewerbeordnung §. 6.

Auf — den Verkauf von Arzneimitteln — findet das gegenwärtige Gesetz nur insoweit Anwendung, als dasselbe ausdrückliche Bestimmungen darüber enthält.

Durch Kaiserliche Verordnung wird bestimmt, welche Apothekerwaaren dem freien Verkehr zu überlassen sind [1]) [2]).

1) Die Verordnung betreffend den Verkehr mit Arzneimitteln. Vom 4. Januar 1875. R.G.B. S. 5 lautet:

Wir Wilhelm, von Gottes Gnaden Deutscher Kaiser, König von Preußen rc.

verordnen im Namen des deutsch. Reichs, auf Grund der Bestimmungen am Schlusse des §. 6 der Gewerbeordnung vom 21. Juni 1869 (Bundes-Gesetzbl. S. 245), was folgt:

§. 1. Das Feilhalten und der Verkauf der in dem anliegenden Verzeichniß A. aufgeführten Zubereitungen als Heilmittel ist nur in Apotheken gestattet, ohne Unterschied, ob diese Zubereitungen aus arzneilich wirksamen oder aus solchen Stoffen bestehen, welche an und für sich zum medizinischen Gebrauch nicht geeignet sind.

§. 2. Das Feilhalten und der Verkauf der in dem anliegenden Verzeichniß B. aufgeführten Droguen und chemischen Präparate ist nur in Apotheken gestattet.

§. 3. Auf den Großhandel mit Arzneimitteln finden die Bestimmungen dieser Verordnung nicht Anwendung.

§. 4. Die Verordnung, betreffend den Verkehr mit Apothekerwaaren, vom 25. März 1872 (Reichs-Gesetzbl. S. 85) wird aufgehoben.

Urkundlich unter Unserer höchsten eigenhändiger Unterschrift und beigedrucktem Kaiserlichen Insiegel.

Gegeben Berlin, den 4. Januar 1875.

## A.

| | |
|---|---|
| Balsama medicinalia mixta. | Gemischte Arznei-Balsame. |
| Capsulae gelatinosae medicamentis repletae, exceptis iis, quae simplicia libero commercio tradita continent medicamenta. | Mit Arzneien gefüllte Gallertkapseln, mit Ausnahme derjenigen, welche einfache, dem freien Verkehre überlassene Stoffe enthalten. |
| Decocta medicinalia. | Arznei-Abkochungen. |
| Electuaria medicinalia. | „ Latwergen. |
| Elixiria medicinalia. | „ Elixire. |
| Emplastra medicinalia, exceptis emplastro adhaesivo anglico et emplastro adhaesivo extenso. | „ Pflaster, mit Ausnahme von englischem Pflaster und gestrichenem Heftpflaster. |
| Extracta medicinalia, exceptis extracto malthi et carnis et succo liquiritiae. | Arznei-Extracte, mit Ausnahme von Malz- und Fleischextract und Lakritzensaft. |
| Infusa medicinalia. | Arznei-Aufgüsse. |
| Linimenta medicinalia, excepto linimento volatili. | Arznei-Linimente, mit Ausnahme von flüchtigem Liniment. |
| Mixturae medicinales in usum internum et externum, exceptis aquis mineralibus artificiosis, spiritu aethereo, saponato et camphorato. | Flüssige Arzneimischungen für den innerlichen und äußerlichen Gebrauch, mit Ausnahme von künstlich bereiteten Mineralwässern, Hoffmannstropfen, Seifen- und Kampherspiritus. |
| Pastilli et trochisci medicinales, exceptis pastillis ex aquis mineralibus paratis et rotulis menthae piperitae. | Arznei-Pastillen (Zeltchen) mit Ausnahme der aus Mineralquellen bereiteten und der Pfeffermünzkuchen. |
| Pilulae. | Pillen. |
| Pulveres medicinales mixti. | Gemischte Arznei-Pulver. |
| Species medicinales. | Mengungen von gröblich zerkleinerten Arznei-Substanzen. |

| | |
|---|---|
| Syrupi medicinales, exceptis syrupis e succis fructuum paratis et syrupo simplici. | Arznei-Syrupe, mit Ausnahme der Fruchtsäfte und des weißen Zuckersyrups. |
| Tincturae aethereae, aquosae, spirituosae et vinosae medicinales (vina medicinalia), exceptis essentiis ad liquores parandos spirituosos domesticos et tincturis Myrrhae, Benzoës, Arnicae et Valerianae et vino pepsini. | Aetherische, wässrige, spirituöse u. weinige Auszüge, mit Ausnahme von Essenzen zur Anfertigung geistiger Getränke zur Haushaltung, sowie der Myrrhen-, Benzoë-, Arnica- und Baldrian-Tinktur u. des Pepsinweins. |
| Unguenta medicinalia, exceptis unguento populi, Cold-Cream et cerato cetaceo labiali. | Arzneisalben und Cerate, mit Ausnahme von Pappelpomade, Cold-Cream und Lippenpomade. |

## B.

| | |
|---|---|
| Acidum benzoicum. | Sublimirte Benzoësäure. |
| - lacticum. | Milchsäure. |
| - succinicum. | Bernsteinsäure. |
| - valerianicum. | Baldriansäure. |
| Aconitinum et ejus salia. | Aconitin und dessen Salze. |
| Aethylenum chloratum. | Aethylenchlorid. |
| Ammonium chloratum ferratum. | Eisensalmiak. |
| Amygdalinum. | Amygdalin. |
| Aqua Amygdalarum amararum. | Bittermandelwasser. |
| Aqua foetida antihysterica. | Zusammengesetztes Stinkasantwasser. |
| - laurocerasi. | Kirschlorbeerwasser. |
| - opii. | Opiumwasser. |
| Asa foetida. | Stinkasant. |
| Atropinum et ejus salia. | Atropin und dessen Salze. |

| | |
|---|---|
| Bismuthum subnitricum purum. | Chemisch reines basisches salpetersaures Wismuthoxyd. |
| Bismuthum valerianicum. | Baldriansaures Wismuthoxyd. |
| Bulbus scillae. | Meerzwiebel. |
| Calcaria phosphorica praecipitata. | Gefällter phosphorsaurer Kalk. |
| Cantharides. | Spanische Fliegen. |
| Cantharidinum. | Cantharidin. |
| Castoreum canadense. | Canadisches Bibergeil. |
| - sibiricum. | Sibirisches Bibergeil. |
| Chininum et ejus salia. | Chinin und dessen Salze. |
| Chinoidinum. | Chinoidin. |
| Chloratum hydratum crystallisatum. | Krystallisirtes Chloralhydrat. |
| Chloroformium. | Chloroform. |
| Cinchoninum et ejus salia. | Cinchonin und dessen Salze. |
| Codeïnum. | Codeïn. |
| Coffeïnum. | Caffeïn. |
| Collodium cantharidatum. | Blasenziehendes Collodium. |
| Coniinum et ejus salia. | Coniin und dessen Salze. |
| Cortices chinae. | Chinarinden. |
| - mezerei. | Seidelbastrinden. |
| - radicis granati. | Granatwurzelrinden. |
| Cubebae. | Cubeben. |
| Cuprum aluminatum. | Kupferalaun. |
| Digitalinum. | Digitalinum. |
| Euphorbium. | Euphorbium. |
| Faba calabarica. | Calabarbohne. |
| Fel tauri depuratum siccum. | Trockene gereinigte Ochsengalle. |
| Ferrum carbonicum saccharatum. | Zuckerhaltiges kohlensaures Eisen. |
| Ferrum chloratum. | Eisenchlorür. |
| - citricum ammoniatum. | Citronensaures Eisenoxyd-Ammonium. |
| Ferrum citricum oxydatum. | Citronensaures Eisenoxyd. |

| | |
|---|---|
| Ferrum jodatum saccharatum. | Zuckerhaltiges Jodeisen. |
| Ferrum lacticum. | Milchsaures Eisenoxydul. |
| - oxydatum fuscum. | Eisenoxydhydrat. |
| - - saccharatum solubile. | Eisenzucker. |
| Ferrum oxydatum dialysatum. | Dialysirtes Eisenoxyd. |
| Ferrum reductum. | Durch Wasserstoff reduzirtes Eisen. |
| - sesquichloratum. | Eisenchlorid. |
| - sulfuricum oxydatum ammoniatum. | Ammoniakalischer Eisenalaun. |
| Ferrum sulfuricum siccum. | Entwässertes schwefelsaures Eisenoxydul. |
| Flores cinae. | Wurmsamen. |
| - Kosso. | Kosso. |
| Folia belladonnae. | Tollkirschenblätter. |
| - bucco. | Buccoblätter. |
| - digitalis. | Fingerhutblätter. |
| - hyoscyami. | Bilsenkraut. |
| - stramonii. | Stechapfelblätter. |
| - toxicodendri. | Giftsumachblätter. |
| Fructus colocynthidis. | Coloquinten. |
| - sabadillae. | Sabadillsamen. |
| Fungus laricis. | Lärchenschwamm. |
| Galbanum. | Mutterharz. |
| Herba cannabis indicae. | Indischer Hanf. |
| - conii. | Schierlingskraut. |
| - gratiolae. | Gottesgnadenkraut. |
| - lobeliae. | Lobelienkraut. |
| Hydrargyrum bijodatum rubrum. | Rothes Quecksilberjodid. |
| Hydrargyrum chloratum mite. | Quecksilberchlorür. |
| Hydrargyrum chloratum mite vapore paratum. | Durch Dampf bereitetes Quecksilberchlorür. |

| | |
|---|---|
| **Hydrargyrum jodatum flavum.** | Quecksilberjodür. |
| Hydrargyrum nitricum oxydulatum. | Salpetersaures Quecksilberoxydul. |
| Hydrargyrum oxydatum via humida paratum. | Präcipitirtes Quecksilberoxyd. |
| Hydrargyrum praecipitatum album. | Weißer Quecksilber-Präcipitat. |
| Jodoformium. | Jodoform. |
| **Kalium bromatum.** | Bromkalium. |
| - jodatum. | Jodkalium. |
| **Kamala.** | Kamala. |
| **Kreosotum.** | Kreosot. |
| **Lactucarium.** | Giftlattichsaft. |
| **Liquor ferri sesquichlorati.** | Flüssiges Eisenchlorid. |
| - plumbi subacetici. | Bleiessig. |
| **Magnesia citrica effervescens.** | Brausepulver aus citronensaurer Magnesia bereitet. |
| **Magnesia lactica.** | Milchsaure Magnesia. |
| **Manna.** | Manna. |
| **Morphinum et ejus salia.** | Morphin und dessen Salze. |
| **Narceïnum.** | Narceïn. |
| **Narcotinum etc.** | Narcotin ꝛc. |
| **Natrum pyrophosphoricum.** | Pyrophosphorsaures Natron. |
| - ferratum. | Eisenoxyd-Natron. |
| - santonicum. | Santonin-Natron. |
| Oleum cajeputi. | Cajeputöl. |
| - - rectificatum. | Rectificirtes Cajeputöl. |
| - chamomillae aethereum. | Aetherisches Kamillenöl. |
| Oleum chamomillae citratum. | Citronhaltiges Kamillenöl. |
| Oleum crotonis. | Krotonöl. |
| - cubebarum. | Cubebenöl. |

| | |
|---|---|
| Oleum myristicae (seu oleum nucistae expressum). | Muskatöl oder Muskatbutter. |
| Oleum sabinae. | Sadebaumöl. |
| - sinapis. | Senföl, ätherisches. |
| - valerianae. | Baldrianöl. |
| Opium. | Opium. |
| Pasta Guarana. | Guarana. |
| Plumbum jodatum. | Jodblei. |
| Radix belladonnae. | Tollkirschenwurzel. |
| - colombo. | Kolombowurzel. |
| - hellebori viridis. | Grüne Nieswurzel. |
| - ipecacuanhae. | Brechwurzel. |
| - pyrethri. | Bertramwurzel. |
| - rhei. | Rhabarber. |
| - sarsaparillae. | Sassaparillwurzel. |
| - senegae. | Senegawurzel. |
| - serpentariae. | Virginische Schlangenwurzel. |
| Resina guajaci. | Guajakharz. |
| - jalapae. | Jalapenharz. |
| - scammoniae. | Scammoniaharz. |
| Rhizoma filicis. | Wurmfarnwurzel. |
| - veratri. | Weiße Nieswurzel. |
| Santoninum. | Santonin. |
| Secale cornutum. | Mutterkorn. |
| Semen colchici. | Zeitlosensamen. |
| - hyoscyami. | Bilsensamen. |
| - stramonii. | Stechapfelsamen. |
| - strychni. | Krähenaugen. |
| Stibium sulfuratum aurantiacum. | Goldschwefel. |
| Stibium sulfuratum rubeum. | Mineralkermes. |
| Stipites dulcamarae. | Bittersüßstengel. |
| Strychninum et ejus salia. | Strychnin und dessen Salze. |
| Sulfur jodatum. | Jodschwefel. |
| Summitates sabinae. | Sadebaumspitzen. |
| Tartarus boraxatus. | Boraxweinstein. |

| | |
|---|---|
| **Tartarus natronatus.** | Seignettesalz. |
| - stibiatus. | Brechweinstein. |
| **Tubera aconiti.** | Eisenhutknollen. |
| - jalapae. | Jalapenknollen. |
| **Veratrinum.** | Veratrin. |
| **Zincum aceticum.** | Essigsaures Zinkoxyd. |
| - chloratum. | Chlorzink. |
| - ferrocyanatum. | Ferrocyanzink. |
| - lacticum. | Milchsaures Zinkoxyd. |
| - sulfocarbolicum. | Carbolschwefelsaures Zinkoxyd. |
| - sulfuricum purum. | Reines schwefelsaures Zinkoxyd. |
| - valerianicum. | Baldriansaures Zinkoxyd. |

2) Hiernach ist strafbar (St.G.B. §. 367 Z. 3 u. S. 216).:

a. Wer ohne Apothekengerechtigkeit Zubereitungen in der im Verzeichniß A hervorgehobenen Form als Heilmittel (auch unentgeltlich, R. 2. 633; E. 2. 119) an Andere überläßt. Zu beachten ist, daß sich unter diesen Zubereitungen Arzneiabkochungen, Extracte, Aufgüsse, flüssige Mischungen, Pflaster, gemischte Pulver, Thee, Pastillen (Zeltchen), Salben, Pillen u. s. w. befinden und daß Alles, was diese Formen hat, von Droguisten, Materialisten, Friseuren u. s. w. nicht geführt werden darf, so bald es Heilzwecken dienen soll. Auch die Zusammensetzung, resp. ob überall arzneilich wirkende Stoffe darin sind, resp. ob die Präparate zugleich Genuß bereiten sollen, ist gleichgültig. E. 5. 416; 4. 393. Unentgeltliche Abgabe von Streukügelchen bestraft: O.L.G. München, 16. März 1882. — Mischung von Wasser, Alkohol und Baldrian in einem Gläschen (als „flüssige Arzneimischung") ebd. 15. Mai 1880. Zweifelhaft kann sein, inwieweit die sog. kosmetischen und ähnlichen Mittel unter das Verbot fallen, ob also z. B. Zahn- und Mundwasser, Haarwuchs-, Haarfärbe- und Enthaarungsmittel, Hühneraugentinctur, Hautverschönerungsmittel u. s. w. nur in Apotheken verkauft werden dürfen. Für letztere Alternative spricht, daß die VO. dieselben nicht ausdrücklich ausgenommen hat, während sie (vgl. Verzeichniß A a. E.) z. B. Pappelpomade, Coldcream und Lippenpomade speciell als freigegeben aufführt. Es wird darauf ankommen, inwieweit die Heilmittelqualität bei Empfehlung der Präparate im einzelnen Falle gegenüber ihrem Zwecke als Toilettenbedürfniß überwiegend war. So: Erkl. des Reg.-Komm. in der Sitzung der Petitionskomm. des Reichst. v. 12. Jan. 86, Drucks. Nr. 111, II. Session 1885|1886. Wegen der allgemeinen Zulässigkeit des Verkaufes von Zahnpulver, vgl. preuß. Min.Verf. v. 9. Aug. 1878. Natürlich darf dasselbe nicht Stoffe enthalten, welche dem Verzeichnisse B angehören. Ein Gleiches muß von Verbandstoffen gelten.

b. Ferner, wer außerhalb des Apothekenbetriebes einen der im Verzeichniß B genannten Stoffe an Andere überläßt. Dieses Verzeichniß enthält theils solche Stoffe, welche ausschließlich als Heilmittel dienen, theils solche, welche vorzugsweise, in gereinigtem Zustande, dann aber nahezu ausschließlich zu Heilzwecken verwendet werden, theils solche, welche zwar von Jedermann leicht beschafft werden können, aber der Verwechselung mit indifferenten resp. giftigen Stoffen ausgesetzt sind.

Die Kaiserl. VO. macht auch keine Ausnahmen zu Gunsten der homöopathischen Arzneimittel, auch wenn dieselben aus Mischungen einzelner Tropfen Tinctur mit Wasser bestehen.

Verordnung, betr. den Verkehr mit künstlichen Mineralwässern, v. 9. Febr. 1880. R.G.B. S. 13:

„Unter künstlich bereiteten Mineralwässern im Sinne des Verzeichnisses A. zur Verordnung, betreffend den Verkehr mit Arzneimitteln, vom 4. Januar 1875 (Reichs-Gesetzbl. S. 5) sind nicht nur die Nachbildungen bestimmter, in der Natur vorkommender Mineralwässer, sondern auch andere künstlich hergestellte Lösungen mineralischer Stoffe in Wasser zu verstehen, welche sich in ihrer äußeren Beschaffenheit als Mineralwässer darstellen, ohne in ihrer chemischen Zusammensetzung einem natürlichen Mineralwasser zu entsprechen.

Auf mineralische Lösungen der letztgedachten Art, welche Stoffe enthalten, die in den Verzeichnissen B. und C. zur deutschen Pharmacopöe aufgeführt sind, findet die vorstehende Bestimmung keine Anwendung; dieselben gehören vielmehr zu denjenigen Arzneimischungen, welche nach §. 1 der Verordnung vom 4. Januar 1875 als Heilmittel nur in Apotheken feilgehalten und verkauft werden dürfen."

Verordnung, betr. den Verkehr mit Honigpräparaten, v. 3. Januar 1883. R.G.B. S. 1:

„Zu denjenigen Zubereitungen, deren Feilhalten und Verkauf als Heilmitttel nach §. 1 der Verordnung, betreffend den Verkehr mit Arzneimitteln, vom 4. Januar 1875 (Reichs-Gesetzbl. S. 5) nur in Apotheken gestattet ist, ohne Unterschied, ob diese Zubereitungen aus arzneilich wirksamen oder aus solchen Stoffen bestehen, welche an und für sich zum medizinischen Gebrauche nicht geeignet sind, treten hinzu:

Die Honigpräparate (mellis praeparata) mit Ausnahme des gereinigten Honigs (mel depuratum) und des Rosenhonigs (mel rosatum)."

72. Strafgesetzbuch [1a]) §. 367.

Mit Geldstrafe bis zu einhundertfunfzig Mark oder mit Haft wird bestraft:

3. wer ohne polizeiliche Erlaubniß Gift [1]) oder Arzeneien, soweit der Handel mit denselben nicht frei-

gegeben ist, zubereitet[2]), feilhält[3]), verkauft[4]) oder sonst an Andere überläßt[5]).

5. wer bei der Aufbewahrung[6]) oder bei der Beförderung[7]) von Giftwaaren, — — oder bei Ausübung der Befugniß[8]) zur Zubereitung oder Feilhaltung dieser Gegenstände, sowie der Arzeneien die deshalb ergangenen Verordnungen nicht befolgt.

1a) Vgl. St.G.B. §§. 229 (S. 77). 324 (S. 80). Nahrungsm.Ges. §. 12 ff. (S. 175). Ges., betr. blei- u. zinkh. Gegenstände (S. 194). Farbenverw.Ges. (S. 198). Kais. V.O. v. 4. Jan. 75 (S 207).

1) Der Sprachgebrauch versteht unter Gift Stoffe, welche durch ihre chemische Beschaffenheit, auch in kleiner Menge zugeführt, die Gesundheit erheblich zu schädigen geeignet sind. Vgl. die Kommentare zu St.G.B. §. 229.

2) Anbau und Einsammeln von Giftkräutern ist nicht mit besonderer Strafe bedroht. Herstellung in chemischen Fabriken: s. Gew.O. §. 16 ff. §. 147 Z. 1; Schutz der Arbeiter: §§. 18. 120. 139b. 149 Z. 7. S. 139 ff.

3) Der bloße Besitz von Giften ist nicht strafbar, soweit dieselben nicht unter das Sprengstoffgesetz, R.G.B. 84. 61 ff., fallen. Eine Einziehung kann erfolgen a) vermöge polizeilicher Präventivmaßregel, b) soweit das Gift zu einem vors. Verbrechen oder Vergehen bestimmt ist, c) wenn es als Nahrungsgenußmittel u. s. w. feilgehalten wird. S. o. S. 177, d) nicht bei bloßen Uebertretungen (wie §. 367 Z. 3 u. 5), s. §. 40 St.G.B.

4) Der Großhandel (zwischen Producenten und Apothekern ꝛc.) pflegt freigelassen zu sein. Der Detailhandel kann landesrechtlich nicht prinzipiell versagt werden: s. u. Nr. 74. Wegen der Genehmigung vgl. Gew.O. §. 40, §. 53; Stellvertretung §. 47; unbefugter gewerbsmäßiger Gifthandel ebd. §. 15 Abs. 2. §. 147 Z. 1; Strafe des Verkaufes von Giften im Umherziehen: Gew.O. §. 148 Z. 7a.

5) Auch unentgeltliches Ueberlassen ist strafbar.

6) Wegen der Vorschriften für Apotheker s. o. S. 131 N. 2. Aehn-

liche Vorschriften können bei der Concession für den Gifthandel auch Nichtapothekern gemacht werden, s. Text Nr. 74.

7) Wegen des Transportes gewisser Giftstoffe (u. A. Phosphor, Chloroform, Pikrinsäure, flüssige Mineralsäuren, Aetzlauge, Arsenicalien, Quecksilber, Blei, Kupfersalze) auf Eisenbahnen s. E.B. 80. 454 ff. Vgl. ferner die landesrechtl. übereinstimmenden Vorschriften über den Verkehr mit explosiven Stoffen.

8) Vgl. N. 6.

**73. Strafgesetzbuch §. 229 und §. 324 ff.**

s. o. S. 77, 80.

**74. Gewerbeordnung §. 34 Abs. 3.**

Die Landesgesetze können vorschreiben, daß zum Handel mit Giften [1]) und zum Betriebe des Lootsengewerbes besondere Genehmigung erforderlich ist, imgleichen, daß das Gewebe der Markscheider nur von Personen betrieben werden darf, welche als solche geprüft und konzessionirt sind.

1) Darüber, daß auch der konzessionirte Gifthändler seine Waare in bestimmten Formen nicht als Heilmittel abgeben darf s. o. S 207, 208. Die Landesgesetzgebungen halten sich für befugt, auch Nichtapotheker für den Verkauf von Stoffen der Tab. B (S. 209) zu konzessioniren.

**75. §. 56 Ziffer 9 [1]) [2]).**

Ausgeschlossen vom Ankauf oder Feilbieten in Umherziehen sind:

9. Gifte und gifthaltige Waaren, Arznei- und Geheimmittel.

1) Geheimmittel in Form von Pillen, Pastillen, flüssigen Arzneimischungen, Salben, gemischten Pulvern, Thee u. s. w. dürfen von Nichtapothekern überhaupt nicht abgegeben werden, s. o. S. 214. Apotheker können solche Mittel nur zu taxmäßigem Preise und auch nur dann verkaufen, wenn sie wissen, daß dieselben keine dem Handverkau entzogene Mittel enthalten.

2) Vgl. St.G.B. §. 263 (Betrug). — Das Annonciren von Geheimmitteln kann landesrechtlich bei Strafe verboten werden.

**76.** §. 42a[1]).

Gegenstände, welche von dem Ankauf oder Feilbieten im Umherziehen ausgeschlossen sind, dürfen auch innerhalb des Gemeindebezirks des Wohnortes oder der gewerblichen Niederlassung von Haus zu Haus oder auf öffentlichen Wegen, Straßen, Plätzen oder an anderen öffentlichen Orten nicht feilgeboten oder zum Wiederverkauf angekauft werden mit Ausnahme von Bier und Wein in Fässern und Flaschen und vorbehaltlich des nach §. 33 erlaubten Gewerbebetriebes.

Die zuständige Landesregiernng ist befugt, soweit ein Bedürfniß dazu obwaltet, anzuordnen, daß und inwiefern weitere Ausnahmen von diesem Verbote stattfinden sollen.

Das Feilbieten geistiger Getränke kann von der Ortspolizeibehörde im Falle besonderen Bedürfnisses vorübergehend gestattet werden.

1) Vgl. Text Nr. 75.

## 5. Vorschriften zur Verhinderung der Verbreitung ansteckender Krankheiten.

**77.** Strafgesetzbuch §. 327. Wer die Absperrungs- oder Aufsichts-Maßregeln oder Einfuhrverbote, welche von der zuständigen Behörde zur Verhütung des Einführens oder Verbreitens einer ansteckenden Krankheit angeordnet worden sind, wissentlich verletzt, wird mit Gefängniß bis zu zwei Jahren bestraft.

Ist in Folge dieser Verletzung ein Mensch von der ansteckenden Krankheit ergriffen worden, so tritt Gefängnißstrafe von drei Monaten bis zu drei Jahren ein [1]).

1) Vgl. St.G.B. §§. 328, (betr. Viehseuchen); 222. 230, o. S. 73 ff. — Vertrag, betr. die Fortdauer des Zoll- und Handelsvereins, v. 8. Juli 67, Art. 4, Abs. 5. B.G.B. S. 81. Vereinszollgesetz v. 1. Juli 69 §. 2. Strafe: §. 134. — Nur die nicht wissentliche Verletzung der betr. Maßregeln unterliegt noch den landesrechtlichen Strafbestimmungen. R. 5. 683. E. 9. 366. Zu den Aufsichtsmaßregeln gehören auch die Vorschriften über Anmeldungen von Krankheitsfällen, soweit dieselben nicht lediglich statistischen Zwecken dienen sollen.

78. Strafgesetzbuch §. 361. Mit Haft wird bestraft:

6) eine Weibsperson, welche wegen gewerbsmäßiger Unzucht einer polizeilichen Aufsicht unterstellt ist, wenn sie den in dieser Hinsicht zur Sicherung der Gesundheit, der öffentlichen Ordnung und des öffentlichen Anstandes erlassenen polizeilichen Vorschriften zuwiderhandelt, oder welche, ohne einer solchen Aufsicht unterstellt zu sein, gewerbsmäßig Unzucht treibt [1]).

1) Vgl. St.G.B. §. 362 (Zulässigkeit der Correctionshaft resp. Verweisung aus dem Bundesgebiete). Ferner §§. 223. 224. 229. 230 o. S. 74 ff., deren Anwendbarkeit die Praxis nicht genügend zu berücksichtigen pflegt.

79. Gewerbeordnung §. 37. Der Regelung durch die Ortspolizeibehörde unterliegt die Unterhaltung des öffentlichen Verkehrs innerhalb der Orte

durch Wagen aller Art [1]), Gondeln, Sänften, Pferde und andere Transportmittel, sowie das Gewerbe derjenigen Personen, welche auf öffentlichen Straßen oder Plätzen ihre Dienste anbieten.

1) Auch die der Pferdeeisenbahnen. — Diese Bestimmung setzt die Polizei in die Lage, gegen den Transport von Kranken und Leichen durch Miethsfuhrwerke ꝛc. wirksam vorzugehen (Concessionsentziehung). — Strafbestimmung: Gew.O. §. 147 Ziff. 1.

80. Gewerbeordnung §. 56 Absatz 2: Ausgeschlossen vom Ankauf oder Feilbieten im Umherziehen sind:

2. gebrauchte Kleider, gebrauchte Wäsche, gebrauchte Betten und gebrauchte Bettstücke, insbesondere Bettfedern, Menschenhaare, Garnabfälle, Enden und Dräumen von Seide, Wolle, Leinen oder Baumwolle [1]).

1) Strafbestimmung: Gew.O. §. 148 Ziff. 7a. Geldstrafe bis zu 150 M. aushülflich Haft bis zu 4 Wochen. — Vgl. §. 42a: Gegenstände, welche von dem Ankauf oder Feilbieten im Umherziehen ausgeschlossen sind, dürfen auch innerhalb des Gemeindebezirks des Wohnortes oder der gewerblichen Niederlassung von Haus zu Haus oder auf öffentlichen Wegen, Straßen, Plätzen oder an anderen öffentlichen Orten nicht feilgeboten oder zum Wiederverkauf angekauft werden, und die zugehörige Strafbestimmung Gew.O. §. 148 Ziff. 5.

81. Gewerbeordnung §. 56b: Der Bundesrath ist befugt, soweit ein Bedürfniß obwaltet, anzuordnen, daß und inwiefern der Ankauf oder das Feilbieten von einzelnen der im §. 56 Absatz 2 ausgeschlossenen Waaren im Umherziehen gestattet sein soll.

Aus Gründen der öffentlichen Sicherheit, sowie zur Abwehr oder Unterdrückung von Seuchen kann durch Beschluß des Bundesraths und in dringenden

Fällen durch Anordnung des Reichskanzlers nach Einvernehmen mit dem Ausschuß des Bundesraths für Handel und Verkehr für den Umfang des Reichs oder für Theile desselben bestimmt werden, daß und inwiefern außer den in den §§. 56 und 56a aufgeführten Gegenständen und Leistungen auch noch andere Gegenstände und Leistungen auf bestimmte Dauer von dem Gewerbebetriebe im Umherziehen ausgeschlossen sein sollen. Die Anordnung ist dem Reichstag sofort, oder, wenn derselbe nicht versammelt ist, bei seinem nächsten Zusammentritt mitzutheilen. Dieselbe ist außer Kraft zu setzen, wenn der Reichstag die Zustimmung nicht ertheilt.

Durch die Landesregierungen kann das Umherziehen mit Zuchthengsten zur Deckung von Stuten untersagt oder Beschränkungen unterworfen werden.

82. Gewerbeordnung §. 57. Der Wandergewerbeschein ist zu versagen:

1. wenn der Nachsuchende mit einer abschreckenden oder ansteckenden Krankheit behaftet oder in einer abschreckenden Weise entstellt ist.

83. Impfgesetz. Vom 8. April 1874. R.G.B. S. 31:

§. 1. Der Impfung mit Schutzpocken soll unterzogen werden:

1) jedes Kind vor dem Ablaufe des auf sein Geburtsjahr folgenden Kalenderjahres, sofern es nicht nach ärztlichem Zeugniß (§. 10) die natürlichen Blattern überstanden hat;

2) jeder Zögling einer öffentlichen Lehranstalt oder einer Privatschule, mit Ausnahme der Sonntags- und Abendschulen, innerhalb des Jahres, in welchem der Zögling das zwölfte Lebensjahr zurücklegt, sofern er nicht nach ärztlichem Zeugniß in den letzten fünf Jahren die natürlichen Blattern überstanden hat oder mit Erfolg geimpft worden ist.

§. 2. Ein impfpflichtiger (§. 1), welcher nach ärztlichem Zeugniß ohne Gefahr für sein Leben oder für seine Gesundheit nicht geimpft werden kann, ist binnen Jahresfrist nach Aufhören des diese Gefahr begründenden Zustandes der Impfung zu unterziehen.

Ob diese Gefahr noch fortbesteht, hat in zweifelhaften Fällen der zuständige Impfarzt (§. 6) endgültig zu entscheiden.

§. 3. Ist eine Impfung [1]) nach dem Urtheile des Arztes (§. 5) erfolglos geblieben, so muß sie spätestens im nächsten Jahre und, falls sie auch dann erfolglos bleibt, im dritten Jahre wiederholt werden.

Die zuständige Behörde kann anordnen, daß die letzte Wiederholung der Impfung durch den Impfarzt (§. 6) vorgenommen werde.

1) Oder deren alsbaldige Wiederholung.

§. 4. Ist die Impfung ohne gesetzlichen Grund (§§. 1, 2) unterblieben, so ist sie binnen einer von der zuständigen Behörde zu setzenden Frist nachzuholen [2]).

2) Vgl. §. 14.

§. 5. Jeder Impfling muß frühestens am sechsten, spätestens am achten Tage nach der Impfung dem impfenden Arzte vorgestellt werden.

§. 6. In jedem Bundesstaate werden Impfbezirke gebildet, deren jeder einem Impfarzte unterstellt wird [3]).

Der Impfarzt nimmt in der Zeit vom Anfang Mai bis Ende September jeden Jahres an den vorher bekannt zu machenden Orten und Tagen für die Bewohner des Impfbezirks Impfungen unentgeltlich vor. Die Orte für die Vornahme der Impfungen, sowie für die Vorstellung der Impflinge (§. 5) werden so gewählt, daß kein Ort des Bezirks von dem nächst belegenen Impforte mehr als 5 Kilometer entfernt ist.

3) Nach §. 29 der Gew.O. darf zum Impfarzt nur ein approbirter Arzt bestellt werden. Mithin wohl ein Wundarzt 1. Kl., nicht aber ein solcher 2. Kl. — Nach dem Bundesr.Beschl. v. 18. Juni 85 soll in Zukunft die Bestellung der Impfärzte durch die Staatsbehörde erfolgen, das öffentliche Impfgeschäft vorzugsweise den beamteten Aerzten übertragen werden, die Remuneration der Impfärzte der Bestätigung durch die Staatsbehörde bedürfen und deren Geschäftsführung durch mindestens alle 3 Jahre auszuführende Revision von Impfterminen durch den vorgesetzten Medicinalbeamten beaufsichtigt werden.

Beschl. d. B.R. v. 18. Juni 85: 1. Hinsichtlich der technischen Vorbildung der Aerzte für das Impfgeschäft sind folgende Anforderungen zu stellen: a) während des klinischen Unterrichtes ist dem Studirenden eine Unterweisung in der Impftechnik zu ertheilen. b) Außerdem hat jeder Arzt, welcher das Impfgeschäft privatim oder öffentlich ausüben will, den Nachweis darüber zu bringen, daß er mindestens zwei öffentlichen Vaccinations- und ebensovielen Revaccinationsterminen beigewohnt und sich die erforderlichen Kenntnisse über Gewinnung und Conservirung der Lymphe erworben hat. 2. Bei der ärztlichen Prüfung ist die Kenntniß der Impftechnik und des Impfgeschäftes zu verlangen. Vgl. o. S. 10 und 17.

2. Die allgemeine Einführung der Impfung mit Thierlymphe ist allmälig durchzuführen, und zwar sind unter Zuhülfenahme der bisher gewonnenen Erfahrungen Anstalten zur Gewinnung von Thierlymphe in einer dem voraussichtlichen Bedarfe entsprechenden Anzahl zu errichten.

Sobald der Bedarf an Thierlymphe seitens einer solchen Anstalt gesichert ist, sind die öffentlichen Impfungen in dem betreffenden Bezirke mit Thierlymphe auszuführen. 3. Für die Einrichtung und den Betrieb der Anstalten sind folgende allgemeine Bestimmungen maßgebend: a) die Anstalt ist der Leitung eines Arztes zu unterstellen; b) die Lymphe wird den Impfärzten kosten- und portofrei überlassen; c) es ist gestattet, an Stelle der sog. genuinen Vaccine die Retrovaccine zu benutzen; d) die Lymphe ist nicht eher an die Impfärzte abzugeben, als bis die Untersuchung der geschlachteten Thiere, welche die Lymphe lieferten, deren Gesundheit ergeben hat; e) über Alter, Pflege und Wartung der Kälber, Zeit und Art der Lympheabnahme, Methode der Conservirung, der Aufbewahrung, des Versandts u. s. w. werden durch eine Kommission von Sachverständigen spezielle Instruktionen ausgearbeitet.

§. 7. Für jeden Impfbezirk wird vor Beginn der Impfzeit eine Liste der nach §. 1, Ziffer 1 der Impfung unterliegenden Kinder von der zuständigen Behörde aufgestellt. Ueber die auf Grund des §. 1, Ziffer 2, zur Impfung gelangenden Kinder haben die Vorsteher der betreffenden Lehranstalten eine Liste anzufertigen.

Die Impfärzte vermerken in den Listen, ob die Impfung mit oder ohne Erfolg vollzogen, oder ob und weshalb sie ganz oder vorläufig unterblieben ist.

Nach dem Schlusse des Kalenderjahres sind die Listen der Behörde einzureichen.

Die Einrichtung der Listen wird durch den Bundesrath festgestellt.

§. 8. Außer den Impfärzten sind ausschließlich Aerzte befugt, Impfungen vorzunehmen.

Sie haben über die ausgeführten Impfungen in der im §. 7 vorgeschriebenen Form Listen zu führen und dieselben am Jahresschluß der zuständigen Behörde vorzulegen.

§. 9. Die Landesregierungen haben nach näherer Anordnung des Bundesraths dafür zu sorgen, daß eine angemessene Anzahl von Impfinstituten zur Beschaffung und Erzeugung von Schutzpockenlymphe eingerichtet werde.

Die Impfinstitute geben die Schutzpockenlymphe an die öffentlichen Impfärzte unentgeltlich ab und haben über Herkunft und Abgabe derselben Listen zu führen.

Die öffentlichen Impfärzte sind verpflichtet, auf Verlangen Schutzpockenlymphe, soweit ihr entbehrlicher Vorrath reicht, an andere Aerzte unentgeltlich abzugeben.

§. 10. Ueber jede Impfung wird nach Feststellung ihrer Wirkung (§. 5) von dem Arzte ein Impfschein ausgestellt. In dem Impfschein wird, unter Angabe des Vor- und Zunamens des Impflings, sowie des Jahres und Tages seiner Geburt, bescheinigt, entweder, daß durch die Impfung der gesetzlichen Pflicht genügt ist,

oder,

daß die Impfung im nächsten Jahre wiederholt werden muß.

In den ärztlichen Zeugnissen, durch welche die gänzliche oder vorläufige Befreiung von der Impfung (§§. 1, 2) nachgewiesen werden soll, wird, unter der für den Impfschein vorgeschriebenen Bezeichnung der Person, bescheinigt, aus welchem Grunde und auf wie lange die Impfung unterbleiben darf.

§. 11. Der Bundesrath bestimmt das für die vorgedachten Bescheinigungen (§. 10) anzuwendende Formular.

Die erste Ausstellung der Bescheinigungen erfolgt stempel- und gebührenfrei.

§. 12. Eltern, Pflegeeltern und Vormünder sind gehalten, auf amtliches Erfordern mittelst der vorgeschriebenen Bescheinigungen (§. 10) den Nachweis zu führen, daß die Impfung ihrer Kinder und Pflegebefohlenen erfolgt oder aus einem gesetzlichen Grunde unterblieben ist.

§. 13. Die Vorsteher derjenigen Schulanstalten, deren Zöglinge dem Impfzwange unterliegen (§. 1, Ziffer 2), haben bei der Aufnahme von Schülern durch Einfordern der vorgeschriebenen Bescheinigungen festzustellen, ob die gesetzliche Impfung erfolgt ist.

Sie haben dafür zu sorgen, daß Zöglinge, welche

während des Besuches der Anstalt nach §. 1, Ziffer 2, impfpflichtig werden, dieser Verpflichtung genügen.

Ist eine Impfung ohne gesetzlichen Grund unterblieben, so haben sie auf deren Nachholung zu dringen.

Sie sind verpflichtet, vier Wochen vor Schluß des Schuljahres der zuständigen Behörde ein Verzeichniß derjenigen Schüler vorzulegen, für welche der Nachweis der Impfung nicht erbracht ist.

§. 14. Eltern, Pflegeeltern und Vormünder, welche den nach §. 12 ihnen obliegenden Nachweis zu führen unterlassen, werden mit einer Geldstrafe bis zu zwanzig Mark bestraft.

Eltern, Pflegeeltern und Vormünder, deren Kinder und Pflegebefohlene ohne gesetzlichen Grund und trotz erfolgter amtlicher Aufforderung der Impfung oder der ihr folgenden Gestellung (§. 5) entzogen geblieben sind, werden mit Geldstrafe bis zu fünfzig Mark oder mit Haft bis zu drei Tagen bestraft [4]).

4) Die Strafe kann bei jedesmaliger auf erneute Aufforderung stattgehabter Entziehung von Neuem verhängt werden.

§. 15. Aerzte und Schulvorsteher, welche den durch §. 8, Absatz 2, §. 7 und durch §. 13 ihnen auferlegten Verpflichtungen nicht nachkommen, werden mit Geldstrafe bis zu einhundert Mark bestraft.

§. 16. Wer unbefugter Weise (§. 8) Impfungen vornimmt, wird mit Geldstrafe bis zu einhundertfünfzig Mark oder mit Haft bis zu vierzehn Tagen bestraft.

§. 17. Wer bei der Ausführung einer Impfung fahrlässig [5]) handelt, wird mit Geldstrafe bis zu fünfhundert Mark oder mit Gefängnißstrafe bis zu drei Monaten bestraft, sofern nicht nach dem Strafgesetzbuch eine härtere Strafe eintritt.

§. 18. Die Vorschriften dieses Gesetzes treten mit dem 1. April 1875 in Kraft.

Die einzelnen Bundesstaaten werden die zur Ausführung erforderlichen Bestimmungen treffen [5]).

Die in den einzelnen Bundesstaaten bestehenden Bestimmungen über Zwangsimpfungen bei dem Ausbruch einer Pocken-Epidemie werden durch dieses Gesetz nicht berührt.

Urkundlich ꝛc.

Gegeben Berlin, den 8. April 1874.

5) Der Bundesrath hat am 18. Juni 85 die von der Kommission zur Berathung über das Impfwesen entworfenen Vorschriften zur Sicherung des Impfgeschäftes genehmigt. Dieselben bestehen in:

I. Vorschriften, welche von den Aerzten bei der Ausführung des Impfgeschäftes zu befolgen sind. (Preuß. Ministerialblatt für die innere Verwaltung 86, 53.)

A. Allgemeine Bestimmungen.

§. 1. An Orten, an welchen ansteckende Krankheiten, wie Scharlach, Masern, Diphtheritis, Croup, Keuchhusten, Flecktyphus, rosenartige Entzündungen, in größerer Verbreitung auftreten, ist die Impfung während der Dauer der Epidemie nicht vorzunehmen.

Erhält der Impfarzt erst nach Beginn des Impfgeschäftes davon Kenntniß, daß derartige Krankheiten in dem betreffenden Orte herrschen, oder zeigen sich dort auch nur einzelne Fälle von Impfrothlauf, so hat er die Impfung an diesem Orte sofort zu unterbrechen und der zuständigen Behörde davon Anzeige zu machen.

Hat der Impfarzt einzelne Fälle ansteckender Krankheiten in Behandlung, so hat er in zweckentsprechender Weise deren Verbreitung bei dem Impfgeschäfte durch seine Person zu verhüten.

§. 2. Bereits bei der Bekanntmachung des Impftermines ist dafür Sorge zu tragen, daß die Angehörigen der Impflinge gedruckte Verhaltungsvorschriften für die öffentlichen Impfungen und über die Behandlung der Impflinge während der Entwickelung der Impfblattern erhalten.

§. 3. Im Impftermine hat der Impfarzt im Einvernehmen mit der Ortspolizeibehörde für die nöthige Ordnung zu sorgen, Ueberfüllung der für die Impfung bestimmten Räume zu verhüten und ausreichende Lüftung derselben zu veranlassen.

Die gleichzeitige Anwesenheit der Erstimpflinge und der Wiederimpflinge ist thunlichst zu vermeiden.

### B. Gewinnung der Lymphe.

#### 1. Bei Verwendung von Menschen-Lymphe.

§. 4. So lange die Impfung mit Thier-Lymphe für die öffentlichen Impfungen nicht zur Ausführung gelangt, beziehen die Impfärzte die zum Einleiten der Impfung erforderliche Lymphe aus den Landes-Impfinstituten. Für ein ausreichendes Material zum Fortführen der Impfung, bezw. zur Abgabe von Lymphe an andere Aerzte haben die Impfärzte durch Entnahme von Lymphe von geeigneten Impflingen selbst zu sorgen.

§. 5. Die Impflinge, von welchen Lymphe zum Weiterimpfen entnommen werden soll (Ab-, Stamm-, Mutterimpflinge), müssen zuvor am ganzen Körper untersucht und als vollkommen gesund und gut genährt befunden werden. Sie müssen von Eltern stammen, welche an vererbbaren Krankheiten nicht leiden, insbesondere dürfen Kinder, deren Mütter mehrmals abortirt oder Frühgeburten überstanden haben, als Abimpflinge nicht benutzt werden.

Der Abimpfling soll wenigstens 6 Monate alt, ehelich geboren und nicht das erste Kind seiner Eltern sein. Von diesen Anforderungen darf nur ausnahmsweise abgewichen werden, wenn über die Gesundheit der Eltern nicht der geringste Zweifel obwaltet.

Der Abimpfling soll frei sein von Geschwüren, Schrunden, und Ausschlägen jeder Art, von Condylomen an den Gesäßtheilen, an den Lippen, unter den Armen und am Nabel, von Drüsenanschwellungen, chronischen Affectionen der Nase, der Augen und Ohren, wie von Anschwellungen und Verbiegungen der Knochen; er darf demnach kein Zeichen von Syphilis, Scrophulosis, Rhachitis oder irgend einer anderen constitutionellen Krankheit an sich haben.

§. 6. Lymphe von Wiedergeimpften darf nur im Nothfalle und nur zum Impfen von Erstimpflingen zur Anwendung kommen. Die Prüfung des Gesundheitszustandes eines wiedergeimpften Abimpflings muß mit besonderer Sorgfalt nach Maßgabe der im §. 5. angegebenen Gesichtspunkte geschehen.

§. 7. Jeder Impfarzt hat aufzuzeichnen, von wo und wann er seine Lymphe erhalten hat. Insbesondere hat er, wenn er Lymphe zur späteren eigenen Verwendung oder zur Abgabe an andere Aerzte aufbewahren will, den Namen der Impflinge, von denen die Lymphe abgenommen worden ist, und den Tag der erfolgten Abnahme aufzuzeichnen. Die Lymphe selbst ist derart zu bezeichnen, daß später über die Abstammung derselben ein Zweifel nicht entstehen kann.

Die Aufzeichnungen sind bis zum Schlusse des nachfolgenden Kalenderjahres aufzubewahren.

§. 8. Die Abnahme der Lymphe darf nicht später als am gleichnamigen Tage der auf die Impfung folgenden Woche stattfinden.

Die Blattern, welche zur Entnahme der Lymphe dienen sollen, müssen reif und unverletzt[6]) sein und auf einem nur mäßig entzündeten Boden stehen.

Blattern, welche den Ausgangspunkt für Rothlauf gebildet haben, dürfen in keinem Falle zum Abimpfen benutzt werden.

Mindestens zwei Blattern müssen am Impfling uneröffnet bleiben.

6) Vgl. §. 10.

§. 9. Die Eröffnung der Blattern geschieht durch Stiche oder Schnittchen.

Das Quetschen der Blattern oder das Drücken ihrer

Umgebung zur Vermehrung der Lymphmenge ist zu vermeiden.

§. 10. Nur solche Lymphe darf benutzt werden, welche freiwillig austritt und, mit bloßem Auge betrachtet, weder Blut noch Eiter enthält.

Uebelriechende oder sehr dünnflüssige Lymphe ist zu verwerfen.

§. 11. Nur reinstes Glycerin darf mit der Lymphe vermischt werden. Die Mischung soll mittelst eines reinen [7]) Glasstabes geschehen.

7) Resp. durch Glühen sterilisirten.

## II. Bei Verwendung von Thier-Lymphe.

§. 12. Sobald die Impfung mit Thier-Lymphe eingeführt ist, erhalten die Impfärzte ihren Gesammtbedarf an Lymphe aus den Landes-Impfinstituten.

§. 13. Die Vorschriften im §. 7., §. 10. Absatz 2. und §. 11. finden auch für Thier-Lymphe sinngemäße Anwendung.

Inwieweit andere Vorschriften des Abschnittes I. bei der Gewinnung der Thier-Lymphe Anwendung zu finden haben, bleibt besonderer Regelung vorbehalten.

## C. Aufbewahrung der Lymphe.

§. 14. Die Aufbewahrung der Lymphe in flüssigem Zustande hat in reinen, gut verschlossenen Capillarröhren oder Glasgefäßen von 1 bis 2 ccm Inhalt zu geschehen.

Zur Aufbewahrung in trockenem Zustande sind

Platten oder Gefäße aus Glas oder Stäbchen aus Elfenbein, Fischbein oder Horn zu benutzen.

Alle zur Aufbewahrung dienenden Gegenstände dürfen erst nach gründlicher Reinigung und Desinfection (am besten durch Auskochen mit Wasser) zum zweiten Male benutzt werden.

§. 15. Die Lymphe ist vor einer Abkühlung bis auf den Gefrierpunkt und vor einer Erwärmung auf mehr als 50 Grad C. zu schützen.

### D. Ausführung der Impfung und Wiederimpfung.

§. 16. Es empfiehlt sich, die Kinder nicht früher zu impfen, als bis sie das Alter von 3 Monaten überschritten haben.

Kinder, welche an schweren akuten oder chronischen, die Ernährung stark beeinträchtigenden oder die Säfte verändernden Krankheiten leiden, sollen in der Regel nicht geimpft und nicht wiedergeimpft werden.

Ausnahmen sind (namentlich beim Auftreten der natürlichen Pocken) gestattet und werden dem Ermessen des Impfarztes anheimgegeben.

§. 17. Die zur Impfung bestimmten Instrumente müssen rein sein und vor jeder Impfung eines neuen Impflings mittels Wassers und Abtrocknung gereinigt werden.

Zur Abtrocknung dürfen jedoch nicht Handtücher und dergleichen, sondern nur Carbol- oder Salicylwatte verwendet werden. Instrumente, welche eine gründliche Reinigung nicht gestatten, dürfen nicht gebraucht werden.

Die Instrumente zu anderen Operationen als zum Impfen zu verwenden, ist verboten.

§. 18. Zum Anfeuchten der trockenen Lymphe ist reines Wasser oder Glycerin oder eine Mischung von beiden zu verwenden.

§. 19. Die Impfung wird der Regel nach an den Oberarmen vorgenommen. Bei Erstimpflingen genügen 3 bis 5 seichte Schnitte von höchstens 1 cm Länge oder ebenso viele oberflächliche Stiche an jedem Arme; bei Wiederimpflingen 5 bis 8 seichte Schnitte oder Stiche an einem Arme.

Stärkere Blutungen sind beim Impfen zu vermeiden.

Das Auftragen der Lymphe mit dem Pinsel ist verboten.

§. 20. Die Erst-Impfung hat als erfolgreich zu gelten, wenn mindestens zwei Blattern zur regelmäßigen Entwickelung gekommen sind.

In Fällen, in welchen nur eine Blatter zur regelmäßigen Entwickelung gekommen ist, hat sofort Autorevaccination oder nochmalige Impfung stattzufinden. Jedoch ist gleichzeitig der Impfschein (Formular I.) auszustellen.

Bei der Wiederimpfung genügt für den Erfolg schon die Bildung von Knötchen bezw. Bläschen an den Impfstellen.

## E. Privat-Impfungen.

§. 21. Alle Vorschriften dieser Instruktion mit Ausnahme der nur auf öffentliche Impfungen sich beziehenden §§. 1, 2, 3 und 4 gelten auch für die Ausführung von Privat-Impfungen.

## Anlage II.

### Verhaltungsvorschriften für die Angehörigen der Impflinge.

§. 1. Aus einem Hause, in welchem ansteckende Krankheiten wie Scharlach, Masern, Diphtheritis, Croup, Keuchhusten, Flecktyphus, rosenartige Entzündungen oder die natürlichen Pocken herrschen, dürfen die Impflinge zum allgemeinen Termine nicht gebracht werden.

§. 2. Die Kinder müssen zum Impftermine mit rein gewaschenem Körper und mit reinen Kleidern gebracht werden.

§. 3. Auch nach dem Impfen ist möglichst große Reinhaltung des Impflinges die wichtigste Pflicht.

§. 4. Wenn das tägliche Baden des Impflings nicht ausführbar ist, so versäume man wenigstens die tägliche sorgfältige Abwaschung nicht.

§. 5. Die Nahrung des Kindes bleibe unverändert.

§. 6. Bei günstigem Wetter darf dasselbe ins Freie gebracht werden. Man vermeide im Hochsommer nur die heißesten Tagesstunden und die direkte Sonnenhitze.

§. 7. Die Impfstellen sind mit der größten Sorgfalt vor dem Aufreiben, Zerkratzen und vor Beschmutzung zu bewahren. Die Hemdärmel müssen hinreichend weit sein, damit sie nicht durch Scheuern die Impfstellen reizen.

§. 8. Nach der erfolgreichen Impfung zeigen sich vom vierten Tage ab kleine Bläschen, welche sich in der Regel bis zum neunten Tage unter mäßigem Fieber vergrößern und zu erhabenen, von einem rothen Entzündungshofe umgebenen Schutzpocken entwickeln. Dieselben enthalten eine klare Flüssigkeit, welche sich am achten Tage zu trüben beginnt. Vom zehnten bis zwölften Tage beginnen die Pocken zu einem Schorfe einzutrocknen, der nach 3 bis 4 Wochen von selbst abfällt.

Die Entnahme der Lymphe zum Zwecke weiterer Impfung ist schmerzlos und bringt dem Kinde keinen Nachtheil.

Wird sie unterlassen, so pflegen sich die Pocken von selbst zu öffnen.

§. 9. Bei regelmäßigem Verlaufe der Impfpocken ist ein Verband überflüssig, falls aber in der nächsten Umgebung derselben eine starke, breite Röthe entstehen sollte, oder wenn die Pocken sich öffnen, so umwickelt man den Oberarm mit einem in Baumöl getauchten oder noch besser mit Vaseline bestrichenen kleinen Leinwandläppchen.

Bei jeder erheblichen, nach der Impfung entstehenden Erkrankung ist ein Arzt zuzuziehen.

§. 10. An einem im Impftermine bekannt zu gebenden Tage erscheinen die Impflinge zur Nachschau.

Dieselben erhalten, wenn die Impfung Erfolg hatte, an diesem Tage den Impfschein. Der letztere ist sorgfältig zu verwahren.

§. 11. Kann ein Kind am Tage der Nachschau wegen erheblicher Erkrankung, oder weil in dem Hause eine ansteckende Krankheit herrscht (§. 1.) nicht in das Impflocal gebracht werden, so haben die Eltern oder deren Vertreter dieses spätestens am Terminstage dem Impfarzte anzuzeigen.

## Anlage III.

### Vorschriften, welche von den Ortspolizeibehörden bei der Ausführung des Impfgeschäftes zu befolgen sind.

§. 1. Treten an einem Orte ansteckende Krankheiten, wie Scharlach, Masern, Diphtheritis, Croup, Keuchhusten, Flecktyphus, rosenartige Entzündungen in größerer Verbreitung auf, so wird die Impfung ausgesetzt.

Aus einem Hause, in welchem Fälle der genannten Krankheiten zur Impfzeit vorgekommen sind, dürfen Kinder zum öffentlichen Termin nicht gebracht werden; auch haben sich Erwachsene aus solchen Häusern vom Impftermin fern zu halten.

Impfung und Nachschau an Kindern aus solchen Häusern müssen getrennt von den übrigen Impflingen vorgenommen werden.

Ebenso ist zu verfahren, wenn in einem Hause die natürlichen Pocken aufgetreten sind.

§. 2. Für die öffentliche Impfung sind helle, heizbare, genügend große, gehörig gereinigte und gelüftete Räume bereit zu stellen, welche womöglich auch eine Trennung des Warteraumes vom Operationszimmer gestatten.

Bei kühler Witterung sind die Räume zu heizen.

§. 3. Ein Beauftragter der Ortspolizeibehörde sei im Impftermine zur Stelle, um im Einvernehmen mit dem Impfarzt für Aufrechthaltung der Ordnung zu sorgen.

Entsprechende Schreibhülfe ist bereit zu stellen.

Bei der Wiederimpfung und der darauf folgenden Nachschau sei ein Lehrer anwesend.

§. 4. Eine Ueberfüllung der Impfräume, namentlich des Operationszimmers, werde vermieden.

Die Zahl der vorzuladenden Impflinge richte sich nach der Größe der Impfräume.

§. 5. Man verhüte thunlichst, daß die Impfung mit der Nachschau bereits früher Geimpfter zusammenfällt.

Jedenfalls sind Erstimpflinge und Wiederimpflinge (Revaccinanden, Schulkinder) möglichst von einander zu trennen.

§. 6. Es ist darauf hinzuwirken, daß die Impflinge mit rein gewaschenem Körper und reinen Kleidern zum Impftermine kommen.

Kinder mit unreinem Körper und schmutzigen Kleidern können vom Termin zurückgewiesen werden.

## V.

# Fürsorge für Erkrankte.

---

**84. Verfassung des Deutschen Reiches.** Vom 16. April 1871. R.G.B. S. 63, Art. 3, Abs. 4.

Ebenso bleiben bis auf Weiteres die Verträge in Kraft, welche zwischen den einzelnen Bundesstaaten in Beziehung auf die — Verpflegung erkrankter und die Beerdigung verstorbener Staatsangehörigen bestehen [1]).

1) Vgl. Schlußprot. betr. d. Beitritt Bayerns zum Deutschen Reiche v. 23. Nov. 70 B.G.B. 71 S. 23 Art. III, durch welchen aufrecht erhalten wird die sog. Eisenacher Convention wegen Verpflegung erkrankter und Beerdigung verstorbener Angehöriger der contrahirenden Staaten. Vom 11. Juni 1853: §. 1. Jede der kontrahirenden Regierungen verpflichtet sich, dafür zu sorgen, daß in ihrem Gebiete denjenigen hülfsbedürftigen Angehörigen anderer Staaten, welche der Kur und Verpflegung benöthigt sind, diese nach denselben Grundsätzen, wie bei eigenen Unterthanen, bis dahin zu Theil werde, wo ihre Rückkehr in den zur Uebernahme verpflichteten Staat ohne Nachtheil für ihre oder Anderer Gesundheit geschehen kann.

§. 2. Ein Ersatz der hiebei (§. 1.) oder durch die Beerdigung erwachsenden Kosten kann gegen die Staats-, Gemeinde- oder andere öffentliche Kassen. desjenigen Staates, welchem der Hülfsbedürftige angehört, nicht beansprucht werden.

§. 3. Für den Fall, daß der Hülfsbedürftige oder daß andere privatrechtlich Verpflichtete zum Ersatz der Kosten im Stande sind, bleiben die Ansprüche auf letztere vorbehalten. Die kontrahirenden Regierungen sichern sich auch wechselseitig zu, auf Antrag der betreffenden Behörde die nach der Landesgesetzgebung zulässige Hülfe zu leisten, damit denjenigen, welche die gedachten Kosten bestritten haben, diese nach billigen Ansätzen erstattet werden. — Auf ähnlichen Grundsätzen beruhende Verträge bestehen mit Italien 8. August 1873. C. S. 281. Dänemark 11. Dec. 1873 C. S. 374 u. 25. August 1881 C. S. 407. Belgien 7. Juli 1877 C. S. 411.

## 85. Gesetz über den Unterstützungswohnsitz. Vom 6. Juni 1870. B.G.B. S. 360.

§. 29. Wenn Personen, welche im Gesindedienst stehen, Gesellen, Gewerbegehülfen, Lehrlinge, an dem Orte ihres Dienstverhältnisses erkranken, so hat der Ortsarmenverband des Dienstortes die Verpflichtung, den Erkrankten die erforderliche Kur und Verflegung zu gewähren. Ein Anspruch auf Erstattung der entstehenden Kur- und Verpflegungskosten, beziehungsweise auf Uebernahme des Hülfsbedürftigen gegen einen anderen Armenverband erwächst nur, wenn die Krankenpflege länger als sechs Wochen fortgesetzt wurde, und nur für den über diese Frist hinausgehenden Zeitraum.

Dem zur Unterstützung an sich verpflichteten Armenverbande muß spätestens sieben Tage vor Ablauf des sechswöchentlichen Zeitraums Nachricht von der Erkrankung gegeben werden, widrigenfalls die Erstattung der Kosten erst von dem, sieben Tage nach dem Eingange der Nachricht beginnenden Zeitraum an gefordert werden kann.

Schwangerschaft an sich ist nicht als eine Krankheit im Sinne der vorstehenden Bestimmung anzusehen.

§. 30. Zur Erstattung der durch die Unterstützung eines hülfsbedürftigen Norddeutschen erwachsenen Kosten, soweit dieselben nicht in Gemäßheit des §. 29 dem Ortsarmenverbande des Dienstortes zur Last fallen, sind verpflichtet:

a) wenn der Unterstützte einen Unterstützungswohnsitz hat, der Ortsarmenverband seines Unterstützungswohnsitzes;

b) wenn der Unterstützte keinen Unterstützungswohnsitz hat, derjenige Landarmenverband, in dessen Bezirk er sich bei dem Eintritte der Hülfsbedürftigkeit befand oder, falls er im hülfsbedürftigen Zustande aus einer Straf-, Kranken-, Bewahr- oder Heilanstalt entlassen wurde, derjenige Landarmenverband, aus welchem seine Einlieferung in die Anstalt erfolgt ist.

Die Höhe der zu erstattenden Kosten richtet sich nach den am Orte der stattgehabten Unterstützung über das Maaß der öffentlichen Unterstützung Hülfsbedürftiger geltenden Grundsätzen, ohne daß dabei die allgemeinen Verwaltungskosten der Armenanstalten, sowie besondere Gebühren für die Hülfeleistung fest remunerirter Armenärzte in Ansatz gebracht werden dürfen.

Für solche bei der öffentlichen Unterstützung häufiger vorkommenden Aufwendungen, deren täglicher oder wöchentlicher Betrag sich in Pauschquanten feststellen läßt (z. B. Verpflegungssätze in Kranken- und Armenhäusern), kann in jedem Bundesstaate, entweder für das ganze Staatsgebiet gleichmäßig, oder bezirksweise verschieden, ein Tarif aufgestellt und öffentlich bekannt gemacht werden, dessen Sätze die Erstattungsforderung nicht übersteigen darf.

§. 31 Der nach der Vorschrift des §. 30. zur Kostenerstattung verpflichtete Armenverband ist zur Uebernahme eines hülfsbedürftigen Norddeutschen verpflichtet, wenn die Unterstützung aus anderen Gründen als wegen einer nur vorübergehenden Arbeitsunfähigkeit nothwendig geworden ist (§. 5 des Gesetzes über die Freizügigkeit vom 1 November 1867 Bundesgesetzbl. S. 55.).

§. 32. Der zur Uebernahme eines hülfsbedürftigen Norddeutschen verpflichtete Armenverband kann — soweit nicht auf Grund der §§. 55. und 56. etwas Anderes festgestellt worden ist — die Ueberführung desselben in seine unmittelbare Fürsorge verlangen.

Die Kosten der Ueberführung hat der verpflichtete Armenverband zu tragen.

Beantragt hiernach der zur Uebernahme eines Hülfsbedürftigen verpflichtete Armenverband dessen Ueberführung, und diese unterbleibt oder verzögert sich durch die Schuld des Armenverbandes, welcher zur vorläufigen Unterstützung desselben verpflichtet ist, so verwirkt der letztere dadurch für die Folgezeit, beziehungsweise für die Zeit der Verzögerung, den Anspruch auf Erstattung der Kosten.

86. Allgemeines Deutsches Handelsgesetzbuch Art. 60. Ein Handlungsgehülfe, welcher durch unverschuldetes Unglück an Leistung seines Dienstes zeitweise verhindert wird, geht dadurch seiner Ansprüche auf Gehalt und Unterhalt nicht verlustig. Jedoch hat er auf diese Vergünstigung nur für die Dauer von sechs Wochen Anspruch.

Art. 64 f. u. S. 252.

87. Seemannsordnung. Vom 27. Dezember 1872. R.G.B. S. 409.

§. 48. Falls der Schiffsmann [1]) nach Antritt des Dienstes erkrankt oder verwundet wird, so trägt der Rheder die Kosten der Verpflegung und Heilung:

1) wenn der Schiffsmann wegen der Krankheit oder Verwundung die Reise nicht antritt, bis zum Ablauf von drei Monaten seit der Erkrankung oder Verwundung;
2) wenn er die Reise antritt und mit dem Schiffe nach einem deutschen Hafen zurückkehrt, bis zum Ablauf von drei Monaten seit der Rückkehr des Schiffs;
3) wenn er die Reise antritt und mit dem Schiffe zurückkehrt, die Rückreise des Schiffs jedoch nicht in einem deutschem Hafen endet, bis zum Ab-

lauf von sechs Monaten seit der Rückkehr des Schiffs;

4) wenn er während der Reise am Lande zurückgelassen werden mußte, bis zum Ablauf von sechs Monaten seit der Weiterreise des Schiffs.

Auch gebührt dem Schiffsmann, falls er nicht mit dem Schiffe nach dem Hafen zurückkehrt, von welchem das Schiff seine Ausreise angetreten hat, freie Zurückbeförderung nach diesem Hafen (§§. 65, 66), oder nach Wahl des Schiffers eine entsprechende Vergütung.

§. 49. Die Heuer bezieht der erkrankte oder verwundete Schiffsmann:

wenn er die Reise nicht antritt, bis zur Einstellung des Dienstes;

wenn er die Reise antritt und mit dem Schiffe zurückkehrt, bis zur Beendigung der Rückreise;

wenn er während der Reise am Lande zurückgelassen werden mußte, bis zu dem Tage, an welchem er das Schiff verläßt.

Ist der Schiffsmann bei der Vertheidigung des Schiffs beschädigt, so hat er überdies auf eine angemessene, erforderlichenfalls von dem Richter zu bestimmende Belohnung Anspruch.

§. 50. Auf den Schiffsmann, welcher die Krankheit oder Verwundung durch eine unerlaubte Handlung sich zugezogen hat, oder mit einer syphilitischen

Krankheit behaftet ist, finden die §§. 48. und 49. keine Anwendung.

1) Vgl. H.G.B. Art. 523.

88. **Militär-Strafgesetzbuch.** Vom 20. Juni 1872. R.G.B. S. 173.

§. 134. Wer im Felde in der Absicht rechtswidriger Zueignung einem auf dem Kampfplatze gebliebenen Angehörigen der deutschen oder verbündeten Truppen eine Sache abnimmt, oder einem Kranken oder Verwundeten auf dem Kampfplatze, auf dem Marsche, auf dem Transporte oder im Lazaret, oder einem seinem Schutze anvertrauten Kriegsgefangenen eine Sache wegnimmt oder abnöthigt, wird mit Zuchthaus bis zu zehn Jahren, in minder schweren Fällen mit Gefängniß bis zu fünf Jahren und Versetzung in die zweite Klasse des Soldatenstandes bestraft; zugleich kann auf Verlust der bürgerlichen Ehrenrechte erkannt werden.

§. 160. Ein Ausländer oder Deutscher, welcher während eines gegen das Deutsche Reich ausgebrochenen Krieges auf dem Kriegsschauplatze sich einer der in den §§. 57 bis 59 und 134 vorgesehenen Handlungen schuldig macht, ist nach den in diesen Paragraphen gegebenen Bestimmungen zu bestrafen.

89. **Gesetz, betreffend die Krankenversicherung der Arbeiter.** Vom 15. Juni 1883 [1]) R.G.B. S. 73.

1) Betr. dieses Gesetz überhaupt, desgl. über das Unfallvers.Ges. und das Ges., betr. die Ausdehnung dieser Gesetze s. die vortrefflichen Ausgaben von E. v. Woedtke (3. resp. 2. Aufl.) Berlin J. Guttentag (D. Collin).

VI.

# Rechtlicher Einfluß krankhafter Zustände und Gebrechen.

---

90. Strafgesetzbuch §. 51. Eine strafbare Handlung ist nicht vorhanden, wenn der Thäter zur Zeit der Begehung der Handlung sich in einem Zustande von Bewußtlosigkeit [1]) oder krankhafter Störung der Geistesthätigkeit befand, durch welchen seine freie Willensbestimmung ausgeschlossen war.

1) Bewußtlosigkeit bedeutet die mannigfachen meistens auf vorübergehenden körperlichen Zuständen beruhenden Erscheinungen der Sinnestäuschungen, Delirien, der Berauschung, des Schlaf- und Traumlebens, der Affekte u. s. w. R.G. Ann. 9, 2. Auch vorübergehende und theilweise Störungen gehören hieher, wenn sie die freie Willensbestimmung gerade für die in Frage stehende That ausschließen. E. 7. 425. 5. 338.

§. 58. Ein Taubstummer, welcher die zur Erkenntniß der Strafbarkeit einer von ihm begangenen Handlung erforderliche Einsicht nicht besaß, ist freizusprechen.

§. 65. Der Verletzte, welcher das achtzehnte Lebensjahr vollendet hat, ist selbständig zu dem Antrage auf Bestrafung berechtigt.

So lange der Verletzte minderjährig ist, hat der gesetzliche Vertreter [1]) desselben, unabhängig von der eigenen Befugniß des Verletzten, das Recht, den Antrag zu stellen.

Bei bevormundeten Geisteskranken und Taubstummen ist der Vormund der zur Stellung des Antrages Berechtigte.

1) Ist dieser selbst der Thäter, so ist ein besonderer Vertreter zu bestellen.

§. 176. Mit Zuchthaus bis zu zehn Jahren wird bestraft, wer

2) eine in einem willenlosen oder bewußtlosen Zustande befindliche oder eine geisteskranke Frauensperson zum außerehelichen Beischlafe mißbraucht [1]).

Sind mildernde Umstände vorhanden, so tritt Gefängnißstrafe nicht unter sechs Monaten ein.

1) Einwilligung schließt die Strafbarkeit nicht aus, E. 7. 425. Ist durch die Handlung der Tod der Geschwächten verursacht worden, so tritt Zuchthausstrafe nicht unter 10 Jahren oder lebenslängliche Zuchthausstrafe ein (§. 178), auch wenn der Erfolg vom Thäter nicht vorausgesehen werden konnte.

**91. Civilprozeßordnung §. 593 ff.** (Entmündigung s. o. S. 65.)

§. 787. Gegen einen Schuldner, dessen Gesundheit durch die Vollstreckung der Haft einer nahen und erheblichen Gefahr ausgesetzt wird, darf, so lange dieser Zustand dauert, die Haft nicht vollstreckt werden.

92. Gewerbeordnung §. 57. Der Wandergewerbeschein ist zu versagen:

1. wenn der Nachsuchende mit einer abschreckenden oder ansteckenden Krankheit behaftet oder in einer abschreckenden Weise entstellt ist.

§. 57a. Der Wandergewerbeschein ist in der Regel zu versagen:

1. wenn der Nachsuchende noch nicht großjährig ist;
2. wenn er blind, taub oder stumm ist, oder an Geistesschwäche leidet.

§. 58. Der Wandergewerbeschein kann zurückgenommen werden, wenn sich ergiebt, daß eine der im §. 57 Ziffer 1 bis 4, §. 57a oder §. 57b bezeichneten Voraussetzungen entweder zur Zeit der Ertheilung desselben bereits vorhanden gewesen, der Behörde aber unbekannt geblieben, oder erst nach Ertheilung des Scheins eingetreten ist.

§. 123. Vor Ablauf der vertragsmäßigen Zeit und ohne Aufkündigung können Gesellen und Gehülfen entlassen werden:

8. wenn sie zur Fortsetzung der Arbeit unfähig oder mit einer abschreckenden Krankheit behaftet sind.

In den unter Nr. 1 bis 7 gedachten Fällen ist die Entlassung nicht mehr zulässig, wenn die zu Grunde liegenden Thatsachen dem Arbeitgeber länger als eine Woche bekannt sind.

Inwiefern in den unter Nr. 8 gedachten Fällen dem Entlassenen ein Anspruch auf Entschädigung zustehe, ist nach dem Inhalt des Vertrages und nach den allgemeinen gesetzlichen Vorschriften zu beurtheilen.

**93.** Gerichtsverfassungsgesetz §. 33. Zu dem Amte eines Schöffen sollen nicht berufen werden:

4. Personen, welche wegen geistiger oder körperlicher Gebrechen zu dem Amte nicht geeignet sind.

§. 85. Die Urliste für die Auswahl der Schöffen dient zugleich als Urliste für die Auswahl der Geschworenen.

Die Vorschriften der §§. 32—35 über die Berufung zum Schöffenamte finden auch auf das Geschworenenamt Anwendung.

§. 188. Zur Verhandlung mit tauben oder stummen Personen ist, sofern nicht eine schriftliche Verständigung erfolgt, eine Person als Dolmetscher zuzuziehen, mit deren Hülfe die Verständigung in anderer Weise erfolgen kann.

§. 189. Ob einer Partei, welche taub ist, bei der mündlichen Verhandlung der Vortrag zu gestatten sei, bleibt dem Ermessen des Gerichts überlassen.

Dasselbe gilt in Anwaltsprozessen von einer Partei, die der deutschen Sprache nicht mächtig ist.

**94.** Strafprozeßordnung §. 203. Vorläufige Einstellung des Verfahrens kann beschlossen werden, wenn dem weiteren Verfahren Abwesenheit des Angeschuldigten oder der Umstand entgegensteht, daß derselbe nach der That in Geisteskrankheit verfallen ist.

§. 222. Wenn dem Erscheinen eines Zeugen oder Sachverständigen in der Hauptverhandlung für eine längere oder ungewisse Zeit Krankheit oder Gebrechlichkeit oder andere nicht zu beseitigende Hindernisse entgegenstehen, so kann das Gericht die Vernehmung desselben durch einen beauftragten oder ersuchten Richter anordnen. Die Vernehmung erfolgt, soweit die Beeidigung zulässig ist, eidlich.

Dasselbe gilt, wenn ein Zeuge oder Sachverständiger vernommen werden soll, dessen Erscheinen wegen großer Entfernung besonders erschwert sein wird.

§. 250. Ist ein Zeuge, Sachverständiger oder Mitbeschuldigter verstorben oder in Geisteskrankheit verfallen, oder ist sein Aufenthalt nicht zu ermitteln gewesen, so kann das Protokoll über seine frühere richterliche Vernehmung verlesen werden. Dasselbe gilt von dem bereits verurtheilten Mitschuldigen.

In den im §. 222 bezeichneten Fällen ist die Verlesung des Protokolls über die frühere Vernehmung statthaft, wenn letztere nach Eröffnung des Hauptverfahrens, oder wenn sie in dem Vorverfahren unter Beobachtung der Vorschriften des §. 191 erfolgt ist.

Die Verlesung kann nur durch Gerichtsbeschluß angeordnet, auch muß der Grund derselben verkündet und bemerkt werden, ob die Beeidigung der vernommenen Personen stattgefunden hat. An den Bestimmungen über die Nothwendigkeit der Beeidigung wird hierdurch für diejenigen Fälle, in denen die nochmalige Vernehmung ausführbar ist, nichts geändert.

§. 485. Todesurtheile bedürfen zu ihrer Vollstreckung keiner Bestätigung. Die Vollstreckung ist jedoch erst zulässig, wenn die Entschließung des Staatsoberhauptes und in Sachen, in denen das Reichsgericht in erster Instanz erkannt hat, die Entschließung des Kaisers ergangen ist, von dem Begnadigungsrechte keinen Gebrauch machen zu wollen.

An schwangeren oder geisteskranken Personen darf ein Todesurtheil nicht vollstreckt werden.

§. 487. Die Vollstreckung einer Freiheitsstrafe ist aufzuschieben, wenn der Verurtheilte in Geisteskrankheit verfällt.

Dasselbe gilt bei anderen Krankheiten, wenn von der Vollstreckung eine nahe Lebensgefahr für den Verurtheilten zu besorgen steht.

Die Strafvollstreckung kann auch dann aufgeschoben werden, wenn sich der Verurtheilte in einem körperlichen Zustande befindet, bei welchem eine sofortige Vollstreckung mit der Einrichtung der Strafanstalt unverträglich ist.

**95.** Allgem. Deutsches Handelsgesetzbuch Artikel 64: Gegen den Handlungsgehülfen kann insbesondere die Aufhebung des Dienstverhältnisses ausgesprochen werden:

4) wenn derselbe durch anhaltende Krankheit oder Kränklichkeit oder durch eine längere Freiheits-

strafe oder Abwesenheit an Verrichtung seiner Dienste verhindert wird.

**96.** Seemannsordnung §. 50, s. o. S. 245.

**97.** Gesetz, betreffend die Krankenversicherung der Arbeiter. Vom 15. Juni 1883. R.G.B. S. 73. (§§. 6. 26. 64. 72. Bei der Gemeinde-Krankenversicherung, den Orts-, Betriebs- (Fabriks-) und Bau-Krankenkassen kann durch Statut bestimmt werden:

daß Mitgliedern, welche sich die Krankheit vorsätzlich oder durch schuldhafte Betheiligung bei Schlägereien oder Raufhändeln, durch Trunkfälligkeit oder geschlechtliche Ausschweifungen zugezogen haben, das statutenmäßige Krankengeld gar nicht oder nur theilweise zu gewähren ist.) Vgl. S. 246, Nr. 89 N. 1.

**98.** Wehr-Ordnung, Th. I Ersatz-Ordnung. Vom 25. September 1875. C. S. 568. §. 61, Ziff. 4, Abs. 3: Gemüthskranke, Blödsinnige, Krüppel u. s. w. dürfen auf Grund eines (ärztlichen) Attestes welches durch die Polizeibehörde zu beglaubigen ist, sofern der ausstellende Arzt nicht amtlich angestellt ist) von der Gestellung überhaupt befreit werden [1]) [2]).

1) Vgl. ebd. §. 64. §. 42: Versuchsweise Aushebung, wenn das behauptete Gebrechen nicht genügend nachgewiesen werden kann. Wer an Epilepsie zu leiden behauptet, hat auf eigene Kosten drei glaubhafte Zeugen hierfür zu stellen.

2) Vgl. oben S. 111, 112.

# VII.

## Beerdigung und Leichentransport.

---

**99.** Gewerbeordnung §. 6, §§. 29 bis 40. — — — [1]).

1) Die Gew.O. hat das Gewerbe der Leichenreiniger (im Gegensatze zu der Preuß. Gew.O.) in den citirten §§. nicht erwähnt, mithin dasselbe freigegeben, auch die Todtenkleiderinnen rc. nicht unter diejenigen Gewerbspersonen aufgenommen, deren öffentliche Anstellung und Beeidigung zulässig ist. Das Gesetz verbietet aber nicht, daß aus medicinalpolizeilichen Gründen landesrechtlich die Verrichtungen der Todtenkleiderinnen überhaupt als Gewerbe gar nicht zugelassen, sondern die betr. Functionen amtlich angestellten Personen ausschließlich übertragen werden. Vgl. R. 3. 506. Indem die Todtenkleiderinnen (E. 4. 222) als Beamte bestellt werden, aber auch nur auf diese Weise, bleibt es möglich, ihnen einen District zur ausschließlichen Ausübung ihrer Thätigkeit zuzuweisen, ihnen Taxen (Gew.O. §. 72 ff.) vorzuschreiben, und sie wegen Dienstwidrigkeiten disciplinarisch zur Rechenschaft zu ziehen. Bei dieser Auffassung finden auch die §§. 132, 331 ff. St.G.B. auf die Todtenkleiderinnen Anwendung.

**100.** Strafgesetzbuch §. 168. Wer unbefugt eine Leiche[1]) aus dem Gewahrsam der dazu berechtigten Person wegnimmt, ingleichen wer unbefugt ein Grab zerstört oder beschädigt, oder wer an einem Grabe beschimpfenden Unfug verübt, wird mit Gefängniß bis zu zwei Jahren bestraft; auch kann auf Verlust der bürgerlichen Ehrenrechte erkannt werden.

§. 367: Mit Geldstrafe bis zu einhundertfunfzig Mark oder mit Haft wird bestraft:

1) wer ohne Vorwissen der Behörde einen Leichnam beerdigt oder bei Seite schafft, oder wer unbefugt einen Theil einer Leiche [1]) aus dem Gewahrsam der dazu berechtigten Personen wegnimmt.

1) Eigenmächtige Vornahme einer Sektion ist nicht strafbar, ebensowenig das Zurückbehalten einzelner Leichentheile. Polizeilicher Zwang statthaft. Vgl. S. 68. N. 1.

2) wer den polizeilichen Anordnungen über vorzeitige Beerdigungen entgegenhandelt [1]) [2]).

1) Die Nichtbefolgung des wegen Ansteckungsgefahr erlassenen Gebotes schleuniger Beerdigung ist strafbar nach §. 327 St.G.B. s. o. S. 219.

2) Vgl. oben S. 68, N. 1.

**101.** Strafprozeßordnung §. 157. Sind Anhaltspunkte dafür vorhanden, daß Jemand eines nicht natürlichen Todes gestorben ist, oder wird der Leichnam eines Unbekannten gefunden, so sind die Polizei- und Gemeindebehörden zur sofortigen Anzeige an die Staatsanwaltschaft oder an den Amtsrichter verpflichtet [1]).

Die Beerdigung darf nur auf Grund einer schriftlichen Genehmigung der Staatsanwaltschaft oder des Amtsrichters erfolgen.

1) Vgl. Mil. St.G.O. §. 41 oben S. 57. Beilage B. §. 12 ff. oben S. 58. (Auffindung der Leiche einer Militärperson.)

102. Strafprozeßordnung §. 486 Abs. 5. Der Leichnam des Hingerichteten ist den Angehörigen desselben auf ihr Verlangen zur einfachen, ohne Feierlichkeiten vorzunehmenden Beerdigung zu verabfolgen.

103. Eisenbahnbetriebsreglement. Vom 11. Mai 1874. C. S. 179.

§. 34. Der Transport einer Leiche[1]) muß, wenn er von der Ausgangsstation des Zuges erfolgen soll, wenigstens 6 Stunden, auf einer Zwischenstation mindestens 12 Stunden vorher angemeldet werden.

Die Leiche muß in einem Sarge luftdicht eingeschlossen und dieser von einer hölzernen Kiste umgeben sein. Der Transport kann auch im Leichenwagen stattfinden.

Der Leiche muß ein Begleiter beigegeben werden, welcher ein Fahrbillet zu lösen hat.

Bei der Aufgabe muß der vorschriftsmäßige Leichenpaß beigebracht werden, welchen die Eisenbahn übernimmt und bei Ablieferung der Leiche zurückstellt. Die tarifmäßigen Transportgebühren müssen bei der Aufgabe entrichtet werden.

Wer unter falscher Deklaration Leichen zur Beförderung bringt, hat außer der Nachzahlung der verkürzten Fracht vom Abgangs- bis zum Bestimmungsorte das Vierfache dieser Frachtgebühr als Konventionalstrafe zu entrichten.

Innerhalb 6 Stunden nach Ankunft des Zuges auf der Bestimmungsstation muß die Leiche abgeholt werden, widrigenfalls sie nach der Verfügung der Ortsobrigkeit beigesetzt wird.

1) Bisher bestehen hierüber nur einzelne Conventionen unter den Bundesstaaten. Nunmehr hat der Reichskanzler dem Bundesrathe eine Denkschrift über die Beförderung von Leichen auf Eisenbahnen nebst zwei Entwürfen, von denen der erste die Eisenbahnverwaltung betrifft, der zweite polizeilicher Natur ist, zur Beschlußfassung über die darin enthaltenen Vorschläge zugehen lassen. Nach dem ersten Entwurfe soll der Transport einer Leiche der Ausgangsstation 6 Stunden, der Zwischenstation 12 Stunden vor dem Transport angemeldet, die Leiche in einem, von einer hölzernen Umhüllung umgebenen Metallsarge luftdicht eingeschlossen und in einem verdeckten Güterwagen befördert werden; der Begleiter der Leiche soll denselben Zug benutzen und den vorschriftsmäßigen Leichenpaß beibringen; Beförderung von Leichen unter falscher Deklaration ist strafbar. Nach dem zweiten Entwurf sollen die zur Ausstellung von Leichenpässen befugten Behörden von den Landesbehörden bestimmt und für die aus dem Auslande kommenden Leichentransporte die Konsuln und diplomatischen Vertreter von dem Reichskanzler ermächtigt werden; für die Ausstellung der Leichenpässe sind nähere Bestimmungen getroffen. In der Denkschrift werden die einzelnen Anordnungen näher motivirt und wird zugleich darauf hingewiesen, daß die ganze Angelegenheit zunächst national einheitlich geordnet werden müsse, bevor man daran gehen könne, eine internationale Regelung derselben zu versuchen.

# Register.

Die Zahlen bezeichnen die Seiten.

## A.



## B.

## C. (vgl. K.)



## D.



## E.



## F.

## L.



## M.



## N.



## O.



## P.

## R.



## S.



## T.

## U.



## V.



## W.



## Z.

Frommann'sche Buchdruckerei (Hermann Pohle) in Jena — 367.

Verzeichniß

der

# Guttentag'schen Sammlung

## Deutscher Reichsgesetze

und

## Preußischer Gesetze.

Text-Ausgaben mit Anmerkungen
und Sachregister.

Taschenformat.

Berlin.
J. Guttentag, Verlagsbuchhandlung,
G. m. b. H.

4a. **Handelsgesetzbuch vom 10. Mai 1897** unter Ausschluß des Seerechts. Mit den ergänzenden Vorschriften des Bürgerlichen Gesetzbuchs und Erläuterungen herausgegeben von **F. Litthauer,** Justizrath. Zehnte (der neuen Fassung erste) Auflage. Zweiter unveränderter Abdruck. 2 M. 25 Pf.

5. Allgemeine Deutsche **Wechselordnung.** Siebente Auflage von Dr. **E. Ball,** Rechtsanwalt, und das Reichsgesetz über die **Wechselstempelsteuer.** Sechste Auflage von Reg.-Assessor **P. Loeck.** 2 M.

6. **Reichs-Gewerbeordnung** nebst Ausführungsbestimmungen unter besonderer Berücksichtigung der Arbeiterschutzbestimmungen vom 1. Juni 1891 und des Handwerkergesetzes vom 26. Juni 1897. Von **Berger.** Fortgeführt von Dr. **Wilhelmi,** Geh. Ober-Regierungsrath. Fünfzehnte Auflage. 2 M. 80 Pf.

7. Die deutsche **Post- und Telegraphen-Gesetzgebung.** Von Dr. **P. D. Fischer,** Unterstaatssekretär im Reichs-Postamt. Vierte Auflage. 2 M. 60 Pf.

8. Die Reichsgesetze über den **Unterstützungswohnsitz,** die **Freizügigkeit,** den **Erwerb** und **Verlust** der **Bundes- und Staatsangehörigkeit,** nebst allen landesgesetzlichen Bestimmungen. Von Geheimrath

9a. Sammlung **kleinerer privatrechtlicher Reichsgesetze.** Von **F. Vierhaus,** Geh. Ober-Justizrath. Zweite Auflage in Vorbereitung.

9b. Sammlung **kleinerer strafrechtlicher Reichsgesetze.** Von **M. Werner,** Geh. Ober-Regierungsrath. Zweite Auflage im Druck.

10. Das **Reichsbeamtengesetz** vom 31. März 1873 **und** seine Ergänzungen. Erläutert von **J. Pieper,** Geh. Ober-Regierungsrath. 3 M. 30 Pf.

11. **Civilprozeßordnung mit Gerichtsverfassungsgesetz,** Einführungsgesetzen, Nebengesetzen und Ergänzungen. Von **R. Sydow.** Siebente Auflage. 2 M. 50 Pf.

11a. **Civilprozeßordnung mit Einführungsgesetzen, Nebengesetzen und Ergänzungen in der Fassung des** Gesetzes vom 17. Mai 1898. Unter besonderer Berücksichtigung der Entscheidungen des Reichsgerichts herausgegeben mit Anmerkungen von **R. Sydow,** Direktor im Reichs-Postamt und **L. Busch,** Kammergerichtsrath. Achte Auflage. 8°. Geb. in ganz Leinen 4 M.

**Dieser Band ist in größerem Format erschienen!**

12. **Strafprozeßordnung nebst Gerichtsverfassungsgesetz** in der vom 1. Januar 1900 ab geltenden Fassung, nebst dem **Gesetz, betreffend die Entschädigung der im Wiederaufnahmeverfahren freigesprochenen Personen.** Von **A. Hellweg,** Reichsgerichtsrath. Zehnte Auflage. Geb. in ganz Leinen 2 M.

13. **Konkursordnung** mit Einführungsgesetz. Von **R. Sydow.** Siebente Auflage. 1 M.

13a. **Konkursordnung und Anfechtungsgesetz** mit Einführungsgesetz, Nebengesetzen und Ergänzungen. In der Fassung des Gesetzes vom 17. Mai 1898. Unter besonderer Berücksichtigung der Entscheidungen des Reichsgerichts herausgegeben mit Anmerkungen von **R. Sydow,** Direktor im Reichs-Postamt und **L. Busch,** Kammergerichtsrath. Achte Auflage. Geb. in ganz Leinen ca. 1 M. 80 Pf.

14. **Gerichtsverfassungsgesetz** mit Einführungsgesetz. Von **R. Sydow.** Siebente Auflage. 80 Pf.

14a. **Gerichtsverfassungsgesetz** mit Einführungsgesetz und Nebengesetzen. In der Fassung des Gesetzes vom 17. Mai 1898. Unter Berücksichtigung der Entscheidungen des Reichsgerichts herausgegeben von **R. Sydow,** Direktor im Reichs-Postamt und **L. Busch,** Kammergerichtsrath. Achte Auflage. 1 M. 20 Pf.

15. **Gerichtskostengesetz und Gebührenordnungen für Gerichtsvollzieher, für Zeugen und Sachverständige.** Mit Kostentabellen. Von **R. Sydow.** Fünfte Auflage. 80 Pf.

16. **Rechtsanwaltsordnung** für das Deutsche Reich. Von **R. Sydow.** Dritte Auflage. 60 Pf.

17. **Gebührenordnung für Rechtsanwälte.** Von **R. Sydow.** Sechste Auflage im Druck.

18. **Reichsstempelgesetz (Börsensteuergesetz)** mit allen Ausführungsvorschriften, vielen Tabellen, den Entscheidungen der Verwaltungsbehörden und des Reichsgerichts. Von **Gaupp,** Geh. Regierungsrath. Siebente vollständig umgearbeitete Auflage von **P. Loeck,** Regierungs-Assessor. 3 M. 30 Pf.

19. Die **Seegesetzgebung.** Nebst den Entscheidungen des Reichsoberhandelsgerichts, des Reichsgerichts und der Seeämter. Von Dr. **W. E. Knitschky,** Landgerichtsrath. Zweite Auflage. 3 M. 80 Pf.

20. **Krankenversicherungsgesetz.** Von Dr. **E. von Woedtke,** Direktor im Reichsamt des Innern. Siebente Auflage. 2 M.

21. Die **Konsulargesetzgebung** des Deutschen Reiches. Von Professor Dr. **Ph. Zorn.** Vergriffen.

22a. **Patentgesetz. Gesetz, betreffend den Schutz von Gebrauchsmustern. Gesetz, betreffend das Urheberrecht an Mustern und Modellen.** Vierte vermehrte Auflage von Dr. **R. Stephan,** Regierungsrath, Mitglied des Kaiserlichen Patentamts. 1 M. 60 Pf.

22b. **Gesetz zum Schutz der Waarenbezeichnungen.** Nebst Ausführungsbestimmungen. Von Dr. **R. Stephan,** Regierungsrath, Mitglied des Kaiserlichen Patentamts. Vierte Auflage. 1 M.

23. **Unfallversicherungsgesetz** und Gesetz über die Ausdehnung der Unfall- und Krankenversicherung. Von Dr. **E. von Woedtke,** Direktor im Reichsamt des Innern. Fünfte Auflage. 2 M.

24. Reichsgesetz, betreffend die **Kommanditgesellschaften auf Aktien und die Aktiengesellschaften.** Von **H. Keyssner,** Kammergerichtsrath und Dr. **H. Veit Simon,** Rechtsanwalt. Vierte Auflage. 1 M.

25. Reichsgesetz wegen **Erhebung der Brausteuer** vom 31. Mai 1872 mit Ausführungsvorschriften. Von **E. Bertho,** Regierungsrath. 1 M. 60 Pf.

26. Die Reichsgesetzgebung über **Münz- und Notenbankwesen,** Papiergeld, Prämienpapiere und Reichsanleihen. Von Dr. jur. **R. Koch,** Präsident des Reichsbankdirektoriums. Dritte Auflage. 2 M. 80 Pf.

27. Reichsgesetzgebung, betr. das **Gesundheitswesen** für Behörden, Aerzte rc. Von Dr. jur. **C. Goesch** und Dr. med. **J. Karsten.** 1 M. 60 Pf.

28. Reichsgesetz, betr. die **Unfallversicherung der bei Bauten beschäftigten Personen.** Zweite Auflage. Unter Berücksichtigung der Rechtsprechung des Reichs-Versicherungsamts vollständig neu bearbeitet von **R. Chrzescinski,** Kaiserl. Regierungsrath und ständigem Mitglied des Reichs-Versicherungsamts. Erste Auflage von **L. Mugdan.** 1 M. 60 Pf.

29. Reichsgesetz, betr. die **Erwerbs- und Wirthschaftsgenossenschaften.** In der vom 1. Januar 1900 ab geltenden Fassung. Von **L. Parisius** und Dr. **H. Crüger.** Achte Auflage. Geb. in ganz Leinen. 1 M. 25 Pf.

30. **Invalidenversicherungsgesetz** vom 13. Juli 1899, in der Fassung der Bekanntmachung vom 19. Juli 1899. Von Dr. **E. v. Woedtke,** Director im Reichsamt des Innern. Sechste völlig umgearbeitete Auflage. Geb. in ganz Leinen 2 M. 25 Pf.

31. Reichsgesetz, betr. die **Gewerbegerichte.** Von **L. Mugdan.** Vierte Auflage. Bearbeitet von **Cuno,** Stadtrath und stellvertretender Vorsitzender des Gewerbegerichts zu Königsberg i. Pr. 1 M. 80 Pf.

32. Reichsgesetz, betr. die **Gesellschaften mit beschränkter Haftung.** In der Fassung vom 20. Mai 1898. Von **L. Parisius** und Dr. **H. Crüger.** Vierte Auflage. 1 M.

33. Das **Vereins- und Versammlungsrecht** in Deutschland. Von Dr. **E. Ball,** Rechtsanwalt. 2 M. 25 Pf.

34. Reichsgesetz, betreffend die **Abzahlungsgeschäfte.** Vom 16. Mai 1894. Von **J. Hoffmann,** Geheimer Regierungsrath. 95 Pf.

35. Die **Reichs-Eisenbahngesetzgebung.** Von **W. Coermann,** Kaiserl. Amtsrichter. 2 M. 25 Pf.

36. Gesetze, betr. die **privatrechtlichen Verhältnisse der Binnenschiffahrt und der Flößerei.** Von **H. Makower.** Zweite veränderte Auflage bearbeitet von **E. Löwe,** Landgerichtsrath. 2 M.

37. Gesetz zur **Bekämpfung des unlauteren Wettbewerbes.** Vom 27. Mai 1896. Von Dr. **Stephan,** Regierungsrath. Zweite Auflage. 80 Pf.

38/39. **Bürgerliches Gesetzbuch nebst Einführungsgesetz.** In Verbindung mit Professor Dr. **André,** Amtsgerichtsrath **Greiff,** Amtsrichter **Ritgen,** Landgerichtsrath Dr. **Unzner** herausgegeben von Reichsgerichtsrath Dr. **A. Achilles.** Zweite vermehrte und verbesserte Auflage. 8°. Gebunden in ganz Leinen. 5 M. 50 Pf.

**Dieser Band ist in größerem Format erschienen!**

40. Gesetz, betr. die **Pflichten der Kaufleute bei Aufbewahrung fremder Werthpapiere (Depotgesetz).** Von **F. Lusensky,** Geh. Regierungsrath. 90 Pf.

41. **Börsengesetz.** Vom 22. Juni 1896. Nebst den dazu erlassenen Ausführungsbestimmungen. Unter Mitwirkung des Geh. Ober-Regierungsrathes **A. Wermuth** bearbeitet von **H. Brendel,** Gerichts-Assessor, Hülfsarbeiter im Reichsamt des Innern. 1 M. 50 Pf.

42. **Grundbuchordnung** für das Deutsche Reich. Vom 24. März 1897. Von Prof. Dr. **O. Fischer.** 1 M.

43. Reichsgesetz über die **Zwangsversteigerung** und die **Zwangsverwaltung.** Vom 24. März 1897. Von Dr. **J. Krech,** Kaiserl. Geh. Regierungsrath und Professor Dr. **O. Fischer.** 1 M. 20 Pf.

44. Das Reichsgesetz über das **Auswanderungswesen** vom 9. Juni 1897 nebst Ausführungsverordnungen und Anlagen. Nach den Materialien und unter Benutzung amtlicher Quellen erläutert von Professor Dr. **Felix Stoerk.** 2 M. 25 Pf.

45. Das **Handwerkergesetz** vom 26. Juli 1897. Mit ausführlichen Erläuterungen von Dr. **L. Wilhelmi,** Kais. Geh. Ober-Regierungsrath. In Vorbereitung.

46. Das Reichsgesetz über die **Angelegenheiten der freiwilligen Gerichtsbarkeit.** Mit Einleitung und Erläuterungen von **Herm. Jastrow,** Amtsgerichtsrath. 1 M. 80 Pf.

47. Das **deutsche Vormundschaftsrecht** und das preuß. Gesetz, betr. die Unterbringung verwahrloster Kinder vom 13. März 1878. Mit Einleitung und Erläuterungen von **Max Schultzenstein,** Oberverwaltungsgerichtsrath und Amtsgerichtsrath Dr. **Köhne.** 2 M. 80 Pf.

48. Gesetze und Verordnungen, betreffend den **Drogen-, Gift- und Farbenhandel** außerhalb der Apotheken unter besonderer Berücksichtigung des Königreichs Preußen. Von Dr. **Broh,** Rechtsanwalt. 1 M. 25 Pf.

49. Die **Kolonialgesetzgebung.** Von Prof. Dr. **Philipp Zorn.** (In Vorbereitung.)

50. Der **Viehkauf** (Viehgewährschaft) nach dem Bürgerlichen Gesetzbuche. Mit Erläuterungen und Sachregister von Dr. **Hans Stölzle,** Rechtsanwalt in Kempten (Bayern). Mit einem Anhang: Verordnung, betreffend die Hauptmängel und Gewährsfristen beim Viehhandel. Vom 27. März 1899. Erläutert von **Heinrich Weiskopf,** Königl. Kreisthierarzt in Augsburg. 1 M. 50 Pf.

51. Gesetz, betr. die **Hypothekenbanken** nebst Nebengesetzen. Von Dr. **H. Göppert,** Gerichts-Assessor. Im Druck.

52. Die Reichsgesetzgebung über den Verkehr mit **Nahrungsmitteln,** Genußmitteln und Gebrauchsgegenständen. Von Dr. **Lebin,** Nahrungsmittelchemiker. In Vorbereitung.

Guttentag'sche Sammlung

# Preußischer Gesetze.

Text-Ausgaben mit Anmerkungen. Taschenformat.

---

1. **Verfassungs-Urkunde** für den Preußischen Staat nebst Ergänzungs- und Ausführungs-Gesetzen. Mit Einleitung und Kommentar von Prof. Dr. **Adolf Arndt.** Dritte Auflage. 2 M. 25 Pf.

2. Preußische **Beamten-Gesetzgebung.** Enthaltend die wichtigsten Beamtengesetze in Preußen. Von **C. Pfafferoth.** Dritte Auflage. 1 M. 50 Pf.

3. Die Preuß. Gesetzgebung, betr. die **Zwangsvollstreckung in das unbewegliche Vermögen.** Von Dr. **J. Krech,** Kais. Geh. Regierungs-Rath und Prof. Dr. **O. Fischer.** Dritte Auflage. Vergriffen.

4. Die Preuß. Gesetze, betr. das **Notariat** einschließlich der **Gebührenordnung** für **Notare** vom 25. Juni 1895. Dritte Auflage. Von **R. Sydow,** Geh. Ober-Postrath, und Kammergerichtsrath **A. Hellweg.** 1 M. 60 Pf.

5. Gesetz **vom 24. April 1854 (betr. die außereheliche Schwängerung)** und die daneben geltenden Bestimmungen des Allgemeinen Landrechts nebst den dazu ergangenen Präjudikaten. Von Dr. **Schulze.** 75 Pf.

6. Die Preußischen **Ausführungsgesetze und Verordnungen zu den Reichs-Justizgesetzen.** Von **R. Sydow.** Dritte vermehrte Auflage. 2 M. 40 Pf.

7. **Allg. Gerichtsordnung** vom 6. Juli 1793 **und** Preuß. **Konkursordnung** vom 8. Mai 1855. **Von F. Vierhaus,** Geh. Ober-Justizrath. 2 M. 50 Pf. **Vergriffen.**

8. **Vormundschaftsordnung** vom 5. Juli 1875, **nebst** allen Nebengesetzen und den dazu erlassenen Allgemeinen Verfügungen. Von Oberverwaltungsgerichtsrath **Schultzenstein.** Dritte Auflage. 1 M. 50 Pf.

9. Die Preußische **Grundbuchgesetzgebung.** Mit Einleitung, Formularen, Kosten- und Stempeltabellen. Von Prof. Dr. **Fischer.** Dritte Auflage. Vergriffen.

10. **Einkommensteuergesetz.** Vom 24. Juni 1891. **Von** Geheimrath **Meitzen.** Vierte vermehrte Auflage von **A. Fernow,** Ober-Regierungsrath. 1 M. 50 Pf.

11. **Gewerbesteuergesetz.** Vom 24. Juni 1891. **Von A. Fernow,** Ober-Regierungsrath. Dritte vermehrte Auflage. 1 M. 25 Pf.

12. **Allgemeines Berggesetz** für die Preußischen Staaten. Von **E. Engels,** Ober-Bergrath. Zweite Auflage. 1 M. 60 Pf.

13. **Ergänzungssteuergesetz** (Vermögenssteuergesetz). Vom 14. Juli 1893. Von **A. Fernow,** Ober-Regierungsrath. Zweite vermehrte Auflage. 1 M.

14. **Kommunalabgabengesetz.** Vom 14. Juli 1893, und Gesetz wegen Aufhebung direkter Staatssteuern. Vom 14. Juli 1893. Von **F. Adickes,** Oberbürgermeister. Zweite Auflage. 1 M. 25 Pf.

15. Die **Kreisordnungen** für den Preußischen Staat. Von **O. Kolisch,** Landgerichtsrath. 4 M.

16. Preuß. Ausführungs-Anweisung zu §§. 16 u. ff. der Reichs-Gewerbe-Ordnung, betr. **Genehmigung gewerblicher Anlagen.** Von Dr. **von Rüdiger,** Regierungs- und Gewerberath. 1 M. 50 Pf.

17. Preußisches **Gerichtskostengesetz.** Vom 25. Juni 1895 nebst den Bestimmungen vom 19. August 1895. Mit Kostentabellen. Von Dr. **P. Siméon.** Zweite Auflage. 1 M. 60 Pf.

18. Preußisches **Stempelsteuergesetz.** Vom 31. Juli 1895. Nebst den Ausführungsbestimmungen und

ausführlichen Tabellen. Von **B. Gaupp,** Geh. Regierungsrath und Regierungsassessor **P. Loeck.** Vierte Auflage. 3 M. 30 Pf.

19. **Jagdscheingesetz.** Vom 31. Juli 1895. Mit ausführlichen Erläuterungen nebst der Ausführungsanweisung vom 2. August 1898 und den Gesetzbuchmaterialien. Von **F. Kunze,** Wirklichem Geh. Ober-Regierungsrath. Zweite Auflage. Geb. in ganz Leinen 2 M.

20. Gesetz, betr. die **Erbschaftssteuer.** Vom 19./24. Mai 1891 unter Berücksichtigung der Novelle vom 31. Juli 1895. Mit ausführlichen Erläuterungen von **P. Loeck,** Regierungsassessor. 1 M. 80 Pf.

21. Gesetz über die **Handelskammern.** Vom 19. August 1897. Mit Erläuterungen, geschichtlicher Einleitung sowie einer Uebersicht des Bestandes der kaufmännischen Vertretungen. Von **F. Lusensky,** Geh. Regierungsrath und vortragender Rath im Ministerium für Handel und Gewerbe. 3 M.

22. Gesetz, betr. **Anstellung und Versorgung der Kommunalbeamten.** Von Dr. **W. Ledermann,** Magistratsassessor zu Berlin. 1 M. 25 Pf.

23. **Ausführungsgesetz zum Bürgerlichen Gesetzbuche.** Von Landrichter Dr. **P. Siméon.** 1 M. 60 Pf.

38000. XI. 99. V.

Kolibri 360 GmbH
Ferdinand-Jühlke-Straße 7
99095 Erfurt, Deutschland
produktsicherheit@kolibri360.de